intuition

Les Éditions Transcontinental inc.
1100, boul. René-Lévesque Ouest
24ᵉ étage
Montréal (Québec) H3B 4X9
Tél. : (514) 392-9000
     1 800 361-5479

Pour connaître nos autres titres, tapez **www.livres.transcontinental.ca**. Vous voulez bénéficier de nos tarifs spéciaux s'appliquant aux bibliothèques d'entreprise ou aux achats en gros ? Informez-vous au 1 **866 800-2500**.

Distribution au Canada
Les messageries ADP
2315, rue de la Province, Longueuil (Québec) J4G 1G4
Tél. : (450) 640-1234 ou 1 800 771-3022
adpcommercial@sogides.com

Catalogage avant publication (Canada)
Gladwell, Malcolm, 1963-
Intuition : comment réfléchir sans y penser
(Collection Revue commerce)
Traduction de: Blink.
Comprend des réf. bibliogr.
ISBN 2-89472-271-0
1. Prise de décision. 2. Intuition. I. Titre. II. Collection.

BF448.G5314 2005   153.8'3   C2005-940492-2

Révision : Diane Grégoire
Correction : Geneviève Roquet
Photo de l'auteur : Brooke Williams
Conception graphique de la couverture et mise en pages : Studio Andrée Robillard

Imprimé au Canada
© Les Éditions Transcontinental, 2005
Dépôt légal – 2ᵉ trimestre 2005
Bibliothèque nationale du Québec
Bibliothèque nationale du Canada

ISBN 2-89472-271-0

Nous reconnaissons, pour nos activités d'édition, l'aide financière du gouvernement du Canada, par l'entremise du Programme d'aide au développement de l'industrie de l'édition (PADIÉ), ainsi que celle du gouvernement du Québec (SODEC), par l'entremise du programme Aide à la promotion.

Malcolm Gladwell

intuition

Traduit de l'américain
par Danielle Charron, trad. a.

Les Éditions
Transcontinental

À MES PARENTS,

JOYCE ET GRAHAM GLADWELL

Remerciements

Il y a quelques années, je me suis fait pousser les cheveux. Jusque-là, je les avais portés très courts, dans un style classique. Puis, sans raison, j'ai décidé de les faire allonger comme lorsque j'étais adolescent. Immédiatement, ma vie a changé – des changements à peine perceptibles mais lourds de conséquences. Je me suis mis à collectionner les contraventions pour excès de vitesse – alors que je n'en avais jamais eu auparavant – et à attirer l'attention des gardiens de sécurité dans les zones d'inspection des aéroports. Et un jour que je marchais dans la 14e Rue à Manhattan, je me suis fait interpeller par trois policiers surgis d'une camionnette de police. Ils étaient à la recherche d'un violeur qui, apparemment, me ressemblait. Ils m'ont montré le portrait-robot et la fiche signalétique du type. Je leur ai fait remarquer poliment que cet homme ne me ressemblait pas du tout. Il était beaucoup plus gros, beaucoup plus grand, beaucoup plus jeune et, ai-je ajouté dans une vaine tentative d'humour, pas mal moins beau que moi. La seule

chose que nous avions en commun était une grosse masse de
cheveux frisés. Après 20 minutes de pourparlers, les policiers ont
reconnu que j'avais raison et m'ont laissé partir.

C'était un malentendu relativement mineur. Aux États-Unis,
les Afro-Américains subissent sans cesse des humiliations bien
pires que celle-là. Ce qui m'avait frappé, par contre, c'était à quel
point le stéréotype à l'œuvre dans cet incident se rattachait à
quelque chose de subtil et d'absurde : mes cheveux. Pas la couleur
de ma peau, pas mon âge, pas ma taille, pas mon poids – mes
cheveux. La première impression créée par cet attribut avait
occulté toute autre considération dans l'esprit des policiers. C'est
ce qui m'a amené à réfléchir à l'étrange pouvoir des premières
impressions et, plus tard, à entreprendre la rédaction d'*Intuition.*
Je suppose donc qu'avant de témoigner ma reconnaissance à qui
que ce soit je devrais remercier ces trois policiers.

Et maintenant, passons aux véritables remerciements. David
Remnick, le rédacteur en chef du *New Yorker,* m'a laissé disparaître pendant un an pour que je travaille à *Intuition.* Tout le
monde devrait avoir un patron aussi patient, bon et généreux que
David. La maison d'édition Little, Brown m'a traité comme un
roi, tout comme elle l'avait fait pendant la gestation du *Point de
bascule.* Merci Michael Pietsch, Geoff Shandler, Heather Fain et,
surtout, Bill Phillips – grâce à son intelligence, à sa perspicacité
et à sa bonne humeur, mon manuscrit dépourvu de sens est
devenu ce livre sensé. Je crois bien que j'appellerai mon premier
enfant Bill.

Plusieurs de mes amis ont lu les diverses moutures de mon
manuscrit et m'ont donné de précieux conseils : Sarah Lyall,
Robert McCrum, Bruce Headlam, Deborah Needleman, Jacob
Weisberg, Zoe Rosenfeld, Charles Randolph, Jennifer Wachtell,
Josh Liberson, Elaine Blair et Tanya Simon.

Emily Kroll a procédé à l'étude de la taille des dirigeants d'entreprise pour moi. Joshua Aronson et Jonathan Schooler m'ont généreusement fait don de leur science. Le merveilleux personnel du Savoy a toléré ma présence pendant de longs après-midi. Kathleen Lyon m'a gardé heureux et en santé. Mon photographe favori, Brooke Williams, a accepté de prendre ma photo d'auteur.

Certains méritent des remerciements spéciaux. Comme ils l'avaient fait pour *Le point de bascule,* Terry Martin et Henry Finder m'ont fourni de longues et extraordinaires critiques des premières ébauches d'*Intuition.* Je suis chanceux d'avoir deux amis aussi brillants. Suzy Hansen et l'incomparable Pamela Marshall ont resserré et clarifié le texte, m'évitant ainsi embarras et erreurs. Tina Bennett devrait être nommée chef de la direction de Microsoft, entrer dans la course à la présidence des États-Unis ou occuper un poste qui lui permettrait de faire profiter le monde entier de sa sagesse, de son intelligence et de sa grâce. Mais si tel était le cas, je n'aurais plus d'agente. Enfin, ma mère et mon père, Joyce et Graham Gladwell, ont lu ce livre comme seuls des parents peuvent le faire : avec dévotion, honnêteté et amour. Merci.

Table des matières

Introduction
La statue qui clochait 15
1. Simple et rapide 20
2. L'ordinateur interne 22
3. Un monde différent et meilleur 26

Un
Le balayage superficiel 29
1. Le laboratoire de l'amour 31
2. Le mariage et le code Morse 34
3. L'importance du mépris 41
4. Les secrets de la chambre à coucher 44
5. À l'écoute des médecins 49
6. Le pouvoir du coup d'œil 52

Deux
L'enceinte de l'inconscient 57
1. Les effets du conditionnement 61
2. Les pièges de l'explication 68

Trois
L'erreur Warren Harding 79
1. Le côté sombre du balayage superficiel 82
2. Un coup d'œil en noir et blanc 83
3. Le client avant tout 94
4. Trouver la bonne poire ou... l'erreur 97
5. Penser au Dr King 100

Quatre
La grande victoire de Paul Van Riper 103
1. Une matinée dans le Golfe 106
2. La structure de la spontanéité 114
3. Les dangers de l'introspection 119
4. Une crise au service des urgences 126
5. Quand moins vaut plus 136
6. Millennium Challenge, prise 2 144

Cinq
Les aléas de Kenna 147
1. Un second regard sur les premières impressions 152
2. Le Défi Pepsi 154
3. Au royaume des aveugles, les borgnes sont rois 157
4. La chaise de la mort 165
5. Le don de l'expertise 173
6. « Elles sont dégueulasses avec toi,
   les compagnies de disques ! » .182

Six
7 secondes dans le Bronx 185
1. 3 erreurs fatales 189
2. La lecture des expressions faciales
   – Aspects théoriques 192
3. Le visage à découvert 200
4. Un homme, une femme et un commutateur 207
5. Se disputer avec un chien 213
6. La dimension espace-temps 220
7. « Quelque chose me disait que je ne devais pas tirer » . . .226
8. Une tragédie dans l'avenue Wheeler 230

Conclusion
Écouter avec ses yeux 235
1. Une révolution dans l'univers de la musique classique . . .238
2. Un petit miracle 241

Notes 245

INTRODUCTION

La statue qui clochait

E n septembre 1983, un marchand d'œuvres d'art du nom de Gianfranco Becchina prit contact avec le musée californien J. Paul Getty afin de lui offrir un kouros, une statue de marbre grecque datant du VIᵉ siècle av. J.-C. et représentant un jeune homme nu debout. Il existe environ 200 kouros dans le monde, dont la plupart ont été découverts en fragments ou en très mauvais état dans des nécropoles ou des sites archéologiques. Or, le kouros que possédait Becchina était très bien conservé. Haut de plus de deux mètres, il rayonnait de ce pâle éclat qui le distinguait de tout autre type d'antiquité. Le marchand demandait un peu moins de 10 millions de dollars américains pour son extraordinaire trouvaille.

Le musée Getty agit avec prudence. Il emprunta la sculpture afin de mener une enquête exhaustive sur son authenticité. À première vue, le kouros ne détonnait pas de ses contemporains : il avait une certaine ressemblance avec le kouros d'Anavyssos exposé au Musée national d'Athènes, ce qui laissait penser qu'il s'intégrait à une époque et à un lieu particuliers. Personne ne savait exactement où et quand il avait été découvert, mais son histoire récente était relatée dans une liasse de documents que Becchina avait remis au service juridique du Getty. Apparemment, le kouros avait appartenu à un collectionneur privé suisse, le docteur Lauffenberger, qui l'avait acquis dans les années 30 d'un dénommé Roussos, marchand d'art grec réputé.

Stanley Margolis, un géologue de l'université de la Californie, passa deux jours au musée Getty à examiner la surface de la statue au moyen d'un microscope stéréoscopique à haute résolution. Puis il préleva un petit échantillon de marbre juste sous le genou droit afin de le soumettre à une série d'analyses : microscopie électronique, microsonde électronique, spectrographie de masse, diffraction des rayons X et fluorescence X. Ses observations l'amenèrent à conclure qu'il s'agissait de marbre dolomitique, une matière qu'on retrouvait dans la carrière antique de la baie de Vathy, sur l'île de Thasos. Il nota également la présence d'une fine couche de calcite, dont la formation sur le marbre dolomitique prenait des centaines, voire des milliers d'années. Autrement dit, la statue n'était pas une contrefaçon ; elle était bel et bien antique[1].

Après 14 mois d'enquête, le musée Getty décida d'acheter le kouros. Lorsqu'il l'exposa à l'automne 1986, le *New York Times* souligna l'événement à la une. Marion True, conservatrice des antiquités du Getty, publia dans le *Burlington Magazine* un long article dithyrambique sur le processus d'acquisition. « Debout, sans l'aide d'aucun support, les mains solidement fixées sur les cuisses, le kouros exprime la vitalité confiante caractéristique de ses merveilleux frères, conclut-elle triomphalement. Dieu ou homme, il personnifie toute l'énergie rayonnante de l'adolescence de l'art occidental[2,3]. »

Pourtant, quelque chose clochait dans cette statue. Le premier à le remarquer fut Federico Zeri, un historien de l'art qui siégeait au conseil d'administration du Getty. Lorsqu'il visita l'atelier de restauration du musée en décembre 1983, il se surprit à fixer les ongles du kouros. Ils lui semblaient faux, bien que, sur le moment, il ne pût dire pourquoi.

Evelyn Harrison, l'une des plus grandes spécialistes de la sculpture grecque du monde, eut l'occasion de voir le kouros juste avant que le musée Getty conclût la vente avec Becchina. « C'est Arthur Houghton, le conservateur des antiquités à l'époque, qui nous l'a montré, se souvient-elle. Il nous a alors appris que la sculpture appartiendrait au musée deux semaines plus tard, ce à quoi j'ai rétorqué que j'en étais navrée. » Evelyn Harrison n'aurait su dire ce qui l'avait poussée à faire ce commentaire. Mais au moment où Houghton avait dévoilé la sculpture, elle avait eu un pressentiment ; son instinct lui disait que quelque chose n'allait pas.

Quelques mois plus tard, Houghton invita un autre spécialiste à venir voir le kouros : Thomas Hoving, ancien directeur du Metropolitan Museum of Art de New York. Hoving a l'habitude de remarquer le premier mot qui lui vient à l'esprit lorsqu'il voit quelque chose de nouveau. Il n'oubliera jamais celui que lui inspira la vue du kouros. « *Frais,* c'était le mot *frais.* Une notion guère appropriée pour une statue censée avoir 2 000 ans. » Plus tard, en repensant à cet instant, Hoving comprit pourquoi cette idée avait surgi dans son esprit. « J'ai eu l'occasion de voir des fragments de kouros, lors de fouilles archéologiques auxquelles j'ai participé en Sicile, et je peux dire qu'ils n'avaient rien à voir avec le kouros du Getty. Celui-là avait l'air d'avoir été trempé dans du café au lait de Starbucks. »

« Avez-vous déjà payé cette sculpture ? » demanda Hoving à un Houghton muet de stupéfaction. « Si c'est le cas, essayez de vous faire rembourser. Sinon, n'achetez pas ça[4]. »

Comme les gens du musée Getty commençaient à s'inquiéter, ils décidèrent de tenir un symposium en Grèce auquel ils convièrent les plus grands spécialistes en matière de sculpture. Le kouros fut emballé et expédié à Athènes. Il jeta les participants dans une profonde consternation.

Evelyn Harrison rapporte que George Despinis, directeur du musée de l'Acropole, à Athènes, se tenait près d'elle lorsqu'il aperçut le kouros. « Il a blêmi, se rappelle-t-elle, puis il m'a dit que quiconque avait déterré une sculpture pouvait affirmer que celle-là n'avait jamais été enfouie dans le sol. » Lorsqu'il vit la statue, Georgios Dontas, directeur de la Société archéologique d'Athènes, en eut froid dans le dos. Ce sont les cheveux qui attirèrent son attention. « C'est comme si l'artiste avait reproduit la forme ancienne des cheveux, sans en rendre l'esprit, le sentiment général d'antiquité, dit-il. J'avais l'impression qu'il y avait un panneau de verre entre moi et l'œuvre. » Angelos Delivorrias, directeur du musée Benaki, à Athènes, commenta longuement la contradiction entre le style de la sculpture et la soi-disant provenance du marbre (Thasos) avant d'en venir au fait : selon lui, le kouros était faux parce que, dès qu'il l'avait vu, il avait ressenti une vague de *répulsion intuitive.* Bref, avant même la fin du symposium, plusieurs participants s'entendaient pour dire que le kouros n'était pas du tout ce qu'il était censé être[5].

Fort de son enquête méticuleuse et de ses avis scientifiques et juridiques, le Getty avait tiré une conclusion que les plus grands spécialistes de sculpture grecque réfutèrent en jetant un simple coup d'œil à la statue. Qui avait raison ? Pendant un moment, on fut incapable de trancher. Le kouros avait en effet tout ce qu'il fallait pour faire l'objet de chamailleries interminables entre experts.

Mais au bout du compte, les arguments et allégations du musée Getty furent démolis un à un. Ainsi, les lettres que les avocats du musée avaient utilisées pour remonter la filière du kouros jusqu'au médecin suisse s'avérèrent fausses. L'une d'elles, datée de

1952, avait un code postal qui n'était en vigueur que depuis les années 70. Une autre, datée de 1955, faisait référence à un compte ouvert en 1963. Les experts remirent également en question la parenté de style du kouros de Getty avec celui d'Anavyssos : le premier était plutôt un mystérieux pastiche de styles issus de différents lieux et époques. La sveltesse du jeune homme représenté évoquait le kouros de Ténéa, exposé à la glyptothèque de Munich, tandis que ses cheveux stylisés et ornés de perles rappelaient celui du Metropolitan Museum of Art de New York. Ses pieds, par contre, étaient résolument modernes.

En réalité, le kouros du Getty ressemblait surtout à une statue incomplète et plus petite, découverte en Suisse, en 1990, par un historien d'art britannique. La facture était la même, le marbre, similaire. Or, le kouros suisse n'appartenait pas à la Grèce antique : il avait été fabriqué par un faussaire travaillant à Rome au début des années 80. Que dire alors des signes de vieillissement de la surface de la statue censés témoigner de milliers d'années d'existence ? Après plus ample analyse, un autre géologue conclut qu'un tel aspect *antique* sur le marbre dolomitique pouvait être obtenu en deux mois, au moyen de moisissures de patates. Dans le catalogue du Getty, la légende qui accompagne la photo du kouros se lit comme suit : « Environ 530 ans av. J.-C. ou contrefaçon moderne. »

Federico Zeri, Evelyn Harrison, Thomas Hoving, Georgios Dontas et tous les autres experts avaient absolument raison d'éprouver une *répulsion intuitive* en regardant le kouros. En un seul coup d'œil, ils en ont compris davantage sur l'essence de cette statue que l'équipe du Getty en 14 mois d'enquête.

C'est de ce premier coup d'œil, de cette *intuition,* qu'il sera question dans ce livre.

□ 1. Simple et rapide

Supposons que je propose à quelqu'un de jouer à un jeu de hasard très simple. Je dispose devant lui quatre jeux de cartes, deux rouges et deux bleus, et je lui demande de retourner une carte à la fois, en la choisissant dans l'une ou l'autre des quatre piles. Chaque carte fait perdre ou gagner de l'argent, le but du jeu étant évidemment de gagner le plus d'argent possible. Mais ce que le joueur ne sait pas au début, c'est que si les cartes des deux jeux rouges lui permettent d'obtenir d'importantes récompenses, elles lui font aussi subir de très lourdes pertes. En fait, il ne réalise de véritables gains qu'en retournant les cartes des jeux bleus : bien que les lots soient moyens, les pénalités sont très faibles. Combien de temps le joueur mettra-t-il avant de découvrir l'astuce ?

Le groupe de chercheurs de l'université de l'Iowa qui a effectué cette expérience il y a quelques années a découvert qu'après avoir sélectionné une cinquantaine de cartes la plupart des sujets commencent à saisir ce qui se passe. Sans vraiment savoir pourquoi, ils préfèrent les jeux bleus, qui paraissent plus avantageux. C'est toutefois au bout de la 80ᵉ carte qu'ils comprennent vraiment de quoi il retourne et qu'ils peuvent expliquer le système.

Jusque-là, rien de bien surprenant. L'être humain expérimente, réfléchit, formule une hypothèse et établit un rapport entre théorie et pratique. C'est le processus normal d'apprentissage. Mais les résultats de l'étude se sont révélés plus intrigants lorsque les chercheurs ont décidé d'évaluer le degré de stress de leurs sujets. Pour ce faire, ils ont rattaché chaque joueur à un appareil mesurant l'activité des glandes sudoripares des paumes. Si la plupart de ces glandes réagissent à la température, celles des paumes réagissent au stress, ce qui explique pourquoi on a les mains moites quand on est nerveux. Les chercheurs ont alors découvert qu'en général le joueur commence à être stressé dès qu'il sélectionne une *dixième* carte dans les jeux rouges, soit bien avant de sentir que quelque chose ne tourne pas rond avec ces deux piles de cartes. À peu près au même moment, son comportement se met à changer. Il commence à accorder la préférence aux jeux bleus et prend de moins en moins de cartes dans les deux autres piles. Autrement dit, le joueur s'adapte aux règles du jeu bien avant de les comprendre consciemment[6].

Apparemment anodine, l'étude réalisée en Iowa explore une situation complexe où les sujets sont confrontés à un enjeu élevé et où ils ne disposent que de très peu de temps pour saisir la signification d'une grande quantité d'informations nouvelles et déconcertantes. De plus, ses résultats illustrent de façon très convaincante le fonctionnement du cerveau. Ils indiquent en effet que celui-ci utilise deux stratégies de compréhension très différentes. On connaît très bien la première : en situation d'apprentissage, on réfléchit à ce qu'on fait et on finit par produire une réponse adéquate. Cette stratégie consciente est logique et définitive, mais aussi lente et laborieuse : elle donne des résultats au bout de 80 cartes.

La seconde stratégie est beaucoup plus rapide et efficace, car elle permet de comprendre ce qui se trame de façon presque immédiate – au bout d'une dizaine de cartes. Mais cette méthode n'est pas sans inconvénient. Elle opère entièrement à la surface de la conscience, du moins dans ses premières manifestations, et transmet ses messages par d'étranges canaux indirects, les glandes sudoripares des paumes, par exemple. Tout se passe comme si le cerveau tirait des conclusions sans vraiment en informer son propriétaire.

C'est cette seconde stratégie qu'ont utilisée Evelyn Harrison, Thomas Hoving et les spécialistes de la Grèce antique. Pour se faire une opinion, ils n'ont pas soupesé tous les arguments imaginables ; ils ont uniquement évalué les preuves qu'ils pouvaient réunir en un seul coup d'œil. C'est une façon de réfléchir que le psychologue cognitiviste Gerd Gigerenzer se plaît à qualifier de *simple et rapide*[7]. Dès que ces experts ont aperçu le kouros du Getty, une partie de leur cerveau a procédé à une série de calculs rapides et, avant même que leur conscience se mette en branle, ils ont *senti* quelque chose, un peu comme le picotement de la transpiration dans les paumes des joueurs. Contre toute attente, Thomas Hoving a vu le mot *frais* surgir dans son esprit. Angelos Delivorrias a senti une *répulsion intuitive*. Georgios Dontas a eu l'impression qu'un panneau de verre le séparait de la sculpture. Ils ne pouvaient pas du tout expliquer pourquoi ils savaient, mais le fait est qu'ils *savaient.*

☐ 2. L'ordinateur interne

Les chercheurs nomment *inconscient d'adaptation* la partie du cerveau qui saute ainsi aux conclusions et permet de prendre des décisions presque instantanément. L'inconscient d'adaptation, l'un des plus importants objets d'étude en psychologie, ne doit pas être confondu avec l'inconscient de Sigmund Freud, cet endroit sombre et trouble, rempli de désirs, de souvenirs et de fantasmes bien trop inquiétants pour qu'on y pense. Il s'agit plutôt d'une espèce d'ordinateur très puissant qui traite rapidement et silencieusement une foule de données dont l'être humain a besoin pour fonctionner. Une personne voyant un semi-remorque foncer droit sur elle fera appel à cet ordinateur plutôt que de prendre le temps de réfléchir à toutes ses options. L'humanité n'a pu survivre qu'en développant ce processus de prise de décision qui permet de réagir immédiatement et adéquatement en fonction d'un minimum d'information.

Dans son ouvrage *Strangers to Ourselves*, le psychologue Timothy D. Wilson soutient que « le cerveau fonctionne de façon optimale lorsqu'il relègue dans l'inconscient d'adaptation une bonne partie de ses processus mentaux complexes et de haut niveau, à l'instar d'un avion capable de voler au moyen d'un système de pilotage automatique en sollicitant un minimum d'intervention du pilote *conscient* ou même sans y recourir. Cette forme d'inconscient sait parfaitement comment s'y prendre pour évaluer un contexte, avertir d'un danger, établir des objectifs et entreprendre une action de manière évoluée et efficace[8]. »

Toujours d'après Wilson, on passe du conscient à l'inconscient selon la situation. Ainsi, la décision d'inviter un collègue à dîner est consciente, réfléchie : on commence par y penser, puis on se dit que ce serait agréable et on finit par le lui demander. Mais c'est spontanément, inconsciemment, qu'on décide de se disputer avec la même personne. Ces deux décisions se rapportent respectivement à deux parties distinctes du cerveau et sont motivées par différents aspects de la personnalité.

On utilise la seconde partie du cerveau chaque fois qu'on fait connaissance avec quelqu'un, qu'on fait passer une entrevue à un candidat pour un poste, qu'on réagit à une nouvelle idée, qu'on doit prendre rapidement une décision dans des conditions stressantes. Rappelez-vous l'époque où vous étiez à l'université, par exemple : de combien de temps aviez-vous besoin pour décider de la compétence d'un professeur ? Un cours, deux cours, un semestre ?

La psychologue Nalini Ambady a exploré cette question en demandant à un groupe d'étudiants de visionner trois vidéocassettes *sans son* de 10 secondes présentant chacune un professeur. Elle a d'abord découvert que les étudiants n'avaient aucune difficulté à évaluer l'efficacité des enseignants. Après avoir réduit la durée des vidéos à cinq secondes, puis à deux, elle a ensuite constaté que leurs jugements restaient pratiquement les mêmes. Fait encore plus intéressant, la chercheure a observé que, pour l'essentiel, ces évaluations éclair ne se distinguaient pas de celles effectuées par des étudiants au terme d'un semestre complet. Une personne qui regarde deux secondes d'un vidéoclip muet d'un professeur qu'elle ne connaît ni d'Ève ni d'Adam tirera sur ses compétences d'enseignant des conclusions à peu près aussi fiables que celles d'étudiants l'ayant vu à l'œuvre pendant tout un semestre. Tout cela grâce au pouvoir de l'inconscient d'adaptation[9].

Vous avez probablement sollicité cet inconscient lorsque vous avez choisi ce livre. Pendant combien de temps l'avez-vous tenu dans vos mains ? Quelques secondes peut-être. Pourtant, dans ce court laps de temps, une foule d'éléments – le design de la couverture, ce que mon nom vous a suggéré, les premières phrases sur les kouros, etc. – se sont combinés pour produire une impression, ou, si on veut, une vague de pensées, d'images et d'idées préconçues, qui a profondément influencé votre lecture jusqu'à maintenant. N'êtes-vous pas curieux de savoir ce qui se passe durant ces quelques secondes ?

Je crois que nous nous méfions naturellement de ce genre de compréhension immédiate. Nous estimons en effet que la qualité d'une décision est directement proportionnelle au temps et à l'effort mis pour la prendre. Confronté à des résultats d'analyse inhabituels, le médecin soumet son patient à d'autres tests ; si, de son côté, le patient n'est pas convaincu par le diagnostic qu'il reçoit, il demandera l'avis d'un autre spécialiste. On apprend aux enfants à s'arrêter pour penser, à ne pas juger le contenu d'un livre d'après sa couverture, à se hâter lentement. Bref, nous avons tendance à croire qu'il vaut toujours mieux recueillir le plus de renseignements possible et passer le plus de temps possible à y réfléchir. Nous ne faisons confiance qu'au processus de décision conscient. Mais parfois, surtout dans des conditions stressantes, la précipitation ne nuit pas, les jugements éclair et les premières impressions permettent de mieux comprendre le monde. Avec

Intuition, je veux d'abord vous persuader qu'une décision prise instantanément peut être aussi judicieuse qu'une décision mûrement réfléchie.

Mais je ne ferai pas que l'apologie de l'*intuition.* Je m'intéresserai également à la façon dont nos instincts nous trahissent. Pourquoi le musée Getty a-t-il acheté un kouros dont l'authenticité était à ce point mise en doute ? Comment se fait-il que les spécialistes du musée n'ont jamais rien ressenti qui ressemblait à de la répulsion pendant les longs mois où ils ont observé la fausse statue ? C'est le grand mystère de cette affaire. Il faut dire que les données scientifiques que ces personnes ont utilisées paraissaient tout à fait convaincantes. C'est ce qui leur a permis d'occulter tout sentiment de rejet. En réalité, c'est parce que le Getty souhaitait désespérément que la statue soit authentique que ses experts l'ont reconnue comme telle. Musée relativement jeune, il était pressé de se constituer une collection de classe mondiale. Le kouros était une pièce tellement extraordinaire que les spécialistes en ont été aveuglés au point de faire fi de tous leurs instincts.

Un jour, Ernst Langlotz, l'un des plus grands spécialistes de la sculpture archaïque, voulut vendre une statuette de bronze à l'historien d'art George Ortiz. Ce dernier fut complètement démonté lorsqu'il vit la pièce : de toute évidence, c'était une reproduction pleine de contradictions et de carences. Comment Langlotz, qui en savait plus que quiconque dans le monde sur les statues grecques, avait-il pu se faire avoir ainsi ? Ortiz croit que c'est parce que la statuette était sa première acquisition. « Tout jeune collectionneur tombe amoureux de la première pièce qu'il achète, déclare Ortiz. Je suppose que c'est ce qui lui est arrivé. Jusqu'à maintenant, il n'a visiblement pas été capable de remettre ce sentiment en question, malgré son immense savoir. »

Loin d'être saugrenue, cette explication touche un aspect fondamental du fonctionnement de la pensée. L'inconscient est une force prodigieuse mais pas infaillible. L'ordinateur interne ne filtre pas tout ce qu'il voit, ne décèle pas instantanément la *vérité* de toute situation. Il lui arrive d'être déconcerté, distrait, en mauvais état : les réactions instinctives doivent souvent faire concurrence à toutes sortes d'autres intérêts, émotions, sentiments. Mais il ne se détraque jamais sans raison. Et il est possible d'apprendre à reconnaître et à comprendre les causes de ce dysfonctionnement. La deuxième tâche d'*Intuition* est justement de vous aider à savoir quand on peut se fier à son instinct et quand on doit s'en méfier.

Enfin, avec cet ouvrage, je veux vous persuader qu'il est possible de former et de discipliner ses jugements éclair et ses premières impressions. La réaction forte et éloquente que Thomas Hoving, Evelyn Harrison et tous les autres spécialistes ont eue en voyant le kouros était bel et bien issue de leur instinct, de leur inconscient, mais d'un inconscient maîtrisé. On peut apprendre à faire de meilleures évaluations éclair, tout comme on apprend à penser de manière logique et consciente. Dans *Intuition,* je vous présenterai des médecins, des entraîneurs, des concepteurs de mobilier, des musiciens, des acteurs, des vendeurs de voitures et toutes sortes d'autres gens très compétents qui doivent une partie de leur succès aux efforts qu'ils ont déployés pour façonner, gérer et éduquer leurs réactions inconscientes. La compréhension immédiate n'est pas un don magique que seuls quelques chanceux possèdent, c'est une habileté qu'on peut *développer.*

☐ 3.   Un monde différent et meilleur

Il existe de nombreux ouvrages qui s'attaquent à de grands thèmes selon de vastes perspectives d'analyse. *Intuition* n'est pas ce genre de livre. Il traite plutôt des détails de la vie quotidienne en se concentrant sur les conclusions hâtives et les impressions fugaces qui émergent de l'inconscient chaque fois qu'on fait connaissance avec quelqu'un, qu'on est confronté à une situation complexe ou qu'on doit prendre une décision dans des circonstances stressantes.

Je crois qu'on accorde beaucoup trop d'importance aux grandes préoccupations et pas assez aux sentiments fugitifs lorsqu'on cherche à comprendre l'univers et à se comprendre soi-même. Que se passerait-il si on prenait l'instinct au sérieux, si on troquait les lunettes d'approche pour de puissants microscopes ? Selon moi, on ne ferait plus les choses de la même manière. Les stratégies de guerre, les produits de consommation, les films, la façon de former les policiers, de traiter les problèmes conjugaux, de mener les entrevues d'embauche, etc., tout cela changerait, et pour le mieux. Lorsqu'on cherche à comprendre l'être humain, le comportement humain, il faut admettre qu'un seul coup d'œil peut être aussi valable qu'une longue analyse de plusieurs mois. J'en suis convaincu et j'espère que vous le serez aussi après avoir lu ce livre. Une fois que la vérité a finalement été établie sur l'affaire du kouros, Marion True, conservatrice des antiquités du musée Getty, a fait un commentaire fort révélateur : « Je croyais que les opinions scientifiques étaient plus objectives que les jugements esthétiques. Manifestement, j'avais tort. »

Le balayage superficiel

DES DÉTAILS QUI EN DISENT LONG

I l y a quelques années, un couple dans la vingtaine se présenta au laboratoire du psychologue John Gottman, à l'université de Washington, afin de participer à une expérience scientifique. Bill et Susan avaient les yeux bleus, des cheveux blonds élégamment ébouriffés et des lunettes *funky*. Selon les gens du laboratoire, ils formaient un couple attachant : ils étaient à la fois intelligents, attirants, drôles et spirituels. J'ai pu moi-même le constater en regardant la vidéo que Gottman a tournée ce jour-là. Bill était du type enjoué, tandis que Susan avait un humour acéré et était pince-sans-rire.

On les emmena au deuxième étage d'un édifice anonyme qui abrite les locaux de Gottman. Dans une petite pièce, on les fit s'asseoir à environ un mètre l'un de l'autre, et on leur installa aux doigts et aux oreilles des électrodes et des senseurs afin de mesurer leur rythme cardiaque, leur taux de sudation et la température à la surface de leur peau. Sous chacune de leurs chaises se trouvait un appareil qui devait capter leurs micromouvements de nervosité. Braquées sur eux, deux caméras vidéo allaient enregistrer tout ce qu'ils feraient et diraient.

Les chercheurs et les techniciens quittèrent la pièce après avoir mis la caméra en marche. Bill et Susan avaient reçu comme instructions de discuter pendant une quinzaine de minutes de n'importe quel sujet qui était source de mésentente entre eux. Dans leur cas, il s'agissait de la jeune chienne dont ils venaient de faire l'acquisition. C'était un très gros chiot que Susan adorait, contrairement à Bill. Détail non négligeable, ils habitaient un petit appartement.

À première vue, la bande vidéo de la discussion entre Bill et Susan ne révèle rien d'extraordinaire. C'est un exemple typique de conversation qu'ont couramment les couples : personne ne se fâche, ne fait de scène, ne perd les pédales, ne déclare rien d'important. C'est Bill qui commence. « Les chiens, ce n'est pas mon truc », dit-il d'un ton égal. Il rouspète un peu, mais seulement contre le chien, jamais contre Susan. Elle se plaint à son tour. À certains moments, ils oublient simplement qu'ils sont censés discuter d'un sujet épineux. Lorsqu'ils abordent la question de l'odeur de la chienne, par exemple, ils se chamaillent joyeusement.

Susan : Allons chéri ! Elle ne sent pas mauvais…

Bill : L'as-tu sentie aujourd'hui ?

Susan : Bien sûr ! Elle sentait bon. Je l'ai caressée : mes mains ne sentaient pas mauvais et elles n'étaient pas poisseuses. Tu n'as jamais eu les mains poisseuses après l'avoir touchée.

Bill : Oh que si !

Susan : Ma chienne n'est pas poisseuse.

Bill : Oh que si ! C'est un chien !

Susan : Ma chienne n'est jamais poisseuse. Fais attention à ce que tu dis.

Bill : Non, toi, fais attention.

Susan : Non, toi, fais attention, mon garçon. Ne traite pas ma chienne de poisseuse.

1. Le laboratoire de l'amour

D'après vous, que peut-on dire de la vie conjugale de Susan et Bill à partir de cette vidéo de 15 minutes ? Est-ce une relation sereine ou, au contraire, conflictuelle ? J'imagine que vous n'oserez pas vous prononcer sous prétexte que la discussion n'était pas assez révélatrice et beaucoup trop brève. Le mariage n'est pas un état immuable ; il est influencé par l'argent, le sexe, les enfants, le travail, la belle-famille, etc., bref, par des réalités qui évoluent constamment. Parfois, mari et femme respirent le bonheur, parfois, ils se disputent. Parfois, ils ont envie de s'entretuer, puis ils partent en vacances et reviennent aussi amoureux qu'aux premiers jours.

On a l'impression que pour vraiment *connaître* deux conjoints il faudrait pouvoir les suivre pendant plusieurs semaines, voire plusieurs mois, afin de les observer dans différents états – heureux, fatigués, irrités, ravis, énervés, et ainsi de suite –, et pas seulement lorsqu'ils sont décontractés, comme semblaient l'être Susan et Bill. Pour tirer une conclusion plausible sur quelque chose d'aussi sérieux qu'une relation conjugale, ou sur quoi que ce soit d'autre, on croit qu'il faut recueillir le plus d'information possible, en tenant compte du plus grand nombre possible de contextes.

John Gottman a prouvé que cela n'était pas nécessaire grâce à son *laboratoire de l'amour*. En quelque 20 ans, il a soumis plus de 3 000 couples à des expériences du genre de celle qu'ont subie Bill et Susan. Chaque interaction a été filmée sur vidéo, puis convertie en une séquence d'états affectifs codés selon un système qu'il a créé, le SPAFF (pour *Specific Affect*). Ce système comporte une vingtaine d'affects, d'émotions ou de sentiments relatifs à une discussion entre conjoints : 1 représente le dégoût ; 2, le mépris ; 7, la colère ; 10, le fait d'être sur la défensive ; 11, la plainte ; 12, la tristesse ; 13, le mutisme ; 14, la neutralité ; et ainsi de suite. Formés par Gottman, les préposés au codage ont appris à interpréter les expressions faciales et les ambiguïtés discursives des sujets, et à leur attribuer un état affectif SPAFF.

Lors d'une interaction, le préposé encode un état affectif par seconde, de sorte qu'une discussion de 15 minutes se traduit par une séquence de 1 800 chiffres – 900 pour le mari, 900 pour la femme[10]. Il établit ensuite des liens entre ces affects et les données provenant des électrodes et des senseurs. Il arrive ainsi à déterminer que, dans tel ou tel état, le mari ou la femme gigote sur sa chaise ou a une brusque poussée de température.

Gottman tire des conclusions assez impressionnantes de cette équation. En analysant une heure de discussion entre deux conjoints, il peut prévoir, selon un taux de réussite de 95 %, si le couple sera encore marié dans 15 ans. Son taux d'erreur passe à un peu plus de 10 % s'il observe un couple pendant 15 minutes. Récemment, Sybil Carrère, une collaboratrice de longue date de Gottman, a découvert qu'un examen de seulement *trois minutes* permettait de faire des prévisions d'une fiabilité encore assez impressionnante. Le destin d'un mariage peut donc se révéler beaucoup plus rapidement qu'on ne pourrait l'imaginer[11].

Homme d'âge moyen et de petite taille, John Gottman a d'immenses yeux de hibou, des cheveux argentés, une barbe soigneusement taillée et du charme à revendre. Lorsqu'il parle de quelque chose qui le passionne, ce qui est à peu près toujours le cas, son regard s'illumine et ses yeux deviennent encore plus grands. Pendant la guerre du Viêtnam, il était objecteur de conscience, et il y a encore en lui quelque chose du hippie des années 60, comme la calotte Mao qu'il porte parfois sur sa kippa.

Ce psychologue de formation a également étudié les mathématiques au Massachusetts Institute of Technology, et il est manifestement influencé par la rigueur et la précision de cette science. Lorsque je l'ai rencontré, il venait tout juste de publier son ouvrage le plus ambitieux, *The Mathematics of Divorce,* un traité de 500 pages. Il a tenté de m'expliquer sa théorie mathématique du divorce, avec moult équations et graphiques griffonnés sur une serviette de papier, jusqu'à ce que je lui dise que j'étais étourdi.

Vous vous interrogez peut-être sur la pertinence de parler d'un chercheur comme Gottman dans un livre censé traiter des pensées et des décisions intuitives. En effet, sa méthode n'a en effet rien d'instinctif. Son minutieux travail d'analyse est un exemple classique de la pensée consciente et réfléchie. Il n'en demeure pas moins que son approche peut nous en apprendre beaucoup sur un aspect crucial de la compréhension immédiate : le *balayage superficiel.* Ce concept fait référence à la capacité qu'a l'inconscient de schématiser des situations et des comportements à partir d'une couche superficielle d'expérience.

Quand Evelyn Harrison a conclu à l'inauthenticité du kouros après lui avoir jeté un simple coup d'œil, elle a procédé à un balayage superficiel. Lorsque les joueurs de l'Iowa se sont mis à avoir des réactions de stress par rapport aux jeux rouges, après avoir retourné une petite dizaine de cartes, ils ont procédé à un balayage superficiel.

Si le balayage superficiel permet à l'inconscient de réaliser des performances éblouissantes, il demeure l'aspect le plus hermétique du processus de compréhension immédiate. Comment peut-on en quelques secondes réunir toute l'information nécessaire à la formulation d'une opinion élaborée ? Comment peut-on comprendre instantanément une situation qui semble demander une analyse beaucoup plus approfondie ? La réponse : en appliquant de façon inconsciente, automatique et accélérée la rigoureuse méthode mathématique de Gottman. Une relation conjugale peut-elle être comprise en une seule séance d'observation ? Oui. Et il en va de même d'autres situations apparemment aussi complexes. Pour décortiquer ce processus, retournons aux recherches de John Gottman.

☐ 2. Le mariage et le code Morse

Amber Tabares est une étudiante de troisième cycle qui est préposée au codage SPAFF. Elle et moi sommes assis dans la pièce où Bill et Susan ont eu leur discussion. Nous regardons la vidéo de leur interaction sur un écran de télévision. C'est Bill qui entame la conversation. Il aimait bien leur vieux chien, dit-il, mais pas le nouveau. Il n'y a ni colère ni hostilité dans sa voix. Il a l'air sincère. Il semble vouloir simplement expliquer comment il se sent.

Amber Tabares me fait remarquer qu'en écoutant attentivement Bill on constate qu'il est sur la défensive. En code SPAFF, on dit qu'il répond à une récrimination par une autre, en appliquant la tactique du *oui-mais* : il semble d'accord avec sa conjointe, mais se rétracte aussitôt. En fin de compte, il est sur la défensive pendant 40 des 66 premières secondes de la conversation. Et pendant qu'il parle, Susan lève souvent et très rapidement les yeux au ciel, ce qui est un signe classique de mépris.

Lorsque Bill aborde le sujet de l'enclos du chien, Susan lui répond sur un ton condescendant, en fermant les yeux. « Je ne veux pas d'enclos dans la salle de séjour », poursuit-il. « Je ne veux pas en discuter », réplique Susan en levant encore les yeux au ciel.

« Regardez, me dit Amber, encore du mépris. C'est à peine s'ils ont commencé à discuter, et lui est presque constamment sur la défensive, tandis qu'elle lui manifeste souvent du mépris. »

Aucun des deux conjoints n'exprime ouvertement de l'hostilité. Leur agressivité est beaucoup plus subtile : elle surgit pendant une seconde ou deux. Amber doit interrompre le déroulement de la bande vidéo pour me le montrer. Contrairement à certains couples, Bill et Susan ne se disputent pas franchement.

Bill : Nous n'avons plus de vie sociale depuis que nous avons ce chien. Il faut toujours se dépêcher de rentrer au cas où elle aurait fait des dégâts dans l'appartement.

Susan : C'est faux. Si elle a l'intention de manger quelque chose, elle le fera dans les 15 minutes suivant notre départ.

Bill (hochant rapidement la tête) : Oui, je sais. Je n'ai pas vraiment de bonnes raisons. Je pense que je ne veux tout simplement pas de chien.

« Dans un premier temps, il a l'air d'accord, dit Amber Tabares en désignant Bill sur le moniteur, puis il nuance immédiatement avec un *mais*. Même s'il commence en validant ce que Susan dit, il poursuit en s'y opposant, en disant qu'il n'aime pas le chien. Il est vraiment sur la défensive. Au début, je le trouvais gentil. Je me disais qu'il confirmait tout ce que sa conjointe disait. Puis j'ai constaté que c'était la tactique du *oui-mais*. On peut facilement être berné par ce couple. »

Bill : Je fais des efforts. Tu dois admettre que je suis mieux cette semaine que la semaine dernière, que la semaine précédente et que la semaine d'avant.

« Dans le cadre d'une autre étude, intervient Amber Tabares en appuyant sur la touche *pause,* nous observions des nouveaux mariés. Nous avons remarqué que, chez les couples qui ont fini par divorcer, un des conjoints demandait à l'autre de l'approuver, mais sans jamais obtenir satisfaction. Chez les couples plus heureux, au contraire, le conjoint était sensible à cette demande et y répondait. C'était flagrant. Lorsqu'une personne indique qu'elle écoute son interlocuteur en hochant la tête ou en disant simplement "oui, oui", elle lui signifie son appui. Susan, elle, n'appuie jamais Bill – elle ne l'a pas fait une seule fois durant toute la conversation. Mais nous ne l'avions pas remarqué avant de coder la séquence. »

« C'est étrange, poursuit-elle, nous n'avions pas du tout l'impression qu'ils étaient malheureux lorsqu'ils sont arrivés au laboratoire. D'ailleurs, ils étaient morts de rire quand ils ont visionné leur discussion par la suite. Ils ont l'air de bien s'entendre, mais je ne sais pas... Il faut dire qu'ils ne sont pas mariés depuis longtemps ; le feu de la passion brûle encore. Mais Susan est très rigide, intransigeante. Ce qui ressort de l'interaction, c'est que, quel que soit leur désaccord, elle ne fait aucune concession. C'est quelque chose qui, à la longue, peut miner leur relation. Je me demande s'il y a suffisamment d'émotions positives dans ce couple pour qu'il passe le cap des sept ans. Car dans leur cas, ce qui est positif en apparence ne l'est pas du tout au fond. »

En analysant la bande vidéo de la discussion entre Bill et Susan, Amber Tabares cherchait à déterminer la quantité d'émotions positives et négatives. Gottman a en effet découvert que pour qu'un mariage survive le ratio des émotions positives et négatives d'une interaction doit être d'au moins cinq pour une. Le chercheur soutient même que toute relation conjugale a un schéma unique, une sorte d'ADN matrimonial qui refait surface dans n'importe quelle interaction sérieuse. Gottman demande toujours aux conjoints de lui raconter comment ils se sont rencontrés, car leur schéma conjugal se révèle immanquablement lorsqu'ils racontent le plus important épisode de leur relation.

« Dans une vidéo que je regardais hier, relate le chercheur, la femme racontait qu'elle et son mari s'étaient rencontrés dans une station de ski. Celui-ci y était pour le week-end avec toute une bande d'amis. Comme il plaisait à la femme, tous deux ont convenu de se retrouver le soir. Mais l'homme a trop bu, s'est endormi et a raté leur rendez-vous. Elle l'a attendu pendant trois heures, puis elle l'a appelé, l'a réveillé et lui a dit qu'elle n'appréciait pas la façon dont il l'avait traitée, qu'il n'était pas très gentil. "C'est vrai, lui a-t-il rétorqué, mais j'ai vraiment beaucoup bu." Le schéma de cette première rencontre a quelque chose de dérangeant, et malheureusement il a persisté. »

« En fin de compte, poursuit Gottman, il n'est pas difficile d'établir le pronostic d'une relation avec notre méthode. Au début, lorsque des schémas malheureux se révélaient, j'avais tendance à penser que j'étais juste tombé sur une mauvaise journée. Il nous est alors arrivé de refaire l'exercice, pour constater que nous obtenions les mêmes résultats. Ce n'était pas l'effet du hasard. Notre méthode d'analyse est très fiable et nos prévisions sont très justes[12]. »

Pour comprendre la conception du mariage mise de l'avant par Gottman, on peut faire le parallèle avec la *frappe* des opérateurs de télégraphes Morse. L'alphabet Morse est composé de traits et de points ayant chacun une longueur fixe, mais que personne ne reproduit jamais parfaitement. Chaque télégraphiste produit un rythme particulier – surtout s'il utilise un vieil appareil manuel. Il variera la longueur des silences, insistera sur les points, étirera les traits, etc. Le code Morse est comme une langue que chaque locuteur module avec sa voix.

Pendant la Seconde Guerre mondiale, les Britanniques ont formé des milliers de femmes pour faire l'écoute, jour et nuit, des transmissions radio des différentes divisions de l'armée allemande. Comme les Allemands utilisaient un code, elles ne pouvaient pas déchiffrer le *contenu* des messages – du moins, au début de la guerre –, mais cette lacune n'était pas aussi grave qu'elle en avait l'air. En effet, avant longtemps, ces surveillantes ont pu identifier quelque chose d'aussi essentiel : les expéditeurs. À force d'écouter la cadence des transmissions, elles ont réussi à reconnaître la frappe des différents télégraphistes allemands.

« En écoutant les mêmes signaux d'appel pendant un certain temps, rapporte l'historien militaire anglais Nigel West, les surveillantes pouvaient déterminer le nombre d'opérateurs de télégraphes dans une unité, les caractéristiques de chacun, la rotation des équipes. Les transmissions étaient invariablement accompagnées de préambules et d'échanges interdits : "Comment allez-vous aujourd'hui ? Comment se porte votre petite amie ? Quel temps fait-il à Munich ?" Ce genre d'information était consigné sur une fiche, de manière à établir un lien avec l'opérateur en question. »

Les surveillantes ont fini par décrire la frappe et le style des opérateurs allemands. Elles leur ont donné des noms et ont dressé leur profil de personnalité. Lorsqu'elles identifiaient un télégraphiste pendant une séance d'écoute, elles localisaient également la provenance du signal. Elles savaient donc non seulement de qui il s'agissait, mais aussi où il se situait.

« Ces agentes du renseignement maîtrisaient tellement bien les caractéristiques de transmission des opérateurs radio allemands, poursuit West, qu'elles pouvaient pratiquement les retracer dans toute l'Europe. C'était un type d'information particulièrement utile à l'établissement de l'ordre de bataille (la disposition des troupes sur le terrain en vue du combat). Si le télégraphiste affecté à l'unité X transmettait des messages à partir de Florence et que, trois semaines plus tard, ce même opérateur était localisé à Linz, l'agente pouvait en conclure que l'unité X s'était déplacée du nord de l'Italie vers le front est. Si l'opérateur attaché à une unité de réparation de chars avait l'habitude de transmettre ses messages à midi chaque jour et qu'après un important affrontement il se mettait à le faire à midi, 16 h et 19 h, la surveillante pouvait en déduire que l'unité de réparation avait beaucoup de travail. Grâce à cette méthode, elle pouvait confirmer à la personne de haut grade que tel escadron des forces aériennes était à l'extérieur de Tobrouk et non en Italie. "J'en suis certaine, pouvait-elle affirmer, car le télégraphiste était bel et bien Oscar[13]." »

La frappe est un schéma naturel – c'est ce qui la rend aussi intéressante. Elle est unique non pas parce que le télégraphiste cherche délibérément à se distinguer de ses collègues, mais bien parce qu'une partie de sa personnalité s'exprime automatiquement et inconsciemment dans la façon dont il appuie sur les touches de l'appareil. De plus, ce caractère distinctif se révèle dans le plus petit échantillon de transmission en code Morse. Il suffit d'écouter une séquence de quelques secondes pour reconnaître le schéma de l'opérateur. C'est pourquoi les Britanniques pouvaient écouter uniquement quelques martèlements avant d'affirmer avec certitude : « C'est bien Oscar, ce qui signifie que son unité est à l'extérieur de Tobrouk. » La frappe d'un télégraphiste est stable.

Selon Gottman, une relation interpersonnelle possède sa propre frappe, une signature distinctive qui surgit naturellement et automatiquement. C'est pourquoi un mariage peut être lu et décodé si facilement. En fait, toute activité humaine – qu'il s'agisse de marteler un télégraphe ou d'être marié – est marquée par un schéma stable et identifiable. Et lorsqu'on prévoit la tournure d'un mariage ou qu'on retrace un télégraphiste, on fait de l'identification de schéma.

« Dans le cadre d'une relation conjugale, affirme Gottman, les partenaires voient les choses selon une seule perspective affective : positive ou négative. Et une fois qu'une perspective est adoptée, il est très difficile de lui substituer l'autre. Si le sentiment positif l'emporte sur l'irritabilité, il fait office d'amortisseur, de zone tampon. C'est ce sentiment qui entre en jeu, par exemple, quand une femme met la mauvaise humeur de son conjoint sur le compte d'un état d'esprit passager. "Il n'a pas le moral aujourd'hui", se dira-t-elle. Au contraire, lorsque le sentiment négatif l'emporte, la même manifestation de mauvaise humeur sera montée en épingle. Une tentative de rapprochement sera vue comme de la manipulation. Même un événement relativement neutre pourra être interprété comme négatif, égoïste, etc. Supposons que je discute avec mon épouse et qu'à un moment donné elle me somme de me taire pour la laisser parler. Si j'ai une perspective positive, je m'excuserai, en l'invitant à continuer. Je serai un peu vexé, mais je reconnaîtrai mon tort. Si ma perspective est négative, je lui dirai quelque chose comme : "Va au diable, tu m'interromps à tout bout de champ, toi aussi. Une vraie garce. Tu me rappelles ta mère." »

Pendant qu'il parlait, Gottman a fait un dessin qui ressemblait aux graphiques des cours boursiers. « Ce sont les hauts et les bas – les émotions positives et négatives – d'un couple, m'a-t-il dit. On saisit rapidement la tendance générale. Quand une courbe commence à descendre, elle ne remontera pas dans 94 % des cas. Cela signifie que la relation est sur une mauvaise pente et que les conjoints sont incapables de corriger le tir. Cette représentation ne fait pas que traduire un moment dans leur vie de couple ; elle indique comment ils voient toute leur relation. »

☐ 3. L'importance du mépris

Récapitulons les principaux éléments de la fascinante théorie de Gottman. D'abord, chaque relation conjugale est marquée par une signature distinctive qui détermine son avenir. Ensuite, cette signature se manifeste dans les émotions que s'expriment mutuellement les conjoints dans toutes leurs interactions. Mais il y a plus : la méthode d'observation très simplifiée du psychologue. C'est un aspect très intéressant en soi.

Je n'avais pas imaginé à quel point il était difficile d'identifier les affects des couples filmés sur vidéo jusqu'à ce que je m'essaie moi-même au balayage superficiel. On m'a remis une bande comportant 10 séquences de 3 minutes de 10 couples en interaction. La moitié d'entre eux s'étaient séparés dans les 15 années suivant l'expérience. À moi de déterminer de quels couples il s'agissait. Malgré toute ma confiance en mon sens de l'observation, j'ai lamentablement échoué. Mes prévisions se sont avérées exactes une fois sur deux. Ce qui signifie que j'aurais aussi bien pu tirer à pile ou face.

Je trouvais les séquences de film complètement déroutantes. Le mari avançait quelque chose avec prudence, ce à quoi la femme répondait avec tranquillité, tandis qu'une émotion fugitive passait sur son visage. Il commençait à dire quelque chose, puis s'interrompait. Elle se renfrognait. Il se mettait à rire. L'un marmonnait, l'autre fronçait les sourcils.

J'ai regardé la bande vidéo à plusieurs reprises, accumulant plus d'information chaque fois. Je voyais la trace d'un sourire qui m'avait échappé avant, je captais un léger changement de ton, et ainsi de suite. C'était trop pour moi. Je cherchais frénétiquement à déterminer les ratios d'émotions positives et négatives, mais sans vraiment pouvoir distinguer le négatif du positif. Après avoir visionné l'interaction de Bill et Susan, je savais que ce qui paraissait positif pouvait très bien être négatif. De plus, il me fallait pouvoir reconnaître la vingtaine d'états affectifs SPAFF, ce qui n'était pas une mince tâche. Faites vous-même l'exercice pour voir.

Naturellement, on peut imputer ma piètre performance au fait que je ne suis pas conseiller matrimonial. Mais quelque 200 spécialistes des relations conjugales – thérapeutes conjugaux, chercheurs, conseillers en pastorale, étudiants de troisième cycle en psychologie clinique, nouveaux mariés, gens récemment divorcés et conjoints de longue date – ont examiné la même bande vidéo et n'ont guère mieux réussi que moi. Leurs prévisions se sont avérées exactes dans 53,8 % des cas, un résultat à peine meilleur que le fruit du hasard. Aucun de nous n'est parvenu à reconnaître les schémas relationnels des couples, car trop de choses se passaient en trois minutes d'interaction[14].

Gottman n'a pas ce problème. Il en est arrivé à une telle maîtrise du balayage superficiel qu'il aura une bonne idée de la santé conjugale d'un couple en surprenant simplement une conversation au restaurant. Il saura en peu de temps si les conjoints doivent commencer à se chercher un avocat et songer au partage de la garde des enfants. Comment s'y prend-il ? En faisant de l'observation sélective. Il a compris qu'il pouvait capter l'essentiel de ce qu'il recherche en se concentrant sur quatre états affectifs porteurs : le fait d'être sur la défensive, le mutisme, la critique et, surtout, le mépris. Si Gottman remarque qu'un ou que les deux conjoints se manifestent du mépris, il ne donne pas cher de la relation.

« On a tendance à penser que la critique est le pire jugement négatif, dit-il, car c'est une condamnation globale du caractère d'autrui. Mais le mépris est qualitativement différent. Le fait de dire "Tu ne m'écoutes jamais, tu es égoïste et insensible" est une critique dont le conjoint peut se défendre. Ce n'est pas le mode idéal pour résoudre les problèmes conjugaux et améliorer la relation, mais c'est moins dommageable que le mépris. Lorsqu'on est méprisant, on se place dans une position supérieure et on tente de rabaisser l'autre, souvent en l'insultant. Le mépris est étroitement relié au dégoût. C'est un sentiment de rejet et d'exclusion.» Gottman a même constaté que le mépris provoque un stress tel qu'il attaque le système immunitaire. Autrement dit, le mépris rend malade.

«Lorsqu'il y a un conflit au sein d'un couple, reprend Gottman, la femme verse facilement dans la critique, tandis que l'homme a tendance à s'enfermer dans le mutisme. Par exemple, la femme aborde un problème qui irrite son conjoint et auquel il réagit en se refermant complètement, ce qui a pour effet de rendre la femme encore plus critique, et ainsi de suite. C'est un cercle vicieux qu'on observe souvent. Le mépris, lui, ne fait pas de discrimination sexuelle. L'homme, comme la femme, est parfaitement capable d'en manifester.» Le mépris est donc un sentiment spécial : si on peut le mesurer, on n'a plus besoin de connaître tous les autres détails de la relation conjugale.

Je crois que l'inconscient fait du balayage superficiel de la même manière que John Gottman. À la recherche d'un schéma, il passe une situation au crible en faisant fi de tout ce qui n'est pas pertinent et en se concentrant sur l'essentiel. L'inconscient excelle à ce type d'analyse, et ce au point d'offrir souvent une réponse plus appropriée que la pensée réfléchie et exhaustive. C'est ce qui se passe lorsqu'on a une intuition ou qu'on saute rapidement à une conclusion.

☐ 4. **Les secrets de la chambre à coucher**

Imaginez que vous envisagez ma candidature pour un poste. Mon curriculum vitæ laisse supposer que je possède toutes les compétences nécessaires, mais vous voulez vous assurer que je m'intégrerai bien à votre entreprise, et vérifier si je travaille fort, si je suis honnête, si je suis ouvert, etc. Afin de mieux cerner ma personnalité, votre patron vous propose soit d'observer mon milieu de vie en passant une trentaine de minutes chez moi pendant que je n'y suis pas, soit de me rencontrer deux fois par semaine pendant un an, de manière à ce que nous devenions des amis intimes (votre patron est très exigeant). Quelle méthode donnerait le meilleur résultat selon vous ?

La seconde méthode, une sorte de balayage complet, vous semble sans doute plus appropriée. Plus vous passerez de temps avec moi, plus d'information vous recueillerez et mieux vous me connaîtrez. Mais j'espère qu'à ce stade de votre lecture vous êtes un peu plus sceptique au sujet de l'approche exhaustive. Dans son étude, le psychologue Samuel Gosling démontre d'ailleurs à quel point le balayage superficiel est efficace lorsqu'il est question de juger la personnalité.

Gosling a d'abord fait passer un test de personnalité à 80 étudiants, le réputé *Big Five Inventory,* un questionnaire qui mesure cinq grandes dimensions de la personnalité :

1. Extraversion : La personne est-elle expansive ou réservée ? Sérieuse ou plutôt encline à s'amuser ?

2. Sociabilité : Est-elle confiante ou méfiante ? Aimable ou plutôt désagréable ?

3. Conscience : Est-elle méthodique ou désordonnée ? Fait-elle preuve d'autodiscipline ou manque-t-elle de volonté ?

4. Stabilité émotionnelle: Est-elle calme ou anxieuse? Manque-t-elle d'assurance ou a-t-elle l'air bien dans sa peau?

5. Ouverture d'esprit: A-t-elle de l'imagination ou est-elle terre à terre? Est-elle indépendante ou conformiste?

Le chercheur a ensuite demandé au meilleur ami de chacun de ses 80 sujets de remplir le même questionnaire. Il a obtenu des résultats assez exacts, ce qui n'est guère surprenant. Nos meilleurs amis sont en mesure de nous décrire de façon assez fiable, car ils ont eu le temps de faire un balayage complet de notre personnalité.

Gosling a répété l'expérience, mais cette fois en ayant recours à des gens qui ne connaissaient pas du tout les étudiants. La seule information à laquelle ils avaient accès était les indices que pouvaient leur procurer les chambres de résidence des sujets. Chaque évaluateur disposait d'une quinzaine de minutes pour visiter la chambre de l'étudiant qui lui était assigné et répondre à une série de questions sur la personnalité de celui-ci. Il devait déterminer, sur une échelle de 1 à 5, si l'occupant était du type bavard, critique, consciencieux, original, réservé, aimable, généreux, etc. « Je voulais étudier l'impression que produit une personne au quotidien, dit Gosling. Je me suis donc bien gardé de dire quoi faire aux évaluateurs. Je leur ai juste tendu le questionnaire en leur disant de se laisser imprégner par l'atmosphère de la chambre. Ce qui m'intéressait, c'était le processus de jugement intuitif. »

Les résultats de cette expérience ont démontré que les meilleurs amis des étudiants étaient plus à même de mesurer le degré d'extraversion et de sociabilité de ces derniers. Pour savoir à quel point quelqu'un est animé, bavard, confiant et aimable, il faut manifestement le rencontrer, ce qui a du sens. Mais les évaluateurs étrangers ont déterminé avec *plus* d'exactitude le degré de méticulosité, et avec *beaucoup plus* d'exactitude la stabilité émotionnelle et l'ouverture d'esprit. Dans l'ensemble, les étrangers ont donc mieux réussi à décrire la personnalité des sujets que leurs proches. Autrement dit, on peut mieux comprendre la personnalité d'un parfait inconnu en y réfléchissant une vingtaine de minutes qu'en le côtoyant pendant des années. Si vous voulez savoir si je ferai un bon employé, oubliez les rencontres bihebdomadaires. Vous n'avez qu'à passer quelques minutes chez moi.

La plupart des gens ont peine à croire aux résultats de Gosling. Ce ne devrait pas être votre cas, surtout après ce que je vous ai dit des recherches de John Gottman. L'expérience d'observation des chambres de résidence n'est qu'un autre exemple de balayage superficiel. En visitant les chambres des étudiants, les évaluateurs avaient accès à de véritables mines de renseignements sur leurs locataires : les biens personnels de ces derniers.

Selon Gosling, la chambre à coucher recèle trois types d'indices sur son occupant. Le premier type d'indices affirme l'identité. Il est l'expression délibérée de l'image qu'on veut projeter. Un diplôme *magna cum laude* de Harvard affiché au mur est une affirmation d'identité. Le deuxième type d'indices est involontaire. Il correspond à une espèce de résidu comportemental. C'est le linge sale qui traîne sur le plancher, par exemple, ou la collection de disques compacts classés par ordre alphabétique sur l'étagère. Les régulateurs de pensées et de sentiments constituent le troisième type d'indices. C'est la façon dont on modifie son espace le plus personnel afin de bien s'y sentir. Une bougie parfumée est un régulateur, un ensemble de coussins décoratifs bien agencés sur le lit en est un autre[15].

Si vous vous retrouvez dans une chambre où le linge sale est enfermé dans un panier d'osier, les disques sont classés par ordre alphabétique, les diplômes sont affichés au mur et le pot-pourri répand une odeur agréable, vous *connaîtrez* instantanément certains aspects de la personnalité de son occupant, qui pourraient vous échapper si vous ne faisiez que passer du temps avec lui. Vous savez de quoi je parle si vous avez déjà examiné la bibliothèque ou la pharmacie d'un nouvel ami. Bref, on peut en apprendre autant ou même plus sur une personne en jetant un simple coup d'œil dans son espace privé qu'en passant plusieurs heures avec elle en public.

Ce qu'on *ne voit pas* quand on examine les biens d'une personne est tout aussi important. De cette manière, on est imperméable à toute une gamme de données déconcertantes, complexes et finalement peu pertinentes, qui occultent le jugement. À cause de l'impérissable stéréotype du sportif stupide, la plupart des gens ont de la difficulté à croire qu'un joueur de football de 120 kilos peut être doté d'une grande sensibilité et d'une intelligence très vive. Mais s'ils n'avaient accès qu'au contenu de sa bibliothèque et aux œuvres d'art exposées sur ses murs, ils ne seraient pas aveuglés par ce préjugé.

D'autre part, ce que les gens disent d'eux-mêmes n'est pas vraiment fiable pour la simple et bonne raison que l'on n'est pas très objectif quand il est question de soi. C'est pourquoi les tests de personnalité ne comportent pas de questions directes du genre « Êtes-vous organisé ? » mais plutôt des questions qui entraînent le sujet à se révéler à son insu. C'est aussi pourquoi Gottman n'interroge jamais les couples de but en blanc sur leur relation conjugale. Il considère que ce serait une perte de temps, car les conjoints pourraient très bien mentir, se sentir gênés ou tout simplement ne pas *savoir* ce qu'il en est. Il est possible en effet qu'à force d'être embourbés dans la relation ou, au contraire, de nager dans le bonheur ils n'y voient plus clair.

« Les couples n'ont aucune idée de ce qu'ils ont l'air, déclare Sybil Carrère. Dans une étude que nous avons réalisée, la plupart des couples nous ont dit qu'ils étaient surpris de voir ce qu'ils dégageaient ou ce dont ils avaient l'air pendant une dispute. Entre autres, une femme très émotive nous a révélé qu'avant de se voir sur vidéo elle se percevait comme quelqu'un de stoïque, sur ses gardes. Bien des gens se font une fausse représentation d'eux-mêmes. Ils se croient plus communicatifs ou plus négatifs qu'ils ne le sont en réalité. C'est seulement quand ils se voient interagir qu'ils découvrent à quel point l'image qu'ils ont d'eux-mêmes peut être déformée. »

Plutôt que d'orienter la discussion des couples sur leur mariage comme tel, Gottman préfère donc leur faire aborder des thèmes qui font *intervenir* leur relation conjugale – comme le fait d'avoir un animal de compagnie. Puis il examine une série de paramètres apparemment inopinés : expressions faciales fugitives, surcroît d'activité des glandes sudoripares des paumes, accélération soudaine du rythme cardiaque, changement subtil de ton. C'est par la bande qu'il arrive au cœur du problème – une méthode beaucoup plus rapide et efficace qu'une attaque frontale.

En réalité, les évaluateurs de Gosling ont procédé à une version profane de l'analyse scientifique de John Gottman. Ils disposaient d'une quinzaine de minutes pour absorber les détails d'une pièce et se faire une idée du caractère de son occupant. C'est par la bande qu'eux aussi ont découvert la personnalité des étudiants, en utilisant les preuves indirectes fournies par les biens personnels de ceux-ci. Comme ils n'étaient pas distraits par les données déconcertantes et peu pertinentes qui émanent d'une rencontre, leur processus de prise de décision s'en est trouvé simplifié. Ils ont fait du balayage superficiel et, tout comme Gottman, ils ont littéralement excellé dans leurs prévisions.

☐ 5. À l'écoute des médecins

Raffinons le concept de balayage superficiel. Supposons que vous travaillez pour une société d'assurance responsabilité civile qui vend des polices d'assurance contre les fautes professionnelles médicales. Pour des raisons d'ordre financier, votre patron vous demande de repérer, parmi tous les médecins couverts par cette protection, ceux qui risquent d'être poursuivis. Il vous propose deux méthodes de travail. Vous pouvez soit écouter des fragments de conversation entre les médecins et leurs patients, soit examiner la formation et les références de chaque médecin ainsi que ses antécédents en matière d'erreurs professionnelles.

Vous avez sans doute deviné que la première méthode est la plus efficace. Croyez-le ou non, mais le risque d'être poursuivi pour faute professionnelle n'a pratiquement rien à voir avec le nombre d'erreurs commises. Des médecins très compétents font souvent l'objet de poursuites, tandis que d'autres, qui multiplient les erreurs, s'en sortent indemnes. Par ailleurs, de très nombreux patients mal soignés n'accuseront jamais leur médecin de négligence. En réalité, les gens intentent une action contre leur médecin non parce qu'ils ont reçu de mauvais soins, mais parce qu'ils ont reçu de mauvais soins *et subi autre chose.*

Cette *autre chose,* c'est le manque de tact, de sensibilité. Ce qui ressort encore et toujours des affaires de négligence professionnelle, c'est que le patient a été bousculé, ignoré ou maltraité par le médecin. Selon Alice Burkin, une éminente avocate spécialisée depuis plusieurs années dans ce domaine, les gens ne poursuivent pas les médecins qu'ils apprécient. «Je n'ai jamais entendu un client dire : "Je regrette de poursuivre ce médecin, car je l'aime vraiment, mais je n'ai pas le choix." Par contre, j'en ai vu d'autres s'obstiner à vouloir poursuivre leur spécialiste, alors que nous leur avions démontré que le fautif était leur généraliste. "Je m'en fiche, rétorquaient-ils. Je l'aime et je ne le poursuivrai pas." »

Alice Burkin raconte qu'une de ses clientes voulait intenter un procès contre son interniste pour cause de diagnostic tardif – sa tumeur au sein n'avait été détectée qu'après avoir produit des métastases. Or, c'était le radiologiste qui était coupable de négligence. Pourtant, la cliente persistait à vouloir poursuivre l'interniste. « Lors de notre premier rendez-vous, se rappelle l'avocate, elle m'a déclaré qu'elle détestait ce médecin parce qu'il ne prenait pas le temps de lui parler et ne s'informait jamais de ses autres symptômes, qu'il la regardait comme une tumeur ambulante, pas comme une personne. Lorsqu'un patient reçoit des mauvaises nouvelles, le médecin doit prendre le temps de répondre à ses questions et lui expliquer ce qu'il en est. Bref, il doit le traiter comme un être humain. Ce sont ceux qui ne prennent pas cette peine qui sont poursuivis. » Il n'est donc pas nécessaire d'en savoir bien long sur les protocoles opératoires d'un chirurgien pour déterminer s'il est susceptible d'être poursuivi en justice. Ce qu'il faut comprendre, c'est la relation qu'il a avec ses patients[16].

Dans le cadre d'une expérience qu'elle a réalisée il y a quelques années, Wendy Levinson a analysé des centaines de conversations entre médecins et patients. Environ la moitié des médecins avaient déjà fait l'objet d'une poursuite à au moins deux reprises, tandis qu'on n'avait jamais intenté d'action contre les autres. La chercheure a constaté que les deux groupes de médecins se distinguaient l'un de l'autre uniquement d'après leurs schémas de conversation. Examinons ses résultats de plus près.

Les médecins qui n'ont jamais été poursuivis consacrent plus de temps à leurs patients : 18,3 minutes par consultation en moyenne, comparativement à 15 minutes pour les autres. Ils sont également plus enclins à expliquer comment l'entretien se déroulera par des phrases telles que « Je vais d'abord vous examiner, puis nous parlerons de votre problème » ou encore « Vous aurez l'occasion de me poser des questions à la fin de notre entretien », ce qui aide leur patient à comprendre ce qu'il est censé tirer de la rencontre. Enfin, ils n'hésitent pas à rire et à faire des blagues, et encouragent davantage leur patient à s'exprimer : « Allez-y, dites-m'en plus à ce sujet. »

Wendy Levinson précise que les médecins des deux groupes transmettent la même information : ils donnent tous autant de détails sur les médicaments prescrits que sur l'état du patient. La seule différence réside dans leur *manière* de s'adresser à lui[17].

La psychologue Nalini Ambady a poussé cette étude encore plus loin en se concentrant sur les conversations que Wendy Levinson avait enregistrées entre les chirurgiens et leurs patients. Elle a sélectionné deux conversations par chirurgien, en prélevant dans chacune d'elles deux séquences de 10 secondes, de manière à obtenir 40 secondes d'entretien par médecin. Elle en a ensuite éliminé les hautes fréquences, soit les sons qui permettent de reconnaître les mots. Elle a ainsi obtenu une suite de sons brouillés dépourvus de sens, mais où l'intonation, le ton et le rythme étaient restés intacts. Elle a enfin procédé à une analyse *à la Gottman*.

Elle a demandé à des évaluateurs de noter ces séquences brouillées en utilisant les termes chaleur/froideur, hostilité/bienveillance, domination/compassion et d'indiquer pour chacune d'elles s'ils estimaient que le médecin avait déjà été poursuivi ou non pour faute professionnelle. Les évaluateurs ne savaient rien du degré de compétence et d'expérience des chirurgiens, du type de formation qu'ils avaient reçu et des protocoles qu'ils utilisaient. Ils ne savaient même pas ce qu'ils disaient aux patients. L'intonation, le ton et le rythme de la voix étaient tout ce dont ils disposaient pour tirer leurs conclusions.

Nalini Ambady et ses collègues ont été « complètement aba-sourdis » par les résultats de cette expérience. En effet, les évalua-teurs ont très bien réussi à repérer les médecins qui avaient été poursuivis et ceux qui ne l'avaient pas été. La chercheure a d'ailleurs découvert que leurs estimations étaient encore plus som-maires qu'il n'y paraissait : dès que la voix du chirurgien était jugée dominante, celui-ci était classé dans la catégorie des *poursui-vis*. Si, au contraire, elle était jugée plutôt compatissante, il était placé dans l'autre[18]. Peut-on avoir balayage plus superficiel ?

On a tendance à croire que les fautes professionnelles sont des problèmes multidimensionnels, infiniment complexes. Pourtant, elles se résument à une question de respect, lequel se manifeste entre autres par le ton de la voix. Chez un médecin, le ton le moins respectueux est le ton dominant. Les évaluateurs de Nalini Ambady n'avaient pas besoin de connaître tout l'historique de la relation entre le patient et le médecin pour comprendre cette dernière. Ils n'avaient qu'à être attentifs aux manifestations de respect – ou à leur absence. En fin de compte, une consultation médicale est très semblable à une querelle entre conjoints ou à ce que dit une chambre à coucher de la personnalité de son occupant. Ce sont des relations dont la signature est très claire.

Si, lors de votre prochaine consultation médicale, vous sentez que la personne en face de vous ne vous écoute pas et qu'elle vous traite avec condescendance, *n'ignorez pas ce sentiment.* Grâce au ba-layage superficiel, vous venez de découvrir que l'approche de votre médecin laisse à désirer.

☐ 6. Le pouvoir du coup d'œil

Le balayage superficiel n'est pas un don exotique. C'est une faculté on ne peut plus humaine. On l'utilise chaque fois qu'on rencontre une nouvelle personne, qu'on doit comprendre quelque chose rapidement ou qu'on se trouve dans une situation inhabituelle. Si on y a d'abord recours par nécessité, on finit par s'y fier parce que c'est une méthode très efficace, qui donne d'excellents résultats.

D'ailleurs, dans plusieurs professions et disciplines, il existe une expression pour décrire l'art de saisir toute la richesse d'une situation à partir d'une couche d'expérience très superficielle. Au basketball, on dit du joueur doté d'une très grande capacité de concentration et d'observation qu'il a le *sens du terrain*. Dans l'armée, on dit des généraux qui peuvent comprendre immédiatement un champ de bataille qu'ils ont le coup d'œil[19]. Napoléon Bonaparte et George S. Patton avaient le coup d'œil.

Un jour qu'il faisait de l'observation à Cape May, au New Jersey, l'ornithologue David Sibley a aperçu un chevalier combattant à quelque 250 mètres dans les airs. Il a reconnu immédiatement cette rare variété de bécasseau même s'il ne l'avait jamais vu auparavant et qu'il n'avait pas assez de temps pour procéder à une identification en bonne et due forme. Le fait est qu'il a été capable de saisir son *giss* – ou *jizz*[20] –, le terme que les ornithologues utilisent pour parler de l'essence même d'un oiseau.

« La plupart des critères d'identification des oiseaux sont basés sur une sorte d'intuition, déclare Sibley. La façon dont l'oiseau bouge, dont il tourne la tête, dont il vole, ses apparitions instantanées selon différents angles, la séquence de ces apparitions, etc., sont des éléments qui se combinent pour créer quelque chose d'unique qui ne peut pas vraiment se décortiquer ni se décrire avec des mots. Lorsqu'on fait de l'observation sur le terrain, on ne prend pas le temps d'analyser les différentes caractéristiques qu'on aperçoit pour faire de rigoureuses déductions. Le processus est beaucoup plus naturel et instinctif. Après plusieurs années de pratique, tout se passe comme si la seule vue d'un oiseau déclenchait une série de commandes dans le cerveau. On *sait* en un coup d'œil de quelle espèce, de quel oiseau il s'agit. »

Le producteur Brian Grazer, qui est à l'origine de plusieurs des grands succès hollywoodiens des 20 dernières années, utilise presque les mêmes mots pour décrire sa première rencontre avec Tom Hanks, en 1983. À l'époque, l'acteur était pratiquement inconnu. Il avait seulement joué dans la télésérie *Bosom Buddies,* dont personne ne se souvient fort heureusement. « Il s'est présenté à l'audition pour *Splash,* et j'ai su immédiatement que c'était quelqu'un de spécial, se rappelle Grazer. Nous avions passé des centaines d'auditions pour ce rôle. D'autres acteurs étaient peut-être plus drôles que lui, mais personne n'était aussi aimable. Je sentais que je pouvais lire en lui, comprendre ses problèmes. Vous savez, pour faire rire, il faut être intéressant, et pour être intéressant, il faut faire des choses mesquines. La comédie est issue de la colère. S'il n'y a ni méchanceté ni colère, il n'y a pas de conflit. Tom Hanks avait ceci de particulier : même s'il était méchant, on avait envie de lui pardonner. C'était essentiel car, en fin de compte, on doit rester avec le personnage, même s'il abandonne la fille ou s'il fait des choses avec lesquelles on n'est pas d'accord. Je n'ai pas compris tout cela aussi clairement à l'époque. J'ai simplement eu une intuition que j'ai analysée plus tard. »

Selon moi, vous êtes plusieurs à avoir la même impression de Tom Hanks. Si je vous demandais de le décrire, il y de fortes chances pour que vous disiez qu'il a l'air honnête et digne de confiance, qu'il est à la fois drôle et réaliste. Pourtant, vous ne le connaissez pas. Vous ne lui avez jamais parlé. Vous ne l'avez vu que sur un écran de cinéma. Néanmoins, à partir de cette couche d'expérience superficielle, vous vous êtes fait de lui une idée précise qui influe fortement sur la façon dont vous regardez les films dans lesquels il joue.

Lorsque Grazer a songé à Tom Hanks pour interpréter un rôle dans *Apollo 13,* il a soulevé un concert de protestations autour de lui. « On me disait qu'on ne voyait pas Tom en astronaute. Moi, tout ce que je voyais, c'était l'histoire d'un vaisseau spatial en danger. Et qui, plus que tout autre, veut-on ramener sur Terre ? Qui l'Amérique veut-elle sauver ? Tom Hanks. On ne veut pas le voir mourir. On l'aime trop. »

Si on était incapable de faire du balayage superficiel, s'il fallait vraiment fréquenter quelqu'un pendant des mois et des mois afin de saisir sa vraie nature, l'effet dramatique d'*Apollo 13* disparaîtrait et *Splash* ne serait plus drôle. Nous ne pourrions pas comprendre des situations complexes en un clin d'œil, le basketball serait chaotique et les ornithologues seraient désemparés.

Il y a quelque temps, un groupe de psychologues a repris l'expérience de Gottman que j'ai trouvée si difficile, en la modifiant quelque peu. Les bandes vidéo ont été scindées en séquences de 32 secondes, et les évaluateurs – tous des profanes – ont reçu un peu d'aide de la part des chercheurs. D'abord, ils disposaient d'une liste restreinte d'états affectifs à rechercher. Ensuite, ils pouvaient regarder chaque séquence à deux reprises : la première fois en se concentrant sur l'homme, la seconde, sur la femme. Résultat : dans un peu plus de 80 % des cas, ces évaluateurs ont pu déterminer quels mariages avaient duré et quels autres s'étaient soldés par un divorce. Une performance moins spectaculaire que celle de Gottman, mais quand même impressionnante. Ce n'est pas vraiment surprenant car, après tout, l'être humain s'y connaît en matière de balayage superficiel.

DEUX

L'enceinte de l'inconscient

LE MYSTÈRE DES DÉCISIONS ÉCLAIR

Au tennis, chaque joueur peut s'y reprendre à deux fois pour réussir son service, mais s'il rate sa deuxième chance, il fait ce qu'on appelle une *double faute.* Vic Braden, un des meilleurs entraîneurs de tennis au monde, remarqua un jour qu'il était capable d'anticiper les doubles fautes. Peu importe s'il regardait le match à la télé ou au stade, s'il connaissait ou non les compétiteurs, s'il s'agissait d'hommes ou de femmes, il se trompait rarement. « J'arrivais à prévoir les doubles fautes de femmes russes que je n'avais jamais vues de ma vie », dit-il. Il observait le joueur lancer la balle dans les airs et s'élancer pour la frapper, et juste avant que la raquette entre en contact avec la balle, il laissait échapper un « Oh non ! Double faute ! » et presque à tout coup, la balle passait à côté, allait trop loin ou finissait dans le filet.

Ce n'était pas une simple question de chance. Pour chaque centaine de services réussis, un joueur professionnel fait tout au plus trois ou quatre doubles fautes. Lors d'un grand tournoi qui se déroulait près de son domicile, à Indian Wells, dans le sud de la Californie, Braden constata qu'il avait pronostiqué 16 doubles fautes sur 17. « Pendant un moment, j'ai eu peur, se rappelle-t-il. J'ai littéralement eu peur. C'étaient des joueurs qui ne faisaient presque jamais de doubles fautes. »

Lorsqu'il était jeune, Braden était un joueur de tennis de calibre international. Maintenant septuagénaire, il a passé les 50 dernières années de sa vie à côtoyer, entraîner et conseiller certains des plus grands joueurs de tennis de l'histoire. C'est un petit homme exubérant, débordant d'énergie. On dit qu'il en sait plus que quiconque sur les nuances et les subtilités de ce sport. Il n'y a donc rien d'étonnant à ce qu'il soit parfaitement capable d'évaluer un service en un simple coup d'œil. La posture du joueur, sa façon de lancer la balle, la fluidité de son mouvement sont autant de signes qui sollicitent son inconscient d'entraîneur. Cette habileté n'est pas vraiment différente de celle de l'historien d'art qui distingue instantanément un faux d'un vrai kouros. D'instinct, Braden reconnaît le *giss* de la double faute. Il procède à un balayage superficiel et il *sait*. Mais le hic, c'est que, à sa grande frustration, Braden ignore totalement *comment* il s'y prend pour savoir.

« Je n'arrivais pas à identifier ce que je voyais, se souvient-il. Je passais des nuits blanches à me demander comment je m'y étais pris pour prévoir les doubles fautes. Ça me rendait fou. Ça me torturait. Je repassais sans cesse le service dans ma tête pour essayer de comprendre. Le joueur avait-il trébuché ? Avait-il fait un pas de trop ? La balle avait-elle rebondi de manière à lui faire modifier son mouvement ? » La preuve qui permettait à Braden de tirer sa conclusion semblait enfouie à tout jamais dans son inconscient.

Le caractère inconscient des pensées, décisions et jugements éclair est tout aussi crucial que leur extrême rapidité. Les joueurs de l'Iowa se sont mis à éviter les jeux rouges bien avant d'en être conscients ; la partie consciente de leur cerveau a eu besoin de

70 autres cartes pour comprendre ce qui se passait. À la seule vue du kouros du musée Getty, Thomas Hoving, Evelyn Harrison et les experts grecs ont ressenti des vagues de répulsion, ont vu des mots surgir dans leur esprit, ont été consternés, mais, sur le moment, ils auraient été bien en peine d'expliquer pourquoi ils réagissaient ainsi. D'ailleurs, Hoving rapporte que ceux qu'il appelle les *débusqueurs de faux,* les spécialistes qui établissent l'authenticité des œuvres d'art, sont incapables de parler de leurs méthodes avec précision. Apparemment, ils ressentent une *espèce de bousculade mentale,* une *rafale d'images.* Un d'entre eux dit que tout se passe comme si ses yeux et ses sens étaient des oiseaux-mouches voltigeant autour d'un nid. En quelques minutes, voire quelques secondes, il enregistre des tas de choses qui lui lancent de puissants signaux d'alarme.

« L'historien d'art Bernard Berenson, poursuit Hoving, décourageait parfois ses collègues par son incapacité à expliquer comment il s'y prenait pour reconnaître les infimes défauts et incohérences lui permettant de déterminer si une œuvre était un faux ou un travail bâclé. Lors d'un procès, il s'est contenté de dire qu'il avait l'estomac noué, un drôle de bourdonnement dans les oreilles, qu'il se sentait soudainement déprimé, un peu étourdi, en déséquilibre. Ce n'est pas la description scientifique à laquelle on s'attend lorsqu'on veut connaître la méthode qui permet de juger si une œuvre est une contrefaçon. Mais c'était tout ce qu'il pouvait en dire[21]. »

Les jugements éclair et la compréhension immédiate sont impénétrables. Ils sont enfermés dans une véritable enceinte du cerveau. Vic Braden a essayé d'y accéder, mais en vain. Il a perdu le sommeil à force de vouloir percer le mystère de son propre jugement.

Je crois que nous avons de la difficulté à accepter cette idée d'inaccessibilité. C'est une chose de reconnaître l'énorme pouvoir des jugements éclair et du balayage superficiel, mais ça en est une autre de se fier à un processus apparemment aussi mystérieux. « Mon père est parfaitement capable de vous expliquer ses actions et ses décisions avec moult théories, déclare le fils du milliardaire George Soros. Mais quand j'étais jeune, je l'écoutais parler et je me disais que tout ça, c'étaient des conneries. En réalité, vous savez, il modifie sa position sur le marché ou prend une décision de ce genre quand son dos commence à le faire souffrir. Il a littéralement un spasme de douleur, qu'il prend pour un avertissement. »

Manifestement, George Soros est quelqu'un qui sait reconnaître la valeur du raisonnement inconscient, et c'est en partie ce qui explique son succès. Mais si je devais suivre ses conseils en matière de placements, je deviendrais probablement nerveux en apprenant qu'il fonde ses décisions sur ses seuls maux de dos. Un homme comme Jack Welch[22] peut très bien intituler ses mémoires *Jack: Straight from the Gut* (littéralement, *Jack : en direct des tripes*), mais cela ne l'empêche pas de préciser qu'il doit aussi sa réussite à de solides théories, systèmes et principes de gestion.

De nos jours, les décisions doivent être éclairées et explicitées. On ne peut pas se contenter de dire *comment* on va, il faut également être prêt à expliquer *pourquoi* on se sent ainsi. C'est la raison pour laquelle les responsables du musée Getty ont eu tant de difficulté à accepter l'opinion de gens comme Hoving, Harrison et Zeri : il leur était beaucoup plus facile d'écouter les scientifiques et les avocats qui étaient en mesure de leur fournir des pages et des pages de documentation pour appuyer leurs dires. Mais je crois qu'on fait fausse route en maintenant ce genre d'approche. Pour prendre de meilleures décisions, il faut accepter le caractère occulte des jugements éclair, assumer qu'on peut savoir sans savoir pourquoi, et reconnaître que, parfois, c'est mieux ainsi.

☐ 1. Les effets du conditionnement

Supposons que je sois professeur et que je vous demande de venir passer un test de langue à mon bureau, lequel se trouve au bout d'un long corridor. Votre tâche consiste à faire 10 phrases grammaticalement correctes, contenant au moins 6 mots chacune, à partir des séries ci-dessous. Prêt ? Allez-y.

01   il pour elle s'inquiéter toujours jamais

02   de provenir Floride oranges les température

03   balle la lancer silencieusement doucement très

04   jeter souliers remplacer vieux tes là-bas

05   il observer gens toujours surveiller les

06   être gentils ils solitaires jamais mais

07   tapis le homogène gris être souris

08   je être maintenant nous étourdi que ce

09   jouer bingo être intéressant chanter au

10   au soleil le faire rider les raisins donner des

Plutôt simple, n'est-ce pas ? Dans les faits, pourtant, une fois le test terminé, vous sortiriez de mon bureau beaucoup moins pimpant qu'à votre arrivée et vous longeriez le corridor beaucoup plus lentement. Ce test aurait ni plus ni moins influencé votre comportement.

Si vous regardez de nouveau les phrases, vous remarquerez que des mots tels que *préoccuper, Floride, vieux, solitaire, gris, bingo* et *rider* y sont disséminés. Sous prétexte de vous faire subir un test de langue, j'ai incité l'ordinateur très puissant de votre cerveau – votre inconscient d'adaptation – à penser au processus de vieillissement. Celui-ci ne s'est pas donné la peine d'informer le reste de votre esprit de sa soudaine obsession, mais il a pris très au sérieux toutes ces notions relatives à la vieillesse, au point de vous pousser à vous conduire comme une personne âgée. D'où le soudain ralentissement de votre allure[23].

Cette expérience de conditionnement a été conçue par John Bargh, un brillant psychologue de l'Université de New York. En collaboration avec ses collègues Mark Chen et Lara Burrows, il a mené d'autres études du même genre, dont certaines encore plus fascinantes, afin de comprendre ce qui se passe dans cette enceinte inaccessible qu'est l'inconscient d'adaptation[24]. Les trois chercheurs ont notamment soumis deux groupes d'étudiants de premier cycle universitaire à un test de langue semblable au précédent. Des mots tels qu'*agressivement, hardi, grossier, déranger, harceler, importuner, transgresser* étaient dispersés dans le test destiné au premier groupe, tandis que les étudiants du second groupe étaient exposés à des termes comme *respect, prévenant, apprécier, patiemment, céder, poli, courtois.* Puisque le conditionnement est sans effet si on en est conscient, les chercheurs ont veillé à ce que les étudiants n'aient aucune idée de ce qui était réellement mesuré.

Une fois le test fini, chaque étudiant avait pour instruction d'aller voir le responsable de l'expérience afin de recevoir d'autres directives. Mais arrivé devant le bureau de celui-ci, il devait attendre que le responsable termine sa conversation avec un tiers qui bloquait littéralement l'entrée de la pièce. Bargh voulait vérifier lequel des deux groupes de sujets attendrait le plus longtemps avant d'interrompre la conversation : celui des étudiants conditionnés par les mots de politesse ou celui des sujets conditionnés par les mots d'impolitesse. Il en savait assez sur l'étrange pouvoir de l'inconscient pour supposer qu'il y aurait une certaine différence dans le temps d'attente, mais il ne croyait pas qu'elle serait importante. Les membres du comité de l'université qui approuvent les expériences faites sur les êtres humains lui avaient fait promettre d'interrompre la conversation au bout de 10 minutes. « Nous pensions que les membres du comité faisaient une blague, se rappelle Bargh. Après tout, les sujets étaient des New-Yorkais. Ils n'avaient certainement pas autant de patience. Nous pensions que la différence entre les deux groupes serait de l'ordre de quelques secondes, d'une minute tout au plus. »

Mais Bargh et ses collègues se trompaient. En moyenne, les sujets conditionnés par les mots impolis ont interrompu la conversation au bout de cinq minutes environ, tandis que la grande majorité des sujets conditionnés par les mots polis – 82 % – *n'ont jamais interrompu la conversation*. Si l'expérience n'avait pas pris fin après 10 minutes, qui sait combien de temps ils auraient patienté dans le corridor, en souriant aimablement.

« L'expérience se déroulait juste devant mon bureau, se rappelle Bargh. J'ai dû écouter la même conversation des centaines de fois. J'en avais marre, mais marre ! La personne à qui l'expérimentateur parlait faisait semblant de ne pas comprendre ce qu'elle était censée faire. Pendant 10 minutes, elle posait les mêmes questions, revenait sans cesse sur les mêmes choses. [Bargh grimace à cet étrange souvenir.] Ça a duré tout un semestre. Et l'étudiant conditionné par les mots polis restait là à attendre. »

Il est à noter que le conditionnement n'est pas un lavage de cerveau. On ne peut pas amener des sujets à dévoiler des détails intimes de leur enfance simplement en les exposant à des mots comme *sieste, bouteille* et *ourson en peluche*. Pas plus qu'on peut les programmer pour dévaliser une banque. Mais les effets du conditionnement ne sont pas insignifiants, comme le démontrent les résultats des expériences suivantes.

Il y a quelques années, Ap Dijksterhuis et Ad Van Knippenberg, deux chercheurs hollandais, ont réuni deux groupes d'étudiants afin de leur poser une série de 42 questions assez difficiles, puisées dans le jeu *Trivial Pursuit*. Ils avaient préalablement demandé à chacun

des deux groupes de prendre cinq minutes pour réfléchir respectivement au hooliganisme et au métier d'enseignant, et d'écrire tout ce
qui leur venait à l'esprit à ce propos. Le premier groupe a correctement répondu à 42,6 % des questions, tandis que le second a fourni
des bonnes réponses dans 55,6 % des cas. Les étudiants de ce second
groupe n'étaient pas plus intelligents, concentrés ou sérieux que les
autres. Ils étaient simplement dans un *état d'esprit* plus intelligent.
Manifestement, le fait de s'associer à l'intelligence plutôt qu'à la
bêtise leur a facilité la tâche lorsque, sous l'emprise du stress, ils
devaient répondre correctement à une question. Précisons que l'écart
entre 55,6 % et 42,6 % est énorme. C'est ce qui fait la différence
entre la réussite et l'échec.

Les psychologues Claude Steele et Joshua Aronson ont poussé
cette expérience encore plus loin[25]. Ils ont soumis des étudiants
noirs à une vingtaine de questions au test GRE[26] en leur demandant d'indiquer leur origine ethnique sur leur formulaire d'ins-
cription. Cette simple requête a suffi à conditionner les sujets à
tous les stéréotypes négatifs associés au fait d'être d'origine afro-
américaine. Résultat : ils ont obtenu une note équivalente à la
moitié de leur score habituel.

Dans notre société, nous accordons une énorme importance
aux tests, car nous pensons qu'ils indiquent de façon fiable le
degré de connaissance et d'habileté d'une personne. Mais est-ce
vraiment le cas ? Lorsqu'un étudiant blanc issu d'une prestigieuse
école privée réussit mieux son test d'habileté scolaire qu'un étudiant noir sorti d'une banale école publique, il y a lieu de se
demander si c'est parce qu'il est vraiment meilleur ou parce qu'il
est constamment conditionné à *l'idée de l'intelligence.*

Le mystère du conditionnement est encore plus frappant que
ses effets. Les gens qui ont formé des phrases à partir de certains
mots relatifs à la vieillesse ne savaient pas qu'ils étaient en train

d'être conditionnés à penser *vieux,* car les indices étaient très subtils. Mais même une fois conditionnés, même après s'être mis à marcher lentement, ils ne savaient *toujours pas* comment leur comportement avait été influencé. Un jour, John Bargh a demandé à des sujets de prendre part à un jeu où ils devaient absolument collaborer pour gagner. Il les a donc conditionnés dans ce sens, et le jeu s'est très bien déroulé, car les participants ont fait preuve de coopération. « Nous leur avons ensuite posé une série de questions sur leur volonté et leur degré de collaboration, dit Bargh, afin de vérifier la corrélation entre leurs perceptions et leur comportement réel. Eh bien, il n'y en avait pratiquement aucune. C'est pourtant un jeu qui dure 15 minutes. Après coup, les gens ne savaient absolument pas ce qu'ils avaient fait. L'explication de leur propre comportement était totalement aléatoire. Ça m'a surpris. Je croyais qu'ils auraient au moins consulté leur mémoire. Mais il semble que ça n'a pas été le cas. »

Aronson et Steele ont observé le même phénomène chez les étudiants noirs qui ont obtenu de si mauvais résultats au test GRE. « Par la suite, déclare Aronson, je leur ai demandé s'ils croyaient que quelque chose avait influencé leur performance, si l'évocation de leur origine ethnique les avait dérangés. Ils ont tous répondu par la négative. En réalité, ils étaient convaincus de ne pas être assez intelligents pour poursuivre des études supérieures. »

Les résultats de ces expériences ont de quoi déconcerter. Ils suggèrent que nous nous faisons des illusions sur notre libre arbitre : la plupart du temps, nous fonctionnons comme des automates. Nos actions et nos pensées – y compris nos réactions instantanées les plus justes – sont beaucoup plus exposées aux influences extérieures que nous le croyons. Mais cet aspect impénétrable de l'inconscient présente un avantage considérable. Revenons en arrière. Je parie que vous n'avez mis que quelques secondes à former les phrases à partir des mots pêle-mêle que j'ai présentés au début de cette section. C'est parce que vous avez pu vous concentrer sur cette tâche, en écartant toute distraction. Il en aurait été autrement si vous vous étiez mis à chercher des liens entre les différents termes. Il est vrai que les références aux gens âgés ont ralenti votre pas, mais ce n'est pas forcément négatif. Votre corps a simplement réagi à une information transmise par votre inconscient : celui-ci a capté les indices d'une préoccupation ambiante pour la vieillesse et vous a indiqué qu'il valait mieux agir en conséquence. En réalité, votre inconscient s'est comporté comme une espèce de serviteur. Il s'est chargé de tous les petits détails de votre vie pour vous permettre de fixer toute votre attention sur la priorité du moment.

Le neurologue Antonio Damasio, directeur de l'équipe de recherche qui a fait l'expérience sur le jeu de hasard en Iowa, s'est penché sur les conséquences d'un excès d'activité mentale en dehors de l'enceinte de l'inconscient. Pour ce faire, il a observé des patients atteints de lésions dans une région très précise du cortex cérébral : la zone préfrontale ventro-médiane. Située juste derrière le nez, cette partie du cerveau joue un rôle primordial dans le processus de prise de décision : elle traite les imprévus, établit des relations et fait le tri dans la masse d'informations reçues de l'extérieur afin de fixer les priorités et de signaler les éléments qui exigent une attention immédiate. Les gens dont la région ventro-médiane est affectée sont parfaitement rationnels. Ils peuvent être très intelligents et fonctionnels, mais ils manquent de jugement. Plus précisément, ils ne disposent pas de ce serviteur mental qui les libère des contingences de la vie et leur permet de se concentrer sur ce qui compte vraiment. Dans son livre *L'erreur de Descartes,* Damasio décrit combien il lui a été difficile de fixer un rendez-vous avec un patient affecté par ce type de lésion cérébrale :

Je lui proposais de choisir entre deux dates possibles, situées dans le mois courant et à quelques jours l'une de l'autre. Le patient a tiré son agenda de sa poche et a commencé à consulter le calendrier. Il s'en est suivi une scène remarquable, dont ont été témoins plusieurs chercheurs de mon laboratoire. Pendant presque une demi-heure, il a énuméré les raisons pour et contre le choix de chacune des deux dates : engagements antérieurs, proximité d'autres engagements, prévisions météorologiques, et pratiquement toutes les sortes de raisons envisageables […] [Il] était en train de nous dévider une ennuyeuse analyse de coûts et de profits ; il se livrait à des comparaisons sans fin et sans intérêt entre différentes options et leurs éventuelles conséquences. Il a fallu énormément de sang-froid pour écouter tout cela sans taper sur la table et lui dire d'arrêter[27].

Damasio et son équipe ont soumis plusieurs de ces patients à l'expérience du jeu de hasard. La plupart d'entre eux ont fini par comprendre que les cartes rouges posaient un problème, mais sans en avoir l'intuition ni ressentir ce picotement de transpiration au creux des mains. Qui plus est, ils n'ont même pas modifié leur stratégie une fois qu'ils ont compris les règles du jeu. Ils savaient rationnellement ce qu'il fallait faire, mais ce savoir n'était pas suffisant pour les inciter à changer de méthode. « C'est un problème semblable à la toxicomanie, souligne Antoine Bechara, l'un des chercheurs de l'équipe de l'Iowa. Les toxicomanes peuvent très bien expliquer l'impact de leur comportement, mais ils sont incapables d'agir en conséquence. Cette absence de connexion entre le savoir et l'agir est due à une lésion dans la région ventro-médiane. C'est dans cette zone que nous concentrons notre travail. »

Il manque au patient souffrant d'une lésion dans la région ventro-médiane ce serviteur mental qui le pousserait silencieusement dans la bonne direction, en ajoutant un petit élément affectif rassurant – le picotement dans les paumes, par exemple. Dans une situation où tout se bouscule et où les enjeux sont élevés, personne n'a envie d'être purement rationnel et froid comme ce patient de Damasio, personne ne veut évaluer indéfiniment les différentes options. Parfois, il vaut mieux laisser l'inconscient enfermé dans son enceinte prendre lui-même les décisions.

☐ 2. Les pièges de l'explication

Par un soir frisquet de printemps, 12 hommes et 12 femmes dans la vingtaine se réunirent dans un bar de Manhattan pour se livrer à un rituel bizarre connu sous le nom de *rencontres express,* ou *speed dating.* La plupart de ces gens exerçaient des professions libérales : enseignants, financiers de Wall Street, employées de la société Anne Klein Jewelry, dont le siège social était situé à proximité, étudiants en médecine, etc. Les femmes étaient presque toutes habillées de la même façon – chandail noir ou rouge, et jean ou pantalon noir – et la majorité des hommes arboraient l'uniforme de travail de Manhattan – chemise bleu foncé et pantalon noir. Cramponnés à leur verre, ils cherchèrent tant bien que mal à se mêler les uns aux autres jusqu'à ce que la coordonnatrice de la soirée, une femme éblouissante prénommée Kailynn, demande le silence pour expliquer le fonctionnement des rencontres.

Les participants disposeraient de six minutes pour faire connaissance. Les femmes resteraient assises sur les banquettes longeant les murs du bar, tandis que les hommes passeraient de l'une à l'autre au son d'une cloche indiquant que le temps de conversation est écoulé. Tous se virent remettre un badge, un numéro, ainsi qu'un court formulaire à remplir, assorti de la liste des numéros des candidats. Ils devraient cocher le numéro des personnes qui leur plairaient. Ceux qui cocheraient mutuellement leurs numéros recevraient l'adresse électronique de l'un et de l'autre dans les 24 heures. Il y eut un murmure d'anticipation. Plusieurs firent une dernière visite à la salle de bain avant de prendre place. Kailynn donna le signal de départ.

Une vague de conversations emplit immédiatement la pièce. Les chaises avaient été installées à une certaine distance des banquettes, de sorte que les participants devaient se pencher l'un vers l'autre pour se parler. Il y avait beaucoup de mouvement. Une ou deux femmes bondissaient littéralement sur les coussins. Un homme renversa son verre de bière sur la femme devant lui. Souhaitant désespérément que son vis-à-vis s'exprime, la participante de la première table, une brunette du nom de Melissa, lui demanda d'une seule traite s'il avait des frères et sœurs, s'il vivait seul et quels étaient ses trois vœux les plus chers. Plus loin, un très jeune participant prénommé David s'intéressa aux motivations de la femme qui lui faisait face. Elle lui répondit qu'elle avait 26 ans, que plusieurs de ses copines étaient fiancées ou même déjà mariées à des hommes qu'elles fréquentaient depuis longtemps, qu'elle-même était toujours célibataire et qu'elle n'en pouvait plus.

Debout près du bar, Kailynn observait les couples bavarder nerveusement. « Si le courant passe, dit-elle, le temps file. Sinon, ce sont les six minutes les plus longues de votre vie. Parfois, des choses bizarres se produisent. Je n'oublierai jamais la rencontre de novembre dernier. Un type de Queens s'est présenté avec une douzaine de roses rouges. Il en a donné une à chaque participante. Il portait un costume. [Elle sourit légèrement.] Il était prêt à toute éventualité. »

Au cours des dernières années, les rencontres express ont gagné en popularité dans le monde entier. C'est compréhensible, car cette pratique réduit la cour à sa plus simple expression. C'est une *cour éclair*. En gros, on se demande si on a envie de revoir la personne en face de soi. Habituellement, on n'a pas besoin de toute une soirée pour répondre à ce genre de question ; quelques minutes suffisent. Ça a d'ailleurs été le cas de Velma, une des employées de la société Anne Klein. Elle n'a choisi aucun des hommes présents dans le bar de Manhattan ce soir-là, et elle s'est fait une idée sur chacun d'eux à peu près immédiatement. « Je perdais tout intérêt dès qu'ils ouvraient la bouche », dit-elle en levant les yeux au ciel.

Ron, un analyste financier qui travaille dans une banque d'investissement, a coché le numéro de deux femmes : l'une après environ une minute de conversation, et l'autre, Lillian, dès qu'il a pris place devant elle. « Elle avait la langue percée, se rappelle-t-il avec admiration. Je m'attendais à ne voir que des avocates dans ce bar, pas du tout une femme dans son genre. » Dans ce cas, l'attirance a été réciproque. « Ron vient de la Louisiane, dit Lillian. J'adore l'accent. J'ai laissé tomber mon stylo juste pour voir ce qu'il ferait, et il s'est tout de suite penché pour le ramasser. » En réalité, Ron et Lillian ont suscité plusieurs coups de foudre ce soir-là. Ils sont tous les deux dotés de cette étincelle de charme irrésistible.

« Vous savez, déclare Jon, un étudiant en médecine vêtu d'un costume bleu, les filles sont vraiment futées. Elles savent en moins d'une minute si un gars leur plaît et si elles peuvent le présenter à leurs parents, ou si c'est juste un pauvre type. » Jon n'a pas tort, mais cette expertise n'est pas l'apanage du sexe féminin. Lorsqu'il s'agit de faire du balayage superficiel d'amoureux potentiels, hommes et femmes sont tout aussi intelligents.

Mais supposons qu'on modifie quelque peu les règles des rencontres express et qu'on demande aux participants d'expliquer leurs préférences. Oublions pour un moment que l'appareillage de la pensée inconsciente est caché à tout jamais dans une enceinte du cerveau, et imaginons que l'on *force* les gens à justifier leurs premières impressions et leurs jugements éclair. C'est la tâche à laquelle Sheena Iyengar et Raymond Fisman, deux professeurs de l'université Columbia, se sont livrés, et ils ont découvert que, dans ce cas, les gens fournissent des explications assez étranges et troublantes. Ce qui paraissait comme un exercice de balayage superficiel parfaitement transparent se transforme alors en une analyse fort obscure.

On pourrait dire de Sheena Iyengar et de Raymond Fisman qu'ils forment un couple mal assorti. Elle est de descendance indienne, il est d'origine juive. Elle est psychologue, il est économiste. Une dispute sur les mérites respectifs des mariages arrangés et des mariages d'amour les a amenés à organiser des soirées de rencontres express dans un bar du West End, tout près du campus de l'université Columbia. « Il paraît que nous avons contribué à créer une relation durable », rapporte Fisman, un éternel adolescent doté d'un sens de l'humour acéré. « J'en suis fier, poursuit-il. Apparemment, il en faut trois pour aller au ciel juif. Je suis sur la bonne voie. »

Leurs soirées se déroulent à peu près comme toutes les autres du même genre – à quelques exceptions près. Au début et à la fin de la soirée, et un mois et six mois plus tard, les participants doivent répondre à quelques questions sur ce qu'ils recherchent chez un partenaire de vie. Sur une échelle de 1 à 10, ils doivent indiquer l'importance de l'apparence ou de l'attirance physique, des intérêts communs, du sens de l'humour, de la sincérité, de l'intelligence et de l'ambition. De plus, après chaque rencontre, ils doivent évaluer la personne avec qui ils viennent de parler selon les mêmes catégories. Fisman et Iyengar obtiennent ainsi un portrait très détaillé – et très étrange – de ce que chaque participant prétend ressentir pendant toute cette période.

J'ai assisté à l'une des soirées de Fisman et d'Iyengar, en portant une attention particulière à la rencontre entre une jeune femme au teint pâle et aux cheveux blonds frisés, que j'appellerai Mary, et un grand jeune homme énergique aux yeux verts et aux longs cheveux bruns, que je nommerai John. John s'est assis à la table de Mary. Ils se sont regardés dans les yeux. Elle a baissé timidement les siens. Elle semblait un peu nerveuse. Elle s'est penchée vers lui. De mon point de vue, c'était un cas classique de coup de foudre. Mais examinons les choses de plus près en posant quelques questions simples.

Premièrement, l'évaluation que Mary fait de la personnalité de John correspond-elle à ce qu'elle a dit rechercher chez un homme au début de la soirée ? Autrement dit, avec quel degré d'exactitude Mary peut-elle prévoir ce qu'elle appréciera chez un homme ? Grâce à leurs questionnaires, Fisman et Iyengar ont découvert qu'il n'y a pas de corrélation entre les qualités que les sujets disent valoriser chez un partenaire potentiel et ce qui leur plaît vraiment au moment de la rencontre avec une personne réelle. Bien que Mary dise accorder la priorité à l'intelligence et à la sincérité, cela ne signifie pas pour autant qu'elle apprécie uniquement les hommes intelligents et sincères. Il est fort possible que John soit attirant et drôle, mais pas particulièrement sincère ou intelligent. Deuxièmement, Mary est-elle constante dans ses préférences ? Disons qu'au cours de la soirée Mary craque surtout pour les hommes drôles et attirants qui ne sont pas particulièrement sincères ni intelligents. Si, le lendemain, on lui demande de décrire son type d'homme idéal, elle dira qu'il est drôle et attirant physiquement. Mais un mois plus tard, elle affirmera qu'elle préfère les hommes intelligents et sincères.

Ne vous en faites pas si vous ne trouvez pas le paragraphe précédent très clair. Il décrit une réalité qui n'est pas très claire non plus ! Mary dit qu'elle préfère un certain type de personne, mais lorsqu'elle se voit offrir une vaste gamme de possibilités et qu'elle découvre quelqu'un qui lui plaît vraiment, elle change complètement d'idée. Puis, un mois plus tard, elle revient à ce qu'elle souhaitait au départ. Finalement, qu'est-ce que Mary recherche vraiment chez un homme ?

« Je ne sais pas », répond Sheena Iyengar lorsque je lui pose la question. « Le moi réel, poursuit-elle, est-il celui que je décris ? »

« Non, reprend Fisman, le moi réel est celui qui se révèle par mes actions. C'est du moins ce qu'un économiste dirait. »

« Je ne sais pas », rétorque Iyengar, l'air perplexe. « C'est ce qu'une psychologue dirait. »

Fisman et Iyengar ne peuvent s'entendre, car il n'y a pas de bonne ou de mauvaise réponse à cette question. Mary a bien une idée de ce qu'elle veut chez un homme, mais c'est une idée incomplète. C'est une représentation issue de sa conscience, un idéal qu'elle croit rechercher lorsqu'elle s'arrête pour y penser. Elle est cependant incapable de se prononcer avec autant de certitude sur ses critères de préférence dans les premiers instants d'une véritable rencontre. Cette information est enfermée dans une enceinte de son cerveau qui lui est inaccessible.

Vic Braden a vécu quelque chose de semblable dans le cadre de son travail avec les athlètes professionnels. Au fil des années, il n'a jamais raté une occasion de s'entretenir avec les plus grands joueurs de tennis du monde afin d'en savoir davantage sur leurs méthodes et leurs stratégies de jeu. Immanquablement, il sortait déçu de ces rencontres. « Malgré tout le temps que nous avons passé à interroger les joueurs, nous n'en avons pas trouvé un seul capable d'expliquer ce qu'il fait avec exactitude et cohérence, dit Braden. Ils ne donnent jamais les mêmes réponses ou alors ils débitent des balivernes. » Pour pallier ces inconvénients, l'entraîneur a filmé divers champions de tennis en action et a numérisé ces images afin de pouvoir les décomposer. C'est ainsi, par exemple, qu'il a pu déterminer de combien de degrés Pete Sampras fait pivoter son épaule lors d'un revers croisé.

Une de ces bandes vidéo montre Andre Agassi en train de frapper un coup droit. Un traitement informatique a permis de réduire le corps du joueur à l'état de squelette, de sorte qu'il est possible de visualiser et de mesurer le mouvement de chacune de ses articulations. Ce film est une parfaite illustration de l'inaptitude de l'être humain à décrire son comportement immédiat. « Presque tous les pros affirment utiliser leur poignet pour frapper un coup droit, dit Braden. Pourquoi ? Qu'est-ce qu'ils voient ? Qu'est-ce qu'ils sentent ? Grâce à la numérisation, on peut voir la rotation des articulations au huitième de degré. [Il montre l'écran.] Regardez ce que fait Agassi lorsqu'il frappe la balle. Son poignet est parfaitement immobile. Il bouge seulement longtemps après l'impact. C'est le cas de presque tous les joueurs. Pourtant, Agassi et les autres pensent qu'ils bougent le poignet au moment de l'impact. Comment se fait-il qu'autant de gens soient dans l'erreur ? Les amateurs consultent des entraîneurs et paient des fortunes pour apprendre à faire pivoter leur poignet, avec pour résultat une épidémie de blessures. »

Braden a découvert que Ted Williams, sans doute le plus grand frappeur de tous les temps, avait la même manie. Vénéré pour son savoir et sa compréhension du baseball, Williams avait l'habitude de dire qu'il se concentrait sur la balle et qu'il ne la quittait des yeux qu'après l'avoir frappée. Or, grâce à ses recherches dans le domaine du tennis, Braden sait que c'est physiquement impossible. Tant au baseball qu'au tennis, la balle sort du champ de vision du joueur dans le dernier mètre et demi de son parcours vers lui. « J'ai eu l'occasion de rencontrer Ted Williams un jour que nous devions tous les deux faire une apparition à un événement organisé par Sears, notre employeur, rapporte Braden. J'en ai profité pour lui dire que nous avions fait une étude qui démontrait qu'un être humain ne peut pas suivre la balle des yeux jusqu'au point d'impact. Le tout dure trois millièmes de seconde. Il a été honnête et m'a dit que c'était sans doute une *impression* qu'il avait. »

Ted Williams pouvait frapper une balle mieux que quiconque dans le monde et il était capable d'enseigner ce mouvement avec une parfaite assurance. Mais ses explications n'allaient pas de pair avec ses gestes. On peut en dire autant de Mary : les qualités qu'elle croyait rechercher chez un homme ne correspondaient pas nécessairement à ce qui l'attirait dans le feu de l'action. L'être humain a tendance à fournir un peu trop rapidement des explications pour les choses qu'il ne peut pas vraiment expliquer[28].

Il y a plusieurs années, le psychologue Norman R. F. Maier a mené une expérience qui confirme l'existence de cette propension[29]. Dans une pièce remplie de meubles, d'outils et d'objets divers, deux longues cordes pendaient du plafond. L'espace entre les cordes était tel que, si l'on tenait l'extrémité de l'une d'elles, on ne pouvait pas atteindre l'autre. Les sujets participant à l'expérience devaient trouver quatre façons d'attacher les deux cordes ensemble en utilisant les choses mises à leur disposition dans la pièce.

La plupart des gens confrontés à ce problème ont découvert trois solutions assez facilement. Dans un cas, ils tiraient l'une des deux cordes au maximum, l'ancraient à une chaise, puis attrapaient le bout de l'autre corde. Dans un autre, ils attachaient une rallonge électrique (ou tout autre lien présent dans la pièce) à l'une des deux cordes, avant de saisir l'autre. Enfin, ils tenaient l'une des deux cordes et accrochaient l'autre au moyen d'un outil comme une perche. Mais seules quelques personnes ont réussi à imaginer le quatrième procédé : balancer l'une des deux cordes comme un pendule, aller chercher l'autre et attendre que la première se rende au bout de sa course pour l'attraper.

Une fois qu'un sujet avait trouvé les trois premières méthodes, Maier le laissait mariner pendant une dizaine de minutes avant de traverser la pièce pour aller à la fenêtre. Au passage, il attrapait une des deux cordes et la faisait balancer légèrement sans rien dire. Évidemment, presque tous les sujets envisageaient alors soudainement la quatrième solution. Chose étrange, pratiquement aucun d'entre eux n'a reconnu avoir reçu un indice du psychologue quand celui-ci leur a demandé comment ils avaient découvert la quatrième stratégie.

« À l'exception d'un seul qui m'a donné la vraie raison, écrit Maier, les sujets m'ont fourni une panoplie d'explications : "Ça m'est apparu tout à coup", "C'était tout ce qui restait à faire", "J'ai soudain compris que la corde pouvait se balancer si je lui attachais un poids", "Peut-être grâce à un cours de physique que j'ai suivi", "Je me suis demandé comment je pourrais amener la corde par ici, et le seul moyen était de la balancer", "Après avoir épuisé toutes les autres solutions, m'a même dit un professeur de psychologie, il ne restait plus qu'à faire faire un mouvement de va-et-vient à la corde. J'ai pensé à une rivière qu'il faudrait traverser en se balançant. J'ai vu des singes pendus à des lianes pour passer d'un arbre à l'autre. Cette image m'est apparue en même temps que la solution. L'idée paraissait complète." »

D'aucuns pourraient croire que ces gens mentaient ou étaient incapables d'admettre qu'ils s'étaient fait souffler la quatrième solution par le chercheur. Mais ce n'est absolument pas le cas. L'indice de Maier était à ce point subtil que seul leur inconscient l'avait capté ; ce type d'information ne pouvait être traité qu'à l'intérieur de cette enceinte de leur cerveau. Aussi, quand on leur a demandé comment ils s'y étaient pris pour résoudre ce problème, les sujets de Maier n'ont pu faire autrement que de fabriquer l'explication qui leur semblait la plus plausible.

Ce mystère est la contrepartie des nombreux avantages qu'offre l'enceinte inaccessible du cerveau. Lorsqu'une personne tente d'expliquer son raisonnement, il ne faut pas accepter son interprétation les yeux fermés – d'autant plus si celle-ci a rapport avec l'inconscient. Il existe certains domaines de la pensée envers lesquels on n'hésite pas à faire preuve d'une telle prudence. C'est le cas, par exemple, des relations amoureuses et de certains processus d'apprentissage. On sait qu'il est impossible de décrire rationnellement la personne de qui on tombera amoureux. On a bien des préférences, un idéal, mais ce sont des théories que l'on met à l'épreuve en fréquentant différents *prospects*. On sait aussi qu'on apprendra bien mieux à jouer au golf ou au tennis si on se le fait *montrer* par un expert que si l'on tente de suivre uniquement ses instructions verbales.

Mais pour d'autres domaines de la pensée, on refuse le mystère de l'inconscient, avec pour résultat qu'on ne se méfie pas assez du raisonnement. En réalité, on exige parfois des explications qu'il est impossible de fournir. Comme nous le verrons dans les prochains chapitres, cette exigence peut avoir de graves conséquences. « Une fois le verdict rendu dans le procès d'O. J. Simpson, une jurée s'est présentée à la télévision et a déclaré avec toute la force de sa conviction que la discrimination raciale n'avait absolument *rien* eu à voir avec sa décision, relate le psychologue Joshua Aronson. Mais comment diable pouvait-elle en être sûre ? Les études de Bargh, les expériences de Maier et mes propres recherches sur le conditionnement démontrent que les gens ignorent ce qui influence leurs actions mais qu'ils pensent le savoir. Nous aurions intérêt à accepter et à admettre notre ignorance plus souvent. »

Il faut aussi comprendre que les sujets de l'expérience de Maier achoppaient à un problème depuis 10 minutes. Ils étaient contrariés. Ils craignaient d'avoir l'air stupide. Mais ils étaient loin de l'être, car ils possédaient tous non pas un mais deux esprits. Tandis que leur conscience faisait un blocage, leur inconscient s'est affairé, balayant la pièce à la recherche d'indices, pour finalement trouver la solution et l'indiquer silencieusement et sûrement à l'esprit conscient.

TROIS

L'erreur Warren Harding

POURQUOI ON CRAQUE POUR LES BEAUX GRANDS HOMMES

Harry Daugherty fit la connaissance de Warren Harding un certain matin de 1899 dans le jardin de l'hôtel Globe, à Richwood, en Ohio, pendant qu'on cirait leurs chaussures. Massif et rubicond, Daugherty était un brillant avocat de Columbus, la capitale de l'État. Ce Machiavel de la scène politique de l'Ohio était rompu au lobby ; c'était un opportuniste à l'esprit pénétrant, doublé d'un fin psychologue. Harding était le rédacteur en chef d'un journal de Marion, petite ville de l'Ohio. Une semaine plus tard, il deviendrait membre du sénat. Son apparence impressionna fortement Daugherty. Le journaliste Mark Sullivan fut témoin de cette rencontre matinale :

> Alors âgé de 35 ans, Harding avait tout pour attirer l'attention. Sa tête, ses épaules et son torse étaient de dimensions remarquables et merveilleusement équilibrées. Le qualificatif *superbe* lui rendait à peine justice. Des années plus tard, au faîte de la célébrité, il serait comparé à un empereur romain. Quand il se leva de sa chaise ce matin-là, on put constater que ses jambes étaient aussi en parfaite harmonie avec le reste de son corps. Sa légèreté, sa posture et son allure ajoutaient à l'impression de grâce

et de virilité qui se dégageait de lui. Son imposante carrure, ses immenses yeux brillants, ses épais cheveux noirs et son teint basané se mariaient magnifiquement à sa souplesse pour lui conférer une beauté de type indien. La courtoisie qu'il manifesta en cédant sa place au client suivant suggérait un véritable amour du genre humain. Il avait une voix forte, chaude, masculine. À la façon dont il apprécia le travail du cireur, on comprit qu'il accordait à la tenue vestimentaire une importance insolite pour un provincial. Son pourboire révéla une nature généreuse et laissa supposer qu'il aimait faire plaisir parce qu'il était bien dans sa peau et qu'il avait vraiment bon cœur[30].

Pendant qu'il observait Harding, Daugherty se dit que cet homme ferait un merveilleux président.

Warren Harding n'était pas particulièrement intelligent. Il aimait boire, il adorait jouer au poker et au golf et, surtout, il raffolait des femmes – son appétit sexuel est légendaire. Il ne s'est jamais illustré dans l'arène politique. Il avait des absences, manquait de cohérence. Ses discours, dit-on, étaient remplis de « poncifs en quête d'idées ». Bien que sénateur en 1914, il ne se prononça ni sur le droit de vote des femmes ni sur la prohibition, les deux plus grandes questions de l'heure. Ce n'est pas la compétence qui lui permit de gravir les échelons politiques, mais bien l'insistance acharnée de sa femme, Florence, les manigances de Harry Daugherty et son air distingué irrésistible, qui alla en augmentant avec l'âge. « Il ne peut faire autrement qu'être sénateur, s'écria un partisan lors d'un banquet. Il *a l'air* d'un sénateur. » C'était vrai.

« Lorsqu'il atteignit la cinquantaine, écrit Francis Russell, biographe de Harding, ses larges épaules et son teint foncé respiraient la santé. Ses sourcils noirs et brillants formaient un contraste saisissant avec ses cheveux gris acier, et l'ensemble produisait une grande force. Vêtu d'une toge de magistrat, il aurait été très crédible dans une production sur Jules César. » En 1916, Daugherty s'arrangea pour que Harding prononce un discours

devant les membres du parti républicain réunis en congrès en vue
des élections présidentielles. L'avocat savait qu'il suffisait de
regarder ce grand homme et d'entendre gronder sa magnifique
voix pour être convaincu de son aptitude à assumer de grandes
responsabilités. Quatre ans plus tard, pressé par Daugherty,
Harding accepta à contrecœur de se présenter comme candidat à
la Maison-Blanche.

« Depuis sa rencontre avec Harding, Daugherty ne démordait
pas de son idée, à savoir qu'il ferait un *grand* président des États-
Unis, écrit Sullivan. Mais il laissait parfois échapper un lapsus
révélateur en disant qu'il ferait un *beau* grand président. » Cet été-
là, Harding entra dans la course à la direction du Parti républicain. Il était le sixième et dernier candidat en lice, mais
Daugherty ne s'en inquiéta pas autrement. Divisés entre les deux
principaux concurrents, les délégués se trouveraient bientôt dans
une impasse et devraient se tourner vers un troisième aspirant.
Qui ferait mieux l'affaire que cet homme à l'air raisonnable et
digne ? L'avocat avait vu juste. Lorsque les dirigeants du parti se
réunirent dans les coulisses enfumées de l'hôtel Blackstone, à
Chicago, aux petites heures du matin, ils se demandèrent, en
désespoir de cause, s'ils ne devaient pas envisager quelqu'un
d'autre. Ils pensèrent alors à Harding. Après tout, n'avait-il pas
l'air d'un candidat présidentiel ? C'est ainsi que le sénateur
Harding devint le candidat Harding, puis, quelques mois plus
tard, après avoir fait campagne depuis le balcon de sa résidence de
Marion, le président Harding.

Harding dirigea les États-Unis pendant deux ans avant de
mourir subitement d'un accident vasculaire cérébral. La plupart
des historiens s'entendent pour dire qu'il fut l'un des pires présidents de l'histoire de ce pays.

☐ 1. Le côté sombre du balayage superficiel

Jusqu'à maintenant, je n'ai traité que de l'extraordinaire puissance du balayage superficiel, de cette faculté qu'a l'être humain d'aller très rapidement au cœur des choses à partir d'indices qu'il capte en surface. Certains artifices du kouros ont permis à Thomas Hoving, à Evelyn Harrison et à d'autres spécialistes de l'art antique de voir qu'il s'agissait de l'œuvre d'un faussaire. D'infimes signaux transmis par le langage corporel et les expressions faciales de Susan et de Bill ont amené l'équipe de John Gottman à percer leur apparente harmonie conjugale. Nalini Ambady a démontré que le ton de la voix d'un chirurgien peut en dire plus que ses diplômes et son sarrau sur les risques qu'il a d'être poursuivi en justice par ses patients. Mais que se passe-t-il si la chaîne de pensée rapide qui permet de tirer ces conclusions est interrompue ? Que se passe-t-il si l'on fait un jugement éclair sans creuser sous la surface ?

Comme nous l'avons vu dans le chapitre précédent, l'être humain est capable d'établir des liens tellement forts entre certains concepts et certains mots (par exemple, *Floride, gris, rider, bingo*) que le seul fait de les lire influence son comportement. Je crois que certains aspects de l'apparence – la taille, la carrure, la couleur de la peau ou le sexe – lui font faire des associations tout aussi puissantes. À la seule vue de Warren Harding, la plupart des gens déduisaient – de façon tout à fait injustifiée – qu'il était courageux, intelligent et intègre. Ils ne creusaient pas sous la surface. L'allure remarquable de cet homme était assortie de telles connotations qu'elle réussissait à interrompre brusquement le cours normal de la pensée intuitive.

L'erreur Warren Harding illustre bien le côté sombre de la compréhension immédiate. Elle est à l'origine de bien des préjugés, d'une bonne part de discrimination. Elle permet de comprendre pourquoi il est si difficile de choisir le bon candidat pour un poste et pourquoi – plus souvent qu'on ne veut bien l'admettre – des gens absolument médiocres se retrouvent investis d'énormes responsabilités. Prendre le balayage superficiel au sérieux signifie qu'il faut accepter que l'intuition puisse parfois être plus efficace qu'une longue analyse. Mais cela suppose également qu'il faille reconnaître les situations où cette compréhension immédiate induit en erreur.

☐ 2. Un coup d'œil en noir et blanc

Depuis quelques années, de nombreux psychologues s'intéressent particulièrement au rôle que jouent les associations inconscientes – ou *implicites,* leur terme préféré – dans les croyances et les comportements. Pour explorer cette dimension, ils utilisent un outil fascinant : le test d'association implicite ou test IAT (pour *Implicit Association Test*). Inventé par Anthony G. Greenwald, Mahzarin Banaji et Brian Nosek, le test IAT se fonde sur l'hypothèse, apparemment indiscutable, voulant que nous établissions très rapidement des liens entre les concepts qui sont déjà associés dans notre cerveau, beaucoup plus rapidement en fait qu'entre des concepts qui ne nous sont pas familiers[31]. Grâce à des exercices, je vous montrerai ce qu'on entend par là.

Indiquez à quelle catégorie appartient chaque nom de la liste ci-dessous, en cochant dans la colonne de gauche ou de droite. Si vous préférez, vous pouvez taper avec votre doigt dans la colonne appropriée. Procédez le plus rapidement possible. Ne sautez pas de mots, et ne vous inquiétez pas si vous faites une erreur.

Homme		Femme
————	Jean	————
————	Robert	————
————	Anne	————
————	Hélène	————
————	Jeanne	————
————	Didier	————
————	Margot	————
————	Jacob	————
————	Lise	————
————	Mathieu	————
————	Sarah	————

Plutôt simple comme exercice, n'est-ce pas ? En effet, quand nous entendons le nom *Jean, Robert* ou *Anne,* nous n'avons même pas besoin de réfléchir pour déterminer s'il s'agit d'un homme ou d'une femme. Dans notre esprit, ces noms sont très étroitement associés à leur sexe respectif. Mais ce n'était là qu'un exercice d'échauffement. Un véritable test IAT combine deux catégories, comme c'est le cas de la liste ci-dessous. Encore une fois, faites rapidement une marque dans la colonne de gauche ou de droite pour indiquer à quelle catégorie appartient chacun des mots.

Homme ou Carrière		Femme ou Famille
_____	Lise	_____
_____	Mathieu	_____
_____	Lessive	_____
_____	Entrepreneur	_____
_____	Jean	_____
_____	Commerçant	_____
_____	Robert	_____
_____	Capitaliste	_____
_____	Hélène	_____
_____	Jeanne	_____
_____	Maison	_____
_____	Entreprise	_____
_____	Frères et sœurs	_____
_____	Margot	_____
_____	Jacob	_____
_____	Cuisine	_____
_____	Travaux domestiques	_____
_____	Parents	_____
_____	Sarah	_____
_____	Didier	_____

Je parie que vous avez trouvé cet exercice légèrement plus difficile que le précédent, mais que vous l'avez terminé quand même assez rapidement. Passez maintenant à celui-ci.

Homme ou Famille		Femme ou Carrière
_____	Bébés	_____
_____	Sarah	_____
_____	Didier	_____
_____	Commerçant	_____
_____	Emploi	_____
_____	Jean	_____
_____	Robert	_____
_____	Hélène	_____
_____	Domestique	_____
_____	Entrepreneur	_____
_____	Bureau	_____
_____	Jeanne	_____
_____	Margot	_____
_____	Cousins	_____
_____	Grands-parents	_____
_____	Jacob	_____
_____	Maison	_____
_____	Lise	_____
_____	Entreprise	_____
_____	Mathieu	_____

Celui-là vous a sans doute donné un peu plus de fil à retordre. Nous mettons habituellement plus de temps à associer *entrepreneur* à *carrière* lorsque cette catégorie est combinée avec *femme* plutôt qu'avec *homme*. Pour la plupart d'entre nous, en effet, l'idée de carrière est beaucoup plus solidement ancrée au concept d'homme qu'au concept de femme. Dans notre esprit, *homme* et *capitalisme* vont ensemble un peu au même titre qu'*homme* et *Jean*. C'est pourquoi nous devons nous arrêter – même si la pause est à peine perceptible – pour décider s'il faut rattacher *commerçant* à la catégorie *Homme ou famille* ou à la catégorie *Femme ou carrière*.

Normalement, le test IAT se fait à l'ordinateur. Les mots sont projetés à l'écran l'un après l'autre, et le sujet appuie sur la touche *e* ou *i* pour indiquer qu'ils appartiennent soit à la catégorie de gauche, soit à celle de droite. Grâce à cette méthode, il est possible de mesurer des écarts de millièmes de seconde et ainsi d'attribuer un score au sujet. Si celui-ci met un peu plus de temps à faire la deuxième partie du test IAT Carrière-famille que la première, on en conclut que son association entre le concept d'homme et celui de travail est modérée. S'il met beaucoup plus de temps, on peut en déduire que cette même association est forte et automatique.

Au cours des dernières années, le test IAT a gagné en popularité en tant qu'outil de recherche. L'une des raisons de cet engouement est qu'il ne pèche pas par excès de subtilité – comme ont pu le remarquer ceux qui ont pris plus de temps à faire les associations de la deuxième partie du test. « Dans ce domaine, une différence de 200 à 300 millisecondes est très significative », précise Greenwald.

Si souhaitez vous soumettre à un test IAT informatisé, visitez le site www.implicit.harvard.edu[32]. Vous y trouverez entre autres le célèbre test IAT sur la race. Voici, grosso modo, comment il fonctionne. Dans un premier temps, le sujet est invité à exprimer ce qu'il pense des Blancs et des Noirs. Puis il exécute un exercice d'échauffement, qu'il est encouragé à faire rapidement : pour chaque photo projetée à l'écran, il doit indiquer si la personne représentée est d'origine européenne en appuyant sur la touche *e,* ou d'origine africaine en appuyant sur la touche *i.* Arrive enfin le véritable test dont la première partie se présente comme suit :

D'origine européenne		D'origine africaine
ou		ou
Mauvais		Bon
_____	Blesser	_____
_____	Mal	_____
_____	Magnifique	_____
_____		_____
_____		_____
_____	Merveilleux	_____

Et ainsi de suite. J'ai fait ce test à plusieurs reprises, pour chaque fois obtenir des résultats qui me donnent un peu plus la chair de poule. Comme la plupart des gens sans doute, j'ai d'abord répondu qu'à mon avis les Blancs et les Noirs étaient égaux. Puis j'ai fait très rapidement l'exercice d'échauffement. Mais lorsque je suis passé au test en soi, quelque chose d'étrange s'est produit en moi. J'avais soudain beaucoup plus de difficulté à mettre les mots et les visages dans les catégories appropriées. J'allais moins vite, je devais réfléchir. Parfois, j'optais pour une catégorie, alors qu'en réalité je voulais choisir l'autre. Je sentais la honte monter en moi. Pourquoi est-ce que je n'arrivais pas à associer un mot comme *magnifique* ou *merveilleux* au concept de *bon* quand celui-ci était combiné à la personne *d'origine africaine,* ou à associer le mot *mal* à la catégorie *mauvais* quand celle-ci était combinée à *d'origine européenne ?*

Dans la seconde partie du test, les catégories sont inversées.

D'origine européenne		D'origine africaine
ou		ou
Bon		**Mauvais**
_____	Blesser	_____
_____	Mal	_____
_____	Magnifique	_____
_____		_____
_____		_____
_____	Merveilleux	_____

Cette fois, je n'ai eu aucune difficulté à associer automatiquement des mots comme *mal* à *d'origine africaine ou mauvais,* et *merveilleux* à *d'origine européenne ou bon,* ce qui a décuplé mon sentiment de honte.

Je me suis soumis au test à quatre reprises, espérant en pure perte que cet affreux préjugé disparaîtrait. En réalité, 80 % de tous ceux qui ont passé ce test jusqu'à maintenant ont fait des associations favorables aux Blancs. Autrement dit, ils ont passé sensiblement plus de temps à répondre aux questions lorsque la catégorie *d'origine africaine* était combinée à des mots positifs que lorsqu'elle était associée à des mots négatifs. Je ne m'en suis pas si mal tiré. Mon résultat indique une « préférence automatique modérée pour les Blancs ». Mais je n'ai aucun mérite : je suis mulâtre (ma mère est Jamaïcaine).

Ce score indique-t-il que je suis raciste, que je suis hostile aux représentants de ma propre race ? Pas exactement. Le test IAT révèle plutôt la dualité de nos attitudes à l'égard d'éléments caractéristiques comme la race ou le sexe. Au niveau conscient, celles-ci sont issues des croyances et des valeurs que nous choisissons, que nous préconisons et qui orientent nos comportements de façon délibérée. L'apartheid en Afrique du Sud ou les lois qui, à une certaine époque, faisaient obstruction au vote des Afro-Américains dans le sud des États-Unis sont des formes conscientes de discrimination raciale. C'est à ce genre d'attitudes qu'on fait référence lorsqu'on parle de racisme ou d'entrave aux droits civils. Mais nos attitudes se construisent aussi sur le plan de *l'inconscient*. C'est là que nous faisons des associations automatiques et immédiates qui dégringolent littéralement de notre esprit. Nous ne choisissons pas délibérément ces attitudes inconscientes. Comme je l'ai mentionné dans le premier chapitre, elles s'élaborent sans doute à notre insu. L'énorme ordinateur qu'est notre inconscient avale silencieusement toutes les données émanant de notre expérience, de nos rencontres, de nos apprentissages, de nos lectures, des films que nous avons vus, etc., et se forme une opinion. C'est elle qui ressort du test IAT.

Il est troublant de constater que nos attitudes inconscientes peuvent être complètement à l'opposé des valeurs conscientes que nous mettons de l'avant. Tout comme moi, la moitié des 50 000 Afro-Américains qui ont passé le test IAT sur la race jusqu'à ce jour ont établi des liens plus favorables avec les Blancs qu'avec les Noirs.

Ce n'est guère étonnant, puisque tout Nord-Américain est quotidiennement bombardé par des messages culturels qui associent les Blancs à ce qui est bon. «On ne choisit pas de faire des associations positives avec le groupe dominant», déclare Mahzarin Banaji, professeur de psychologie à l'université Harvard et codirecteur des études qui ont mené à la création du test IAT. «On y est entraîné, poursuit-il. À la télévision, dans les journaux, ce groupe est constamment associé à ce qui est bon. On ne peut pas y échapper.»

Le test IAT ne sert pas uniquement à vérifier des hypothèses de recherche. C'est aussi un outil puissant qui permet de prévoir les réactions spontanées dans certaines situations. Une personne dont le score révèle une préférence marquée pour les Blancs se comportera et s'exprimera différemment en présence de Noirs. Elle ne le fera pas délibérément ni consciemment, mais selon toute vraisemblance, elle prendra un peu plus ses distances vis-à-vis d'un Noir. Elle sera un peu moins communicative, un peu moins animée, elle évitera plus souvent les contacts visuels, sourira et rira moins souvent, sera plus hésitante et cherchera davantage ses mots. Ces détails sont-ils importants ? Bien sûr. Imaginez que le cadre de l'interaction est une entrevue d'embauche et que le candidat est Noir. D'une manière ou d'une autre, celui-ci sentira le malaise de son interlocuteur, avec pour résultat qu'il perdra de l'assurance et se montrera un peu moins amical. En réaction, l'employeur pensera qu'en fin de compte ce candidat ne semble pas posséder les qualités requises pour le poste, qu'il est froid ou qu'il n'est pas vraiment intéressé. Autrement dit, cette première impression inconsciente pervertira l'entrevue pour de bon.

Demeurons dans le même contexte et imaginons maintenant que le candidat est grand. Que se passera-t-il, selon vous ? Bien que nous soyons convaincus du contraire, nous réserverons un traitement particulier aux gens de haute taille. Il existe en effet une foule de données qui tendent à démontrer que les grandes personnes – et particulièrement les grands hommes – déclenchent une série d'associations très favorables à leur égard dans notre cerveau inconscient.

J'ai communiqué avec des représentants d'environ la moitié des sociétés figurant dans le classement Fortune 500, soit les plus grandes entreprises américaines, afin d'en savoir davantage sur leurs dirigeants. Vous ne serez guère surpris d'apprendre que la plupart des chefs de la direction sont des hommes blancs – ce qui dénote déjà une certaine discrimination implicite. Mais sachez qu'en plus ils sont presque tous de grande taille. Le dirigeant moyen de mon échantillon mesure un peu moins de 1,82 mètre, soit à peu près sept centimètres de plus que l'Américain moyen. En fait, pas plus de 14,5 % des Américains mesurent 1,82 mètre ou plus, comparativement à 58 % des dirigeants d'entreprise du Fortune 500. Et ce n'est pas tout. Toujours aux États-Unis, 3,9 % des Américains mesurent 1,87 mètre ou plus, alors que c'est le cas d'environ le tiers de mon échantillon.

Pendant des années aux États-Unis, pour différentes raisons ayant trait à la culture et à la discrimination raciale et sexuelle, on ne retrouvait pratiquement que des hommes blancs dans les fonctions de gestion. Vraisemblablement, c'est ce qui explique pourquoi les membres des conseils d'administration soutiennent qu'aujourd'hui peu de représentants des minorités et de femmes possèdent l'expérience nécessaire pour occuper les postes de haut rang dans les sociétés américaines. Mais il n'y a certainement pas une telle pénurie de gens de petite taille. Si, en théorie, on est capable de doter une entreprise d'un personnel entièrement composé d'hommes blancs, on ne pourrait pas exclure les gens de petite taille, car il n'y aurait tout simplement pas assez de grands hommes pour combler tous les besoins organisationnels. Pourtant, peu de gens de petite taille parviennent à atteindre les hautes sphères de la direction d'entreprise. Sur les dizaines de millions d'Américains mesurant moins de 1,82 mètre, pas plus de 10 hommes sont à la tête des sociétés de mon échantillon. Autrement dit, le fait d'être petit constitue un obstacle aussi important que celui d'être femme ou Afro-Américain lorsqu'on cherche à gravir les échelons de la grande entreprise américaine. (Kenneth Chenault, un Noir de 1,75 mètre qui dirige la société American Express, constitue l'exception qui confirme cette règle. Il doit posséder des qualités remarquables pour avoir surmonté *deux* erreurs *Warren Harding*[33].)

Bien entendu, il ne s'agit pas d'un préjugé conscient. Personne n'oserait jamais dire à un candidat qu'il est trop petit pour être à la tête d'une société. Mais nous avons presque tous tendance à associer le leadership à une haute stature. Cette conception stéréotypée de l'allure du dirigeant d'entreprise est d'ailleurs tellement puissante que nous avons tôt fait d'oublier les autres exigences d'une telle fonction. C'est le genre d'idées préconçues que révèle le test IAT.

Dernièrement, deux chercheurs ont passé en revue les résultats de quatre vastes études longitudinales portant sur des milliers de sujets[34]. Ils ont découvert qu'en appliquant un coefficient de pondération à des variables telles que l'âge, le sexe et le poids, chaque tranche de deux centimètres augmentait le revenu annuel d'environ 789 $. Autrement dit, toutes choses étant égales par ailleurs, une personne de 1,82 mètre touche en moyenne 5 525 $ de plus par année qu'une personne mesurant 1,65 mètre. « En capitalisant ces montants sur 30 ans de carrière, souligne Timothy Judge, l'un des auteurs de cette méta-analyse, cela représente des centaines de milliers de dollars de plus. »

Vous vous êtes sans doute déjà demandé pourquoi tant de gens médiocres se retrouvent dans des postes d'influence. Vous savez maintenant que c'est en partie parce que la décision d'opter pour un candidat est beaucoup moins rationnelle qu'elle ne paraît. Nous nous pâmons d'admiration devant les grandes personnes.

☐ 3. Le client avant tout

Bob Golomb est le directeur des ventes de Flemington Nissan à Flemington, au New Jersey. Cet homme dans la cinquantaine porte des lunettes à monture d'acier et des costumes sombres de coupe classique qui lui donnent l'air d'un banquier ou d'un courtier en valeurs mobilières. Il a fait ses débuts dans la vente automobile il y a de cela plus d'une dizaine d'années. Depuis, il vend environ une vingtaine de voitures par mois, ce qui est plus que le double de la performance du vendeur moyen. Sur son bureau trônent cinq trophées que lui a remis Nissan pour souligner ses prouesses. Dans son domaine, Golomb est un virtuose.

Un vendeur d'exception tel que Golomb est passé maître dans l'art du balayage superficiel. Plusieurs types d'acheteurs franchissent les portes du concessionnaire : certains s'apprêtent à faire l'un des achats les plus importants de leur vie ; d'autres sont mal à l'aise ou nerveux ; certains savent exactement ce qu'ils veulent ; d'autres, au contraire, n'en ont pas la moindre idée ; certains acheteurs avisés n'apprécieront pas du tout de se faire traiter avec condescendance ; d'autres, pour qui l'achat d'une voiture est une tâche pénible, souhaiteront désespérément qu'on les guide dans toutes les étapes du processus ; les coacheteurs – qu'il s'agisse de conjoints ou de parents – instaureront une dynamique différente des acheteurs individuels ; et ainsi de suite. Pour réussir dans ce domaine, le vendeur doit capter toute cette information, la traiter et adapter son propre comportement en conséquence dès les premiers instants de la rencontre.

Manifestement, Bob Golomb excelle dans ce genre d'analyse. C'est l'Evelyn Harrison de la vente automobile. Il est doté d'une intelligence pénétrante en plus d'être calme, attentif, charmant et prévenant. « Dans ce métier, dit-il, je ne suis que trois règles : soigner le client, soigner le client, soigner le client. » Si Bob Golomb vous vend une voiture, le lendemain, il vous téléphonera pour s'assurer que tout va bien. S'il n'a pas réussi à vous la vendre, il vous appellera quand même pour vous remercier de votre visite. « Il faut toujours se montrer sous son meilleur jour, même si ça va mal, affirme-t-il, même s'il se passe des choses épouvantables chez soi. Il faut faire de son mieux avec le client. »

Lors de notre rencontre, Golomb a tiré de son bureau une épaisse reliure à anneaux remplie de lettres de clients satisfaits et s'est mis à la feuilleter. Il avait l'air de se souvenir des circonstances de chaque lettre. « Celle-ci vient de conjoints qui ont fait affaire avec nous en 1992, dit-il en s'attardant à une lettre tapée à la machine. C'était à la fin de novembre, un samedi après-midi. Ils avaient l'air crispé. Ils avaient passé toute la journée à visiter des concessionnaires, et personne ne les avait pris au sérieux. J'ai fini par leur vendre une voiture. Aucun effort n'a été ménagé, cependant. Nous avons envoyé un chauffeur au Rhode Island, à 600 kilomètres d'ici, pour qu'il leur ramène le véhicule. Mes clients étaient très heureux. Cette autre lettre vient d'un monsieur à qui nous livrons des automobiles depuis 1993. Chaque fois il m'écrit. Il y en a beaucoup comme lui. Celle-là m'a été envoyée par un type qui vit à Keyport, au New Jersey, à quelque 70 kilomètres d'ici. Il m'a apporté un plat de pétoncles. »

Plus encore que le zèle, c'est l'absence de parti pris qui explique le succès de Golomb. Bien qu'il puisse procéder à une foule de jugements éclair concernant les besoins et l'état d'esprit d'un client, il s'efforce de ne jamais le juger d'après son apparence. C'est l'autre règle qu'il suit dans l'exercice de son métier. Peu importe la personne qui entre dans la concession, il considère qu'elle est susceptible d'acheter une voiture.

« Il faut éviter d'avoir des préjugés dans ce secteur, m'a dit Golomb à plusieurs reprises, avec un air d'absolue conviction. Ça peut être fatal. Il faut faire de son mieux avec tous les clients. Souvent les débutants ont des idées toutes faites. Ils pensent qu'ils n'ont qu'à regarder une personne pour savoir si elle a les moyens de se payer une voiture. C'est la pire chose à faire. Les apparences sont parfois trompeuses. Un de mes clients est un cultivateur. Au cours des années, je lui ai vendu toutes sortes de voitures. Chaque fois, c'est le même scénario. Nous nous serrons la main pour conclure notre entente, puis il me tend un billet de 100 $ en me disant : "Apportez-la-moi à la ferme." Je n'ai même pas besoin d'établir un bon de commande. Mais vous devriez voir cet homme. Avec sa salopette et le fumier collé à ses bottes, il n'a apparemment rien d'un client intéressant. Pourtant, il est plein aux as. Il arrive aussi qu'un vendeur envoie paître un adolescent. Mais il le regrette quand il se rend compte que ce jeune revient plus tard avec papa et maman, et que c'est un autre vendeur qui signe le contrat. »

Autrement dit, la plupart des vendeurs sont susceptibles de faire l'erreur Warren Harding. D'une manière ou d'une autre, ils se laissent submerger par l'apparence physique d'une personne et deviennent dès lors imperméables à toute autre information qu'ils pourraient capter au moment de ce premier contact. Au contraire, Golomb s'efforce d'être plus sélectif lorsqu'il procède à un balayage superficiel. Il se sert de ses antennes pour déterminer si son vis-à-vis est plein d'assurance ou hésitant, connaisseur ou profane, confiant ou méfiant. Mais en même temps, il empêche toute impression émanant de l'apparence physique de l'atteindre. Ce qui fait le succès de Golomb, c'est qu'il a décidé de combattre l'erreur Warren Harding.

☐ 4. Trouver la bonne poire ou... l'erreur

Pourquoi la stratégie de Bob Golomb est-elle si efficace? Parce que l'erreur Warren Harding est largement répandue dans le secteur de la vente automobile. C'est du moins ce que démontre une remarquable étude sociologique réalisée dans les années 90 chez 242 concessionnaires de la région de Chicago[35]. L'auteur de l'étude, un professeur de droit du nom d'Ian Ayres, a réuni 38 personnes – 18 Blancs, 7 Blanches, 8 Noirs et 5 Noires – âgées d'une vingtaine d'années et moyennement attirantes et s'est efforcé d'uniformiser leur apparence en leur faisant porter à peu près les mêmes vêtements décontractés mais classiques : jupe droite, chemisier et souliers à talons plats pour les femmes ; polo ou chemise, pantalon et chaussures de cuir pour les hommes. Ainsi habillé, chaque sujet devait se rendre chez un concessionnaire, attendre qu'un vendeur l'aborde et prétendre vouloir acheter la voiture la moins chère de la salle d'exposition. Il devait aussi indiquer qu'il vivait dans le chic quartier de Streeterville et qu'il avait un emploi nécessitant un diplôme universitaire (analyste de systèmes, par exemple). Chaque sujet devait ensuite négocier le prix proposé par le vendeur pour tenter d'obtenir une meilleure offre. Ce processus a duré environ 40 minutes dans tous les cas. Ayres cherchait ainsi à déterminer si, toutes choses étant égales par ailleurs, la couleur de la peau ou le sexe influencerait le vendeur dans son offre de départ.

Les résultats de cette étude sont renversants. Les hommes blancs se sont fait faire une offre à un prix dépassant de 725 $ le coût d'acquisition – soit le montant que le concessionnaire verse au constructeur. Pour leur part, les Blanches, les Noires et les Noirs se sont fait proposer des prix dépassant le coût d'acquisition de 935 $, 1 195 $ et 1 687 $ respectivement. Même après 40 minutes de discussion, les hommes noirs n'ont obtenu en moyenne qu'un rabais supplémentaire de 236 $, ce qui représente 800 $ de plus que le prix proposé d'emblée aux Blancs.

Doit-on comprendre que les concessionnaires automobiles de Chicago sont des racistes finis ? On pourrait le croire. Dans le secteur automobile, un vendeur qui réussit à convaincre un seul acheteur de payer le prix affiché en plus de choisir toutes les options coûteuses – sièges en cuir, chaîne stéréo, etc. – touche une commission équivalente à ce qu'il obtiendrait en vendant six véhicules à d'habiles négociateurs. Il est donc très intéressant pour lui de tomber sur une bonne poire. D'après les résultats de l'étude d'Ayres, on pourrait donc penser que les vendeurs de Chicago considèrent généralement les femmes et les Noirs comme de bonnes poires. Quand ils ont vu ces acheteurs potentiels se présenter dans la salle d'exposition, ils se sont dit quelque chose comme : « Ah ! ah ! En voilà un (ou une) qui va me laisser faire un tas d'argent sur son dos. »

Cette interprétation ne tient cependant pas la route. Les femmes et les Noirs dont il est question ici n'avaient certainement pas l'air de poires. C'étaient des gens scolarisés, bon chic bon genre, qui occupaient des emplois prestigieux, vivaient dans un quartier riche et étaient assez intelligents pour soutenir une négociation pendant 40 minutes. Il est peu probable que les vendeurs de voitures de Chicago aient fait preuve de discrimination de façon consciente ou encore qu'ils aient été totalement insensibles à tous ces indices de bonne éducation. À mon sens, il s'est produit un phénomène plus subtil qui découle de l'expérience des vendeurs, des traditions ayant cours dans le secteur de la vente automobile et des idées qui circulent dans ce milieu. Je crois en effet que ces vendeurs associent automatiquement et très fortement le concept de *poire* à ceux de *femmes* et de *minorités,* un peu comme des millions d'Américains associent les mots *mal* et *criminel* à *Afro-Américain.*

Il est bien possible qu'au niveau conscient ces vendeurs soient de fervents défenseurs de l'égalité entre les sexes et les races. S'ils étaient amenés à justifier leurs différentes propositions de départ, ils diraient probablement qu'ils ont établi leurs prix en fonction d'une analyse poussée de la personnalité de chaque client. Mais dans les faits, ils ont pris une décision provoquée par une réaction inconsciente. À la vue des clients, une partie de leur cerveau a capté les signes les plus immédiats et évidents – le sexe et la couleur de la peau –, s'est fait une opinion et s'est fermée à toute autre information qui la remettrait en question. Ils ont agi comme les délégués de 1920 qui, après avoir jeté un seul regard à Warren Harding, ont conclu qu'il ferait un excellent président et ont cessé de penser. Dans les deux cas, les conséquences ont été malheureuses : un dirigeant médiocre et des ventes manquées.

Golomb réserve le même traitement à tous ses clients, car il sait à quel point les jugements éclair sur la race, le sexe et l'apparence peuvent être dangereux. Le cultivateur qui ne paie pas de mine dans sa salopette tachée est peut-être immensément riche. L'adolescent apparemment sans moyens reviendra peut-être plus tard avec maman et papa. Le jeune Noir détient peut-être une maîtrise en administration des affaires de Harvard. La petite dame tient peut-être les cordons de la bourse familiale. L'imposant monsieur au visage distingué ne fait peut-être pas le poids. Golomb ne cherche pas à repérer la bonne poire. Pour une voiture donnée, il ne fixe qu'un prix, compensant sa faible marge bénéficiaire par le volume de ses ventes. De plus, son équité est tellement notoire qu'un tiers de sa clientèle lui a été amenée par d'autres clients satisfaits. « Il faut être doué de clairvoyance pour savoir si une personne va acheter une voiture, dit Golomb. Ce qui n'est pas mon cas. Parfois, je suis complètement pris par surprise. Ainsi, un client prometteur entre ici en brandissant son carnet de chèques et en disant qu'il ressortira avec une voiture, à condition qu'on lui fasse une proposition intéressante. Et vous savez quoi ? Neuf fois sur 10, il n'achète pas et ne revient jamais. »

☐ 5. Penser au Dr King

Il n'est pas facile de vaincre les préjugés qui sont à l'origine des erreurs Warren Harding. Quand une loi interdit aux Noirs de boire à la même fontaine que les Blancs et qu'on veut changer les choses, on abolit la loi. Mais il est plus délicat d'agir sur la discrimination inconsciente. Les délégués ne pensaient pas qu'ils se faisaient avoir par la prestance de Warren Harding, pas plus que les concessionnaires de Chicago étaient conscients de la façon éhontée dont ils trompaient les femmes et les Noirs ou que les conseils d'administration se rendent compte qu'ils favorisent les personnes de grande taille. Lorsque quelque chose se passe en dehors de la conscience, comment diable peut-on traiter cela ?

Mais nous ne sommes pas aussi démunis que nous pourrions le croire face à nos premières impressions. Certes, elles surgissent inopinément de notre inconscient – cette enceinte inaccessible de notre cerveau –, mais elles ne sont pas nécessairement incontrôlables. Vous pouvez passer et repasser le test IAT sur la race ou la carrière sans que votre score varie d'un iota. Mais croyez-le ou non, si vous regardez des photos de gens comme Martin Luther King, Nelson Mandela ou Colin Powell, ou si vous lisez des articles sur eux juste avant de faire le test, vos temps de réaction changeront. Soudain, il vous sera plus facile d'associer des concepts positifs aux Noirs. « Un de mes étudiants faisait le test IAT chaque jour, rapporte Mahzarin Banaji. C'était une des premières choses qu'il faisait le matin. Puis, un jour, son score a indiqué qu'il associait des concepts positifs aux Noirs, ce qui ne lui était jamais arrivé auparavant. Il s'est alors rendu compte qu'il avait passé l'avant-midi à regarder les Jeux olympiques à la télévision. »

Puisque nos premières impressions sont façonnées par nos expériences et notre milieu, nous pouvons les modifier en nous soumettant à d'autres réalités. Si vous êtes Blanc et souhaitez traiter les Noirs comme des égaux, il ne suffit pas que vous vous engagiez à le faire. Vous devez changer de style de vie de manière à côtoyer des membres des minorités et à apprendre à connaître leur culture. C'est ainsi que vous arriverez à ne plus éprouver de malaise lorsque vous les rencontrerez, les embaucherez, les fréquenterez ou leur parlerez. Si vous désirez comprendre le rôle déterminant que jouent vos premières impressions dans votre propre existence, vous devez prendre des mesures concrètes pour les canaliser[36].

Dans les chapitres suivants, je vous présenterai des gens qui ont été tantôt victimes des jugements éclair, tantôt favorisés par eux. Chaque cas vous permettra de mieux comprendre et d'accepter l'extraordinaire pouvoir du balayage superficiel.

La grande victoire de Paul Van Riper

LA SPONTANÉITÉ STRUCTURÉE

P aul Van Riper est un grand homme élancé qui se tient droit comme un i. Il porte des lunettes à monture de métal et parle d'une voix autoritaire et bourrue. Ses amis le surnomment Rip. Il avait 12 ans lorsque son père fit un commentaire qui allait avoir un profond impact sur son existence. C'était pendant la guerre de Corée. « Les enfants, dit le père en levant le nez de son journal pour s'adresser au jeune Paul et à son frère jumeau, la guerre est sur le point de se terminer : Truman envoie les marines. » C'est à ce moment que Paul Van Riper décida de s'enrôler dans le corps des marines des États-Unis.

Lors de son premier périple au Viêtnam, Van Riper faillit se faire sectionner en deux pendant qu'il bousillait une mitrailleuse ennemie dans une rizière aux environs de Saigon. En 1968, il retourna au Sud-Viêtnam à titre de commandant de la Mike Company[37] (troisième bataillon, septième corps, première division de la Marine). Posté entre deux zones périlleuses que les marines avaient surnommées Dodge City et Arizona Territory, il avait pour tâche d'empêcher les Nord-Vietnamiens d'attaquer Danang à la roquette. Avant son arrivée, cette région était la cible d'assauts hebdomadaires, parfois à raison de deux par semaine. Pendant les trois mois où il fut en poste, il n'y eut qu'une seule offensive.

« Je me souviens de notre première rencontre comme si c'était hier, raconte Richard Gregory, sergent d'artillerie dans la compagnie de Van Riper. Nous étions entre les collines 55 et 10, au sud-est de Danang. Le commandant m'a serré la main. Il avait une voix sèche et basse. Il était très direct et laconique, sûr de lui, mais sans excès. Il est resté le même tout au long de la guerre. Il disposait d'un bureau dans la zone de combat, une sorte d'abri, mais il n'y était jamais. Il se tenait sur le champ de bataille ou près de son bunker, en train de penser à ce qu'il fallait faire. Quand il avait une idée, il la notait sur un bout de papier. Pendant les réunions, il sortait des tas de petits bouts de papier. Un jour, lui et moi étions en mission de reconnaissance dans la jungle, à quelques mètres d'une rivière. Il n'arrivait pas à bien voir les alentours à cause de la végétation. Il a alors enlevé ses bottes, a plongé dans la rivière et a nagé jusqu'au milieu de façon à avoir un meilleur point de vue. »

Pendant la première semaine de novembre 1968, la Mike Company s'engagea dans un violent combat avec un régiment nord-vietnamien beaucoup plus important. « À un moment donné, nous nous sommes retrouvés avec beaucoup de blessés, se souvient John Mason, un des commandants de pelotons de la compagnie, et nous avons appelé un hélicoptère d'évacuation sanitaire. Les Nord-Vietnamiens continuaient de lancer des roquettes pendant que l'appareil se posait. Une douzaine de marines y ont passé. Ça allait mal. Cet affrontement a pris fin au bout de trois ou quatre jours. Le nombre de victimes était relativement élevé, mais nous avions quand même atteint notre objectif. Dès le lendemain de notre retour à la colline 55, nous avons repris le travail tactique, l'inspection du matériel et, croyez-le ou non, l'entraînement physique. Je n'avais pas beaucoup d'expérience comme lieutenant à l'époque, et jamais je n'aurais cru que nous nous entraînerions dans la brousse. Pourtant, c'est ce que nous avons fait. Il ne m'était jamais venu à l'esprit non plus que nous travaillerions nos tactiques de combat ou que nous ferions nos exercices de baïonnette, mais c'est ce que nous avons fait. Et nous l'avons fait régulièrement. Après une bataille, Rip nous accordait un court répit, puis nous reprenions l'entraînement. C'est comme ça qu'il dirigeait sa compagnie. »

Van Riper était strict mais juste. Il comprenait la guerre, et il avait des idées arrêtées sur la façon de mener ses soldats. « C'était un baroudeur, dit un autre membre de la Mike Company. Il dirigeait ses troupes à partir du front, pas derrière un bureau. Il avait un tempérament très agressif, mais il s'y prenait d'une manière telle avec ses hommes qu'aucun ne rechignait à faire ce qu'il demandait. Une nuit, je me tenais en embuscade avec ma section. Il m'a averti par radio de l'arrivée de 121 petits hommes – comme on appelait les Vietnamiens. Il fallait leur résister. *"Skipper* [nom que les marines donnent au commandant de leur compagnie], je lui ai dit, j'ai neuf gars avec moi." Il m'a alors répondu qu'il enverrait les forces d'intervention *si jamais nous en avions besoin*. C'était sa méthode. Peu importe si nous étions 9 contre 121, il fallait attaquer. De toute façon, le *skipper* déjouait l'ennemi par ses tactiques. Il n'était pas ce qu'on peut appeler un type accommodant. »

Au printemps 2000, un groupe de dignitaires du Pentagone prit contact avec Van Riper, qui était maintenant à la retraite après avoir mené une longue et brillante carrière militaire. Le ministère de la Défense venait tout juste d'entreprendre la conception d'un jeu de guerre – un exercice de simulation d'opérations militaires – qui serait exécuté quelque deux ans plus tard. Le Millennium Challenge 2002 (littéralement, « Le Défi du millénaire ») allait être jeu de guerre le plus important et le plus cher de toute l'histoire militaire. Son déploiement coûterait 250 millions de dollars, soit plus que ce que certains pays consacrent à leur budget de défense nationale.

L'action du Millennium Challenge devait se dérouler comme suit : un commandant voyou d'un pays du Golfe persique avait complètement échappé au contrôle de son gouvernement et menaçait d'engloutir toute la région dans un conflit armé. En vertu d'allégeances religieuses et ethniques, il bénéficiait d'un réseau d'influence considérable. Anti-américain notoire, il abritait et subventionnait quatre organisations terroristes. Distribution géniale ou erreur de *casting,* on pressentit Paul Van Riper pour jouer le rôle du commandant voyou.

☐ 1.   Une matinée dans le Golfe

Au sein de l'armée américaine, c'est le commandement des forces interarmées (ou JFCOM pour *Joint Forces Command)* qui dirige les jeux de guerre. Installé à Suffolk, en Virginie, à quelques heures de route au sud-est de Washington, D.C., ce groupe occupe deux édifices en béton plutôt quelconques qui se trouvent sur un terrain entouré d'une clôture grillagée, au bout d'une allée sinueuse, en face d'un magasin Wal-Mart. L'entrée de l'aire de stationnement est surveillée par un poste de garde qu'on ne peut même pas apercevoir de la rue. À l'intérieur, on reconnaît les cubicules, les longs corridors bien éclairés et les salles de conférences de n'importe quel immeuble de bureaux. Le secteur d'activité du JFCOM est cependant loin d'être ordinaire. C'est là que le Pentagone met à l'essai de nouvelles stratégies touchant l'organisation et le matériel militaires.

Le JFCOM a commencé à planifier le Millennium Challenge à l'été 2000. Pour ce faire, il a réuni des centaines de stratèges, d'analystes en matière de défense et de spécialistes de la programmation. Dans le jargon des jeux de guerre, les États-Unis et leurs alliés forment l'équipe des Bleus, tandis que l'ennemi est invariablement Rouge. Les deux camps ont pris connaissance de dossiers d'information exhaustifs décrivant leurs forces respectives, et ont passé plusieurs semaines à exécuter des séries d'exercices afin de préparer le terrain pour la bataille décisive. Selon le scénario convenu, le commandant voyou se montrait de plus en plus agressif, et les États-Unis, de plus en plus inquiets.

Vers la fin du mois de juillet 2002, les deux équipes se sont installées dans les immenses salles sans fenêtres du JFCOM où ont lieu les simulations de combat. Des représentants de l'armée de l'air, de l'armée de terre et des marines se tenaient prêts, dans diverses bases militaires du pays, à exécuter les ordres des Bleus et des Rouges. Les opérations – lancement de missiles ou décollage d'avions, par exemple – étaient soit véritablement déclenchées, soit simulées par l'un des 42 modèles informatiques. Les représentations étaient tellement réalistes que, dans la salle de guerre, on était bien incapable de dire si elles étaient virtuelles ou non.

Le jeu de guerre a duré deux semaines et demie. En prévision d'analyses rétrospectives, toutes les conversations ont été enregistrées et toutes les opérations ont été recensées : des spécialistes ont gardé la trace informatique de chaque mot émis, munition utilisée, missile lancé, char d'assaut déployé. C'était plus qu'une expérience, c'était une répétition générale. C'est du moins ce qu'on a pu constater lorsque, moins d'un an plus tard, les États-Unis ont envahi un pays du Moyen-Orient dirigé par un commandant voyou qui, en vertu d'allégeances religieuses et ethniques, bénéficiait d'un réseau d'influence considérable et était soupçonné d'abriter et de subventionner des organisations terroristes.

En concevant le Millennium Challenge, le Pentagone avait pour objectif avoué de mettre au banc d'essai une série de stratégies militaires radicalement différentes. Certes, en 1991, les États-Unis avaient réussi à défaire l'armée de Saddam Hussein au Koweït. Mais l'opération « Tempête du désert » avait reposé sur des méthodes tout à fait conventionnelles : deux troupes organisées et munies d'un lourd arsenal s'étaient affrontées sur un champ de bataille. Le Pentagone était convaincu que ce genre de combat tomberait bientôt en désuétude, car aucun pays ne serait assez stupide pour défier les États-Unis en se basant uniquement sur son effectif et son matériel de guerre.

Dorénavant, les conflits déborderaient leur cadre habituel : ils se dérouleraient en dehors des régions convenues, seraient aussi bien idéologiques qu'armés et impliqueraient les forces culturelles et économiques autant que militaires. « La prochaine guerre sera beaucoup plus globale, avait déclaré un analyste du JFCOM. Le nombre de chars, de navires et d'avions neutralisés ne sera plus le seul facteur décisif. Il faudra aussi être en mesure de démolir le système de l'ennemi. Il ne suffira plus de se concentrer sur les ressources combattantes ; il faudra plutôt viser les ressources de conception du combat. Le système de défense nationale est relié au système économique, qui est relié au système culturel et au réseau des relations personnelles. Ce sont ces interactions qu'il faut comprendre. »

Dans le cadre du Millennium Challenge, les Bleus ont bénéficié d'un ensemble de ressources conceptuelles extraordinaires – du jamais-vu dans toute l'histoire de l'armée. Au nombre des outils créés à leur intention par le JFCOM, on pouvait compter : l'Operational Net Assessment, un outil d'évaluation et de prise de décision qui permettait de décomposer l'ennemi en une série de systèmes – militaire, économique, social et politique – et de les intégrer dans une matrice indiquant leurs interrelations et leurs aspects les plus vulnérables ; l'Effects-Based Operations (ou EBO), un programme d'opérations basées sur les effets, incitant les commandants à considérer autrement les stratégies de destruction des effectifs et du matériel militaires ennemis ; le Common Relevant Operational Picture (ou CROP), un plan détaillé et en temps réel de la situation de combat. L'équipe des Bleus avait également reçu une quantité exceptionnelle de renseignements sur tous les aspects du gouvernement américain et une marche à suivre logique, systématique, rationnelle et rigoureuse. Bref, ils disposaient de tous les jouets de l'arsenal du Pentagone.

« Nous avons analysé toutes les mesures que nous pourrions prendre pour atteindre l'ennemi sur les plans politique, militaire, économique social, culturel et institutionnel », a déclaré le général William F. Kernan, commandant du JFCOM, lors de la conférence de presse qui a souligné la fin du Millennium Challenge. « À l'heure actuelle, nos organismes de renseignements possèdent des instruments qui nous permettent d'agir sur les capacités de l'adversaire, de couper ses moyens de communication, d'investir le peuple de pouvoir, d'influencer la volonté nationale de la population, de modifier les paramètres du pouvoir. »

Napoléon a dit un jour qu'un général ne savait jamais rien avec certitude, ne voyait jamais l'ennemi distinctement, ne pouvait jamais déterminer exactement sa position. Jusqu'à l'avènement du Millennium Challenge, la guerre était restée un phénomène obscur. L'objectif de ce programme était de démontrer que, grâce aux puissants satellites, capteurs et superordinateurs, il était possible d'élucider le mystère[38]. Paul Van Riper soutenait une position tout à fait contraire. C'est pourquoi il paraissait tellement judicieux de le mettre à la tête des Rouges.

Dans la bibliothèque de la résidence de Van Riper, en Virginie, on ne compte plus les ouvrages sur les théories et les stratégies militaires. Pourtant, l'ancien commandant ne croit pas qu'il soit possible de dissiper le mystère des conflits armés. Son expérience au Viêtnam et sa lecture du théoricien militaire allemand Carl von Clausewitz lui ont appris que la guerre est, de par sa nature même, imprévisible, désordonnée et multidimensionnelle.

Dans les années 80, Van Riper avait eu maintes fois l'occasion d'utiliser les outils de prise de décision systématique et analytique que le JFCOM s'apprêtait à mettre à l'essai dans le cadre du Millennium Challenge. Il détestait ces processus interminables. « Un jour, se rappelle-t-il, nous étions en plein exercice, et le commandant de division nous a ordonné de nous arrêter pour repérer l'ennemi. C'était inutile. Il y avait déjà huit ou neuf heures que nous avions commencé. La situation de départ avait eu le temps de changer complètement. » D'emblée, Van Riper n'est pas contre l'analyse rationnelle ; il croit simplement qu'elle n'est pas appropriée en plein combat. « Quand on est sur le qui-vive, dit-il, il est impossible de procéder calmement à une analyse comparative des différentes options. »

Van Riper dirigeait l'école de formation du corps des marines à Quantico, en Virginie, lorsque, au début des années 90, il a rencontré un dénommé Gary Klein, propriétaire d'une firme d'experts-conseils dans l'Ohio et auteur de *Sources of Power,* un classique portant sur la prise de décision[39]. Après avoir étudié le comportement d'infirmières, de préposés aux soins intensifs, de pompiers et d'autres types de travailleurs qui prennent des décisions sous pression, Klein a découvert que, lorsque des spécialistes prennent des décisions, ils ne prennent pas le temps de comparer toutes les options possibles de façon logique et systématique. Bien que souhaitable en théorie, ce processus exhaustif est beaucoup trop lent dans la pratique. Les infirmières et les pompiers

comprennent une situation presque instantanément et *agissent* en
se fiant à leur expérience, à leur intuition et à une espèce de simulation mentale rudimentaire. Selon Van Riper, c'est aussi ce qui se
passe sur le champ de bataille.

Un jour, par curiosité, Van Riper, Klein et une douzaine de
généraux des marines ont visité le New York Mercantile
Exchange, la Bourse de commerce de New York. En voyant les
négociateurs s'agiter sur le parquet, Van Riper a compris qu'un
tel chaos ne pouvait régner qu'à un seul autre endroit : un poste
de commande militaire en temps de guerre. Il s'est dit que les soldats pouvaient en tirer quelques leçons.

À la fermeture de la Bourse, les généraux sont descendus sur
le parquet pour procéder à des spéculations financières fictives. À
leur tour, les négociateurs et agents de Wall Street se sont rendus
à la base de Governor's Island pour simuler des opérations militaires à l'ordinateur. Sous l'emprise du stress, ils devaient prendre
rapidement des décisions définitives, tout en disposant de très peu
d'information. Ils ont remarquablement bien réussi, car cela
ressemblait à ce qu'ils faisaient quotidiennement. Plus tard, on les
a amenés à Quantico, où ils se sont soumis à un véritable exercice
d'évacuation dans des chars d'assaut. En les voyant à l'œuvre, Van
Riper était de plus en plus convaincu que ces types « aux longs
cheveux, négligés et trop gras » et le corps des marines prati-
quaient fondamentalement le même genre d'activités, à cette
seule différence que l'enjeu était l'argent pour les uns et la vie
pour les autres.

« C'est à l'occasion d'un cocktail que les négociateurs et les
militaires ont fait connaissance, se rappelle Gary Klein. Il s'est
alors passé quelque chose d'assez inattendu. D'un côté, il y avait
tous ces marines : des généraux médaillés d'honneur ayant l'allure
que vous pouvez imaginer. Certains d'entre eux n'avaient jamais

mis les pieds à New York. De l'autre côté, il y avait les négocia-teurs : de jeunes New-Yorkais impertinents de 20 à 30 ans. Pourtant, ils se sont mêlés les uns aux autres. Et ce n'était pas que par politesse. Ils parlaient tous avec animation, sympathisaient, comparaient leurs notes. Il était clair que ces deux groupes avaient beaucoup d'affinités. Ils se traitaient mutuellement avec un pro-fond respect. »

Dans le cadre du Millennium Challenge, l'équipe des Rouges était donc dirigée par un homme qui considérait qu'il avait plusieurs points en commun avec des négociateurs aux longs cheveux et à l'air négligé, qui se laissait guider par son intuition, criait beaucoup, était agressif et prenait des tas de décisions en un rien de temps. L'équipe des Bleus, elle, disposait de plusieurs bases de données, matrices et méthodes rigoureuses pour com-prendre systématiquement les intentions et les ressources de l'ennemi. Il s'agissait d'un affrontement non seulement militaire mais philosophique.

Le premier jour du Millennium Challenge, les troupes des Bleus – des dizaines de milliers de soldats – ont envahi le Golfe persique et ont installé un porte-avions au large du pays rouge. Avec tout le poids de leur pouvoir militaire, ils ont adressé à Van Riper un ultimatum en huit points, qui se soldait par sa capitu-lation. Ils ont bousillé les tours à micro-ondes et coupé les câbles à fibres optiques des Rouges, en supposant qu'ils se tourneraient alors vers les satellites et les téléphones cellulaires pour commu-niquer – leurs échanges n'en seraient que plus faciles à surveiller. Extrêmement confiants, les Bleus s'en remettaient à la précision de leurs divers outils pour connaître les points faibles de l'enne-mi, leurs propres options et la suite des événements.

Mais Paul Van Riper a déjoué tous ces plans. « Ils croyaient que nous serions pris par surprise par leurs opérations, se rappelle-t-il. Pourtant, n'importe quelle personne moyennement informée sait qu'il ne faut pas compter sur ces technologies de communication. C'est bien une mentalité de Bleu. Qui aurait voulu se servir des téléphones cellulaires et des satellites après ce qui est arrivé à Oussama Ben Laden en Afghanistan ? Nous avons donc utilisé des messagers à moto et nous avons caché des messages dans les prières. Ils nous ont demandé comment nous avions fait décoller les avions sans lien radio avec la tour de contrôle. Vraisemblablement, ils ne se souvenaient pas de la Seconde Guerre mondiale. Comme à l'époque, nous avons utilisé des systèmes de lumières. »

Soudain, le chef des Rouges n'était pas aussi transparent que prévu. Il était censé être intimidé et écrasé par un ennemi beaucoup plus imposant que lui. Mais Van Riper était trop baroudeur pour se laisser faire. Le deuxième jour de la guerre, il a lancé une flotte de petites embarcations à la suite des gros navires de l'envahisseur. Puis il a donné l'ordre de les bombarder avec des missiles de croisière. À la fin de cette attaque-surprise, 16 navires américains sombraient au fond du Golfe. Si Millennium Challenge avait été une guerre réelle, une vingtaine de milliers de soldats américains auraient été tués en une heure, avant même que leur armée puisse tirer un seul coup.

« L'équipe des Bleus avait dit qu'elle adopterait une stratégie préventive, reprend Van Riper. J'ai donc déclenché une offensive. Nous avions calculé le nombre maximum de missiles de croisière que leurs navires pouvaient supporter, et nous en avons tout simplement lancé un plus grand nombre, à partir de différents points : au large des côtes, sur la côte, du haut des airs et dans la mer. Nous avons probablement atteint la moitié de leurs navires, et les plus importants : le porte-avions, les plus gros bateaux, cinq de leurs six bâtiments amphibies. »

Pendant plusieurs semaines, voire des mois, les analystes du JFCOM ont tenté d'expliquer ce qui s'était vraiment passé ce jour-là. Certains ont déclaré que cette défaite était un effet pervers des jeux de guerre. D'autres ont dit qu'en situation réelle de combat les bateaux n'auraient jamais été aussi exposés au danger. Quoi qu'il en soit, l'équipe des Bleus a essuyé un humiliant revers. Le commandant voyou a fait ce qu'aurait fait n'importe quel commandant voyou dans de telles circonstances : il a riposté. Pourtant, ses manœuvres ont pris l'équipe des Bleus au dépourvu.

L'échec des Bleus ressemble étrangement à celui qu'a subi le musée Getty lorsqu'il a fait évaluer le kouros : des analystes ont fait un travail d'enquête rigoureux en couvrant tous les facteurs impondérables, mais sans tenir compte d'une vérité que l'intuition n'aurait pas manqué d'apercevoir. Ce matin-là, dans le Golfe persique, l'équipe des Rouges, au contraire des Bleus, a su conserver intact son pouvoir de compréhension immédiate. Examinons ce qui s'est passé.

2. La structure de la spontanéité

Un certain samedi soir d'automne, il y a quelque temps de cela, la troupe d'improvisation Mother s'apprêtait à monter sur scène dans un petit théâtre situé au sous-sol d'un supermarché du West Side de Manhattan. C'était tout juste après la fête de l'Action de grâce. Malgré la température peu clémente, la salle était comble. Pour seul décor, il y avait six chaises pliantes. Les huit jeunes comédiens de Mother avaient prévu commencer le spectacle en improvisant sur un thème suggéré par l'auditoire, sans autre forme de préparation qu'une brève consultation entre eux – une pratique courante en impro.

« Robots », a lancé un spectateur. Jessica, une des trois comédiennes de la troupe, a entamé le jeu. Comme elle l'expliquerait plus tard, elle n'a pas pris ce mot au pied de la lettre, mais a plutôt pensé au détachement émotif et à l'influence de la technologie sur les relations humaines. Elle s'est mise à marcher de long en large en prétendant lire une facture de la compagnie de câblodistribution. Un comédien assis lui tournait le dos. Ils ont engagé la conversation. Aucun des deux ne savait quel personnage il jouait à ce moment-là. Pas plus que les spectateurs. Mais au bout d'un moment, on a compris qu'ils étaient mari et femme.

Madame venait de découvrir que la facture comportait des frais pour un film porno, et elle était bouleversée. Monsieur, pour sa part, blâmait le fils adolescent. Après un échange véhément, ils ont été interrompus par deux autres personnages : un psychiatre qui voulait aider la famille à traverser la crise, et le fils, furieux, qui soutenait avoir été emprisonné pour un crime qu'il n'avait pas commis.

Au cours de cette séance d'impro de 30 minutes, aucun des comédiens n'a hésité, eu un blocage ou perdu le fil. L'action s'est déroulée comme si les membres de la troupe avaient répété pendant des jours. Leurs répliques et leurs comportements n'étaient peut-être pas toujours cohérents, mais ils étaient souvent hilarants. Le public, ravi, en redemandait. Et pour cause, la construction d'une histoire par huit personnes qui ne disposent d'aucun filet de sécurité est un spectacle captivant.

L'improvisation illustre très bien le genre de pensée dont il est question dans *Intuition*. En effet, les comédiens doivent, en un rien de temps, prendre des décisions complexes pour assurer le déroulement d'une histoire, et ce sans aucune forme de scénario. C'est ce qui rend cet exercice à la fois fascinant et terrifiant. Je suis convaincu que peu de personnes consentiraient à interpréter une pièce complètement scénarisée devant public, même après avoir répété pendant tout un mois sous la direction d'un metteur en scène. La plupart des gens ne s'y risqueraient pas de crainte d'avoir le trac, d'oublier leurs répliques, de se faire huer. Ils seraient encore moins nombreux à accepter de jouer sans scénario ni direction – d'autant plus qu'on s'attendrait à ce qu'ils soient drôles. L'improvisation est effrayante parce qu'elle paraît aléatoire et chaotique.

Mais en réalité, l'improvisation ne se fait pas sans préparation. Les comédiens n'inventent pas tout sur-le-champ, au pied levé. Ceux de la troupe Mother se réunissent chaque semaine pour pratiquer pendant de longues heures et commenter mutuellement leurs jeux. Ce ne sont pas les êtres loufoques et impulsifs qu'on pourrait imaginer. Certains sont très sérieux, des intellos. Ils voient l'improvisation comme un art gouverné par une série de règles. S'ils accordent autant de temps à la pratique, c'est qu'ils veulent s'assurer qu'une fois sur scène chacun se pliera à ces règles.

« L'impro, dit un des membres de Mother, c'est un peu comme le basket-ball. » Cette analogie est très pertinente : le joueur de basket-ball doit évoluer très rapidement dans un environnement complexe et prendre des décisions de façon instantanée. Or, pour en arriver à cette forme de spontanéité, il doit faire des heures et des heures de pratique structurée – afin de parfaire son lancer, son dribble, ses passes et sa course – et accepter de jouer un rôle précis au sein d'une équipe sur le terrain. On peut en dire autant de l'improvisation.

Autrement dit, *la spontanéité n'est pas aléatoire*. Cet apparent paradoxe est entre autres ce qui permet de comprendre l'énigme du Millennium Challenge. L'équipe des Rouges de Paul Van Riper a remporté la victoire dans le Golfe non pas parce qu'elle était plus intelligente ou chanceuse que l'équipe des Bleus, mais bien parce qu'elle était parfaitement entraînée. La pertinence des décisions prises en situation de stress dépend en effet de la pratique, de la répétition et du respect des règles.

Mais revenons à l'improvisation. L'une des règles absolues de cette forme de jeu est le consentement. Pour contribuer à construire une histoire – drôle, de préférence – le personnage doit en effet accepter tout ce qui lui arrive. «Pensez à un événement désagréable, imaginez quelque chose de très déplaisant, écrit Keith Johnstone, un des fondateurs du théâtre d'improvisation, et vous aurez une intrigue. On ne voudrait pas recevoir une tarte à la crème en pleine figure ni voir sa grand-mère en fauteuil roulant tomber dans un précipice, mais on paiera pour voir ces incidents se produire sur une scène ou à l'écran. Dans la vraie vie, la plupart des gens sont très compétents pour réprimer l'action. Le professeur d'improvisation doit renverser la vapeur. S'il réussit, il peut former des improvisateurs très *doués*. Les mauvais improvisateurs empêchent l'action d'avancer, souvent de façon très efficace, tandis que les bons la développent[40].»

Voici un extrait d'un exercice d'improvisation tiré d'un cours de Johnstone :

A : J'ai mal à la jambe.

B : Je crains qu'il faille l'amputer.

A : Vous ne pouvez pas faire ça, docteur.

B : Pourquoi pas ?

A : Parce que j'y suis plutôt attaché.

B (perdant courage) : Allons, l'ami.

A : Docteur, j'ai aussi cette bosse sur le bras.

Dans cette scène, les deux acteurs sont vite arrivés à une impasse. L'intrigue tournait à vide. A avait pourtant fait une assez bonne blague (« J'y suis plutôt attaché »), mais elle était tombée à plat. Johnstone a donc interrompu les comédiens en leur indiquant le problème. L'acteur A avait enfreint la règle du consentement. Par une réplique (« Vous ne pouvez pas faire ça, docteur »), il avait refusé la suggestion de son partenaire.

Voici ce qu'a donné la nouvelle scène :

A : Aïe !

B : Qu'y a-t-il, l'ami ?

A : C'est ma jambe, docteur.

B : Elle m'a l'air mal en point. Je pense qu'il faut l'amputer.

A : Mais c'est celle que vous avez amputée la dernière fois, docteur.

B : Vous voulez dire que vous avez mal à votre jambe de bois ?

A : Oui, docteur.

B : Vous savez ce que cela signifie ?

A : Pas des vers, docteur !

B : Oui. Nous allons devoir l'enlever avant qu'ils vous envahissent au complet.

(La chaise de A s'effondre.)

B : Mon Dieu ! Ils sont en train d'envahir le mobilier !

Dans cette seconde prise, les deux comédiens n'étaient ni plus ni moins talentueux qu'auparavant : ils incarnaient les mêmes personnages et entamaient le dialogue de la même façon. Mais contrairement à la première scène, la seconde était pleine de possibilités. En suivant une simple règle, A et B sont devenus comiques. « Les bons improvisateurs ont l'air de faire de la télépathie, poursuit Johnstone. Tout semble arrangé d'avance parce qu'ils ne refusent aucune offre – une chose qu'on ne fait pas en temps normal. »

Dans la scène ci-dessous, un policier poursuit un voleur. Cet exemple tiré d'un atelier mené par Del Close, un autre vétéran de l'improvisation, confirme la règle du consentement.

Policier (essoufflé) : Hé ! J'ai 50 ans et je fais un peu d'embonpoint. Peut-on s'arrêter une minute ?

Voleur (essoufflé) : Vous n'allez pas m'attraper si on se repose ?

Policier : Promis. Juste quelques secondes. À trois : un, deux, trois.

Nul besoin d'être particulièrement spirituel, intelligent ou alerte pour jouer cette scène. Le principe comique naît du simple fait que les participants adhèrent de façon inconditionnelle à la règle du consentement. Et ce cadre de référence permet aux comédiens de s'engager dans un dialogue fluide, naturel et spontané, la base même d'une bonne improvisation. C'est ce que Paul Van Riper a fait dans le Millennium Challenge. Il ne s'est pas contenté de mettre les membres de son équipe sur scène en espérant que les bonnes répliques leur viendraient à l'esprit. Il a créé les conditions pour favoriser une parfaite spontanéité.

☐ 3.   Les dangers de l'introspection

C'est à titre de conseiller militaire pour le Sud-Viêtnam que le jeune lieutenant Paul Van Riper a fait sa première incursion en Asie du Sud-Est. Alors novice en matière de combat, il se précipitait sur sa radio chaque fois qu'il entendait des coups de feu afin de savoir ce qui se passait au front. Après plusieurs semaines de ce régime, cependant, il a compris que les officiers à qui il parlait n'en savaient guère plus que lui. Il a donc cessé de les appeler.

Lors de sa deuxième visite au Viêtnam, il a décidé de procéder autrement. « Chaque fois que j'entendais des coups de feu, se rappelle-t-il, j'attendais cinq minutes avant de faire quoi que ce soit. Si les hommes avaient besoin d'aide, ils se manifesteraient. Si au bout de cinq minutes, les choses avaient l'air de s'être calmées, je ne faisais rien de plus. Il faut laisser aux gens le temps de découvrir ce qui se passe pour qu'ils puissent résoudre le problème. En les appelant, je pouvais envenimer les choses. Je pouvais soit les distraire et ainsi les empêcher de clarifier la situation, soit les pousser à me dire n'importe quoi pour que je leur fiche la paix. Si ensuite j'utilisais cette information potentiellement erronée pour prendre une décision, je risquais de me tromper. »

Van Riper n'a pas oublié cette leçon lorsqu'il a dirigé l'équipe des Rouges. « J'ai d'abord dit à mon état-major que chacun serait maître de sa manœuvre, se rappelle Van Riper. Les principaux lieutenants et moi fournirions les orientations générales et établirions les objectifs, mais sur le champ de bataille, les officiers ne recevraient pas d'ordres complexes. Ils devraient faire preuve d'initiative et de créativité. Pratiquement chaque jour, le commandant des forces aériennes m'a présenté différentes tactiques basées sur notre stratégie générale, qui consistait à attaquer les Bleus de toutes parts. Mais jamais je ne lui ai dit comment mener ses opérations. Je lui ai juste fait part des intentions globales. »

Une fois le combat engagé, Van Riper n'a rien voulu savoir de l'introspection, des longues réunions, des explications. « J'ai dit à mon état-major que nous n'utiliserions aucun des termes de l'équipe des Bleus, rapporte-t-il. Je refusais d'entendre parler d'effets, d'outils opérationnels, de processus mécanistes. Nous allions faire preuve de sagesse, compter sur notre expérience et nous fier au jugement de nos hommes. »

Cette méthode comportait des risques. Elle impliquait que Van Riper ne savait pas toujours exactement ce que ses troupes fabriquaient et qu'il devait faire entièrement confiance à ses subalternes. C'était, de son propre aveu, une façon « bordélique » de prendre des décisions. Mais son avantage indéniable est qu'elle permettait aux gens d'agir sans devoir constamment se justifier. Elle donnait lieu à la compréhension immédiate.

Pour vous expliquer ce phénomène, j'aurai recours à quelques notions de psychologie. Rappelez-vous du serveur qui vous a apporté votre repas la dernière fois que vous êtes allé au restaurant, de l'inconnu qui était assis à côté de vous dans l'autobus aujourd'hui ou de tout autre étranger que vous avez remarqué récemment. Il est fort probable que vous pourriez le repérer parmi un groupe d'individus, au cours d'une séance d'identification au poste de police, par exemple. Lorsqu'on évoque le visage d'une personne, il se présente aussitôt à l'esprit, sans qu'on n'ait aucun effort à faire. La reconnaissance de la physionomie est un exemple classique de compréhension inconsciente. Si, par contre, avant de passer à la séance d'identification, vous deviez mettre par écrit une description détaillée de l'allure de la personne en question – couleur des yeux, des cheveux, forme du visage, tenue vestimentaire, etc. –, croyez-le ou non, mais vous auriez beaucoup de difficulté à la reconnaître. L'acte consistant à décrire un visage court-circuite l'habileté naturelle à le reconnaître visuellement.

Le psychologue Jonathan W. Schooler, l'un des premiers chercheurs à avoir examiné ce phénomène, parle d'*éclipse verbale*. Une partie du cerveau, l'hémisphère droit, pense en images, tandis que l'autre, l'hémisphère gauche, pense en mots. Le premier est beaucoup plus apte à traiter la physionomie que le second. Lorsqu'on utilise des mots pour se représenter un visage, on fait passer la pensée de l'hémisphère droit à l'hémisphère gauche : on stocke des données dans la mémoire verbale, qui supplante alors la mémoire visuelle. Le problème se pose quand on tente ensuite de reconnaître visuellement le visage ; on est alors obligé de puiser dans sa mémoire verbale, laquelle est beaucoup moins fiable. Vous reconnaîtriez immédiatement Marilyn Monroe ou Albert Einstein si on vous montrait leur photo. Je parie même qu'en ce moment vous les visualisez clairement. Mais il en irait autrement si vous deviez lire une description de leur visage. L'être humain possède une mémoire instinctive pour les visages. S'il tente de la verbaliser, il s'en écarte et la perd.

Schooler a démontré que l'éclipse verbale ne porte pas seulement ombrage à la faculté de reconnaissance des visages. Considérons l'énigme suivante.

Un homme et son fils subissent un grave accident de voiture. Le père est tué sur le coup, tandis que le garçon est emmené d'urgence à l'hôpital. « Mais c'est mon fils ! » s'écrit le médecin qui reçoit l'enfant. Qui est ce médecin ?

Voilà un problème qui se résout non pas en faisant appel à la logique ou aux mathématiques, mais bien à la compréhension immédiate. La solution se trouve en un coup d'œil... à condition de ne pas présumer que les médecins sont tous des hommes. Le docteur est nul autre que la mère du garçon ! Passons à une autre énigme.

Une énorme pyramide d'acier inversée se tient en parfait équilibre sur sa pointe. Le moindre mouvement la fera basculer. Un billet de 100 $ se trouve coincé sous la pyramide. Comment faire pour retirer le billet sans faire tomber la pyramide ?

Prenez quelques instants pour réfléchir à ce problème. Puis, sur une feuille de papier, décrivez la façon dont vous vous y êtes pris pour tenter de le résoudre. Ne ménagez pas les détails sur votre stratégie, les différentes solutions auxquelles vous avez songé, etc. Schooler a procédé à une expérience semblable auprès de deux groupes de sujets ; il leur a présenté la même série d'énigmes à élucider, en demandant aux premiers de simplement les résoudre et aux seconds de réfléchir à leur processus de résolution et de le décrire sur papier. Le chercheur a constaté que les sujets du second groupe ont découvert 30 % moins de solutions que les autres. Bref, quand on tente de s'expliquer par écrit, on diminue considérablement ses chances d'avoir un éclair de génie pour résoudre une énigme – tout comme le fait de décrire un visage par écrit nuit aux chances de le reconnaître lors d'une séance d'identification. (Soit dit en passant, on peut retirer le billet en le détruisant d'une quelconque façon, soit en le brûlant, soit en le déchirant.)

Une énigme qui demande à être élucidée par la logique bénéficie parfois d'explications, de justifications. Mais un problème dont la solution repose sur un éclair de génie ne fonctionne pas selon les mêmes règles. « Dans ce cas, l'analyse peut avoir un effet littéralement paralysant, rapporte Schooler. Si on se met à réfléchir au processus, on perd le fil. Certains types d'expériences fluides, intuitives et non verbales sont très fragiles. » La perspicacité et l'instinct font faire des pas de géant à la pensée ; ils permettent de reconnaître un visage ou de résoudre une énigme en un rien de temps. Mais, selon Schooler, ces aptitudes sont précaires. La perspicacité n'est pas une lumière qu'on ouvre ou qu'on ferme à volonté. C'est une bougie à la flamme vacillante qu'un coup de vent peut éteindre[41].

Un jour, Gary Klein a entrepris une étude sur les processus décisionnels instantanés et complexes qui ont cours dans certaines professions. Dans le cadre de ce projet, il a interrogé le capitaine du service de prévention des incendies de Cleveland. Ce dernier lui a raconté un événement qui lui était arrivé plusieurs années auparavant, lorsqu'il était lieutenant. Un incendie apparemment ordinaire s'était déclaré dans la cuisine d'une maison de plain-pied située dans un quartier résidentiel. Une fois sur les lieux, le lieutenant et son équipe avaient forcé la porte avant, tiré le boyau d'arrosage et attaqué le foyer d'incendie. Contre toute attente, le feu n'avait pas diminué d'intensité. Malgré l'assaut continu de l'eau, il continuait de faire rage. Pendant que les pompiers battaient en retraite dans la salle de séjour, le lieutenant s'est dit que quelque chose ne tournait pas rond. Puis soudain, il s'est écrié : « Tout le monde dehors ! » Quelques instants plus tard, le plancher s'effondrait. L'incendie s'était en fait déclenché au sous-sol.

« Il n'a jamais su pourquoi il avait donné cet ordre, se rappelle Klein. Il était convaincu qu'il avait vécu une expérience de perception extrasensorielle (PES). Il était sérieux lorsqu'il m'a donné cette explication. Il croit que la PES l'a protégé tout au long de sa carrière. »

Titulaire d'un doctorat, Klein est un homme brillant et réfléchi. Il était hors de question qu'il accepte une telle explication. Pendant deux heures, il a contraint le capitaine à revivre les événements de cette journée afin de documenter précisément ce qu'il savait et ce qu'il ignorait. « Il a d'abord constaté que l'incendie avait un comportement inhabituel, rapporte Klein. Normalement, un incendie de cuisine réagit à l'eau et n'est pas excessivement chaud ; or, celui-ci résistait à l'arrosage et dégageait énormément de chaleur. Le capitaine gardait toujours ses protège-oreilles relevés pour mieux sentir la chaleur. "Quoi d'autre ?" lui ai-je demandé. Le fait de remarquer l'absence de phénomènes courants est souvent signe de compétence. Le capitaine avait justement observé une absence anormale de bruit. Compte tenu de l'intensité de la chaleur, l'incendie aurait dû être très bruyant, alors qu'il était silencieux[42]. »

Rétrospectivement, on voit bien que toutes ces anomalies étaient autant de signes avant-coureurs de l'effondrement du plancher. L'incendie ne réagissait pas comme un feu de cuisine parce qu'il ne s'était pas déclaré dans cette pièce. Il était silencieux parce que le plancher étouffait les bruits. La température était très élevée dans la salle de séjour parce que l'incendie faisait rage au sous-sol. Mais dans le feu de l'action, le lieutenant n'a pas établi ces liens consciemment. Toute cette réflexion s'est déroulée dans l'enceinte fermée de son cerveau. En un instant, son ordinateur interne a repéré un schéma dans le chaos. Bel exemple de balayage superficiel ! Mais ce qu'on retient surtout de cet événement, c'est que les pompiers l'ont échappé belle. Si ce n'avait été de la promptitude du lieutenant, l'issue aurait pu être fatale. S'il s'était arrêté pour discuter de la situation et des différentes options avec son équipe – autrement dit, s'il avait fait ce que soi-disant font les chefs pour résoudre des problèmes épineux –, il aurait peut-être court-circuité cette compréhension immédiate qui a sauvé la vie des pompiers.

Dans le cadre du Millennium Challenge, les Bleus avaient implanté un système qui obligeait les chefs à s'arrêter pour faire le point. Voilà une erreur qui leur a coûté cher. Cette méthode aurait été tout indiquée dans le cas d'un problème logique. Or, Van Riper constituait une tout autre sorte d'énigme. Les Bleus croyaient qu'ils pourraient intercepter ses communications, maintenir ses avions au sol et encercler sa région avec des navires inattaquables. Mais Van Riper a transmis ses messages par moto, emprunté une technique oubliée de la Seconde Guerre mondiale pour faire décoller ses appareils et envahi le Golfe avec des vedettes-torpilleurs. Puis, sur l'impulsion du moment, les commandants de Van Riper sont passés à l'attaque. Ce que les Bleus prenaient pour un *incendie de cuisine ordinaire* s'est avéré un événement qu'ils n'ont pas su maîtriser. Pour régler ce problème, ils auraient dû faire appel à leur perspicacité, une faculté qu'ils ne possédaient plus.

« J'ai compris que les Bleus étaient toujours en train de discuter, se rappelle Van Riper. Ils essayaient de déterminer comment se présentait la situation politique. Ils se servaient de tableaux avec des flèches allant dans toutes les directions. Ils utilisaient toutes sortes d'acronymes pour désigner toutes sortes de choses, comme DIME pour parler des éléments Diplomatiques, Informationnels, Militaires et Économiques de la puissance nationale, ou PMESI pour parler des instruments Politiques, Militaires, Économiques, Sociaux, d'Infrastructure et d'Information. Ils avaient des conversations incompréhensibles où les DIME était confronté aux PMESI. Ça me donnait envie de vomir. C'était à ça qu'ils passaient leur temps *pendant* le combat ! Vous savez, on peut facilement s'embourber dans les formulaires, les matrices, les programmes informatiques. Ils accordaient tellement d'importance à la procédure qu'ils n'ont jamais pu envisager le problème de façon globale. Quand on déchire une chose en petits morceaux, elle perd sa signification. »

« Nos outils d'évaluation opérationnelle et de prise de décision étaient censés nous permettre de tout voir, de tout savoir, a admis le major général Dean Cash, l'un des officiers du JFCOM. Manifestement, ils ont échoué. »

☐ 4. Une crise au service des urgences

À Chicago, à quelque trois kilomètres à l'ouest du centre-ville, dans la rue West Harrison, se trouve un immense édifice très ornementé dont la construction remonte au début du siècle dernier. Pendant près de 100 ans, il a abrité l'hôpital Cook County, un établissement dont les débuts ont été marqués par l'innovation et les exploits : première banque de sang du monde, première utilisation de la cobaltothérapie, restauration d'une main dont les quatre doigts avaient été sectionnés. Son centre de traumatologie était tellement renommé – notamment en raison de son expertise à traiter les blessures par balles que s'infligeaient les gangs du voisinage – qu'il a inspiré la série dramatique *Salle d'urgence* (*E.R.*).

Vers la fin des années 90, le Cook County a mis sur pied un projet qui un jour pourrait bien lui valoir autant d'éloges que ses premières prouesses. Cet hôpital a en effet établi une nouvelle méthode de diagnostic des douleurs thoraciques au service des urgences. L'examen des tenants et des aboutissants de cette expérience permet encore mieux de comprendre le triomphe inattendu de Paul Van Riper dans le Millennium Challenge.

Le tout a débuté en 1996, un an après la nomination d'un homme remarquable à la tête du service de médecine du Cook County. Brendan Reilly venait alors d'hériter d'un véritable fouillis. Principal hôpital public de Chicago, le Cook County était le dernier refuge de centaines de milliers de personnes sans assurance maladie[43]. Les installations étaient vétustes. Les patients séjournaient non pas dans des chambres privées mais dans des espèces de dortoirs où ils étaient séparés les uns des autres par de minces panneaux en contreplaqué. Il n'y avait pas de cafétéria, et les visiteurs et bénéficiaires devaient se partager un seul téléphone public. Les ressources étaient exploitées au maximum. Si l'on en croit la légende, des médecins ont déjà montré à un sans-abri[44] comment procéder à des tests de laboratoire courants parce qu'ils ne disposaient de personne d'autre.

« Dans le temps, rapporte un médecin, il y avait un seul inter-
rupteur électrique par aile. Si on voulait examiner un patient au
milieu de la nuit et qu'on avait besoin de lumière, on n'avait pas
d'autre choix que d'éclairer toute l'aile. C'est seulement au milieu
des années 70 qu'on a eu droit à l'éclairage individuel. L'été, on
faisait fonctionner d'énormes ventilateurs, car il n'y avait pas de
climatisation. Imaginez le vacarme ! Des policiers traînaient dans
les corridors, car c'était au Cook County qu'on soignait les pri-
sonniers. Il y en avait toujours quelques-uns menottés à leur lit.
Les malades s'installaient dans les couloirs comme ils l'auraient
fait sur leur balcon un soir d'été ou encore ils déambulaient en
traînant leur porte-sérum. Il y avait un constant va-et-vient, car il
n'y avait qu'une seule salle de bain par aile. Les gens apportaient
leurs postes de radio et de télévision et les mettaient à plein volume. En plus, les sonnettes d'appel des infirmières fonctionnaient
sans arrêt, car il n'y avait pas assez de personnel pour répondre à
la demande. Essayez d'ausculter un patient dans ce contexte pour
voir... C'était complètement dingue ! »

Brendan Reilly avait entrepris sa carrière au centre médical du
collège Dartmouth, un magnifique hôpital niché au creux des
fraîches collines du New Hampshire. Cet établissement prospère,
doté de toutes les installations ultramodernes, n'avait rien à voir
avec celui de la rue West Harrison. « J'ai commencé au Cook
County en 1995, se rappelle-t-il. Cette année-là, à Chicago, il y a
eu une vague de chaleur qui a tué des centaines de personnes.
Comme il n'y avait pas de climatisation à l'hôpital, il faisait environ 45 degrés dans les couloirs. C'étaient des conditions très
pénibles pour les malades. J'ai attrapé une administratrice et je l'ai
emmenée dans une aile. Elle n'a pas tenu plus de huit secondes. »

Le service des urgences figurait au sommet de la longue liste
des problèmes auxquels était confronté Reilly. La plupart des
patients se faisaient admettre au Cook County par les urgences,

car ils n'avaient pas d'assurance maladie. Les plus brillants y arrivaient tôt le matin en apportant avec eux de la nourriture pour subsister toute la journée. La file d'attente était interminable, et les patients s'entassaient dans les chambres. Chaque année, pas moins de 250 000 personnes passaient par ce service.

« Il m'arrivait d'avoir de la difficulté à traverser le service des urgences tellement le couloir était encombré, se rappelle Reilly. Il fallait déployer des trésors d'imagination pour traiter tout ce monde. Les plus malades devaient être hospitalisés, et c'est là que les choses se corsaient. Étant donné la pénurie de ressources, il fallait déterminer qui était le plus dans le besoin, ce qui n'était pas du tout évident. » Parmi les gens qui se présentaient aux urgences du Cook County, plusieurs souffraient d'asthme, ce qui n'était guère étonnant, car la prévalence de cette maladie est particulièrement élevée à Chicago. Reilly et son équipe ont donc élaboré des protocoles thérapeutiques pour traiter efficacement les patients asthmatiques et les sans-abri.

Dès le début de son mandat à Cook County, Reilly a toutefois compris qu'il devrait s'attaquer au traitement des infarctus. Chaque jour en moyenne, une trentaine de personnes se présentaient au service des urgences en se plaignant de douleurs thoraciques. Craignant la crise cardiaque, ces patients mobilisaient lits, infirmières, médecins, et demeuraient à l'hôpital plus longtemps que les autres. En d'autres termes, ils nécessitaient beaucoup de ressources.

De plus, dans le cas des douleurs thoraciques, le protocole thérapeutique est long, compliqué et désespérément peu concluant. Lorsqu'une personne se présente aux urgences les mains cramponnées à la poitrine, une infirmière mesure sa tension artérielle. Puis un médecin l'ausculte, à la recherche du bruit caractéristique révélant la présence de liquide dans les poumons – signe infaillible indiquant que le cœur a de la difficulté à assumer son rôle de pompage – et lui pose une série de questions ayant trait à l'emplacement, à la durée et à l'intensité de la douleur, à ses antécédents en matière de cardiopathie, à ses habitudes de consommation de drogues et à ses autres maladies (cholestérol et diabète, maladie étroitement reliée aux maladies du cœur). Enfin, un technicien lui fait subir un électrocardiogramme (ECG) : il lui installe de petits autocollants de plastiques munis de crochets sur la poitrine et les bras, et y rattache des électrodes qui sont reliées à l'électrocardiographe, un appareil de la taille d'un ordinateur portable installé sur un chariot. Les électrodes *lisent* l'activité électrique du cœur et en imprime le schéma sur un papier quadrillé. En principe, le schéma d'une personne en santé aura l'allure caractéristique et régulière d'une chaîne de montagnes, tandis que celui d'une personne souffrant de troubles cardiaques sera déformé : une ligne habituellement ascendante sera descendante, et il y aura des pics ou des traits verticaux là où on s'attend à voir des courbes.

L'ECG d'une personne en train de subir une crise cardiaque *devrait* produire deux schémas très distinctifs et reconnaissables. Mais cette évaluation n'est pas entièrement fiable. Parfois, il arrive qu'une personne gravement malade ait un ECG apparemment normal et qu'une personne en parfaite santé ait un ECG alarmant.

Il existe des tests effectués sur des enzymes qui permettent de déterminer avec une absolue certitude si une personne est en train de subir un infarctus ou non. Mais il faut parfois attendre des heures avant d'obtenir ces résultats. Devant un patient à l'agonie et une centaine d'autres peut-être très malades, le médecin n'a pas de temps à perdre. Dans les cas de douleurs thoraciques, il recueille donc le plus d'information possible et pose un diagnostic. Toutefois, cette évaluation n'est pas du tout précise.

Peu après sa nomination au service de médecine de Cook County, Reilly a réuni un groupe de médecins très expérimentés dans les diagnostics de maladies du cœur – cardiologues, internistes, urgentologues et résidents – et leur a présenté une vingtaine de dossiers de patients ayant souffert de douleurs thoraciques. Il voulait vérifier si ces spécialistes s'entendraient pour repérer les cas où les douleurs correspondaient effectivement à un infarctus. Or, il a découvert qu'aucun cas ne faisait l'unanimité. Un même patient pouvait être renvoyé à la maison par un médecin et admis à l'unité des soins intensifs par un autre. « Nous leur avons demandé d'indiquer, sur une échelle de 1 à 100, le risque que le patient subisse un infarctus du myocarde et qu'il souffre de complications très graves dans les trois jours, rapporte Reilly. Pour chaque cas, nous avons obtenu toutes la gamme des réponses : de 0 à 100 %. Inouï ! »

Ces médecins pensaient que leur opinion découlait d'un processus rationnel, alors qu'en réalité elle ressemblait davantage à une devinette. Et les devinettes, c'est bien connu, font faire des erreurs. Dans les hôpitaux américains, de 2 à 8 % des cas d'infarctus ne sont pas diagnostiqués : pensant que le patient n'est pas malade, le médecin le renvoie chez lui. Généralement, toutefois, les médecins compensent leur incertitude par une excessive prudence. S'il y a le moindre symptôme de crise cardiaque, ils ne prennent aucun risque.

« Supposons qu'un patient se présente au service des urgences en se plaignant de graves douleurs thoraciques, poursuit Reilly. Il est âgé, il fume et sa tension artérielle est élevée, mais son ECG s'avère normal. Que fait-on ? La plupart du temps, on ne se fie pas à l'ECG, car le patient présente beaucoup d'autres facteurs de risque de maladie cardiaque. » La situation a empiré au cours des dernières années, car le milieu de la santé a tellement bien mené ses campagnes de sensibilisation que les gens se ruent aux urgences dès qu'ils ressentent la moindre douleur à la poitrine.

Parallèlement, de crainte d'être poursuivi pour faute professionnelle, les médecins prennent de moins en moins de risques. Résultat : seulement 10 % des gens hospitalisés sous prétexte qu'ils présentent des symptômes de crise cardiaque finissent effectivement par en subir une.

La question financière préoccupait Reilly. Il n'était pas à Dartmouth ou dans l'un de ces somptueux hôpitaux de Chicago où l'argent coulait à flots, mais bien dans un hôpital public, dans un service qu'il dirigeait avec les moyens du bord. Pourtant, d'année en année, Cook County dépensait de plus en plus d'argent pour soigner d'éventuelles crises cardiaques qui n'avaient jamais lieu. Une personne souffrant de douleurs thoraciques pouvait passer jusqu'à trois jours dans l'unité des soins coronariens, à raison de 2 000 $ par jour de frais pour l'hôpital. C'était cher payé lorsqu'il s'avérait que le patient n'était pas malade. Les médecins du Cook County se sont demandé si c'était une bonne façon de diriger un tel type d'établissement.

En 1996, l'hôpital Cook County disposait d'une vingtaine de lits répartis entre l'unité de soins coronariens et ce qu'on appelait l'unité des soins coronariens intermédiaires, une unité moins coûteuse à diriger (1 000 $ par jour plutôt que 2 000 $), dotée en personnel infirmier plutôt qu'en cardiologues, et où les soins étaient moins intensifs. Mais ce n'était pas suffisant. « Nous n'avions tout simplement pas assez de lits pour recevoir tous les patients souffrant de douleurs à la poitrine, rapporte Reilly. Nous étions toujours en train de nous disputer les places. Nous avons donc créé une troisième unité, l'unité d'observation, où nous installions les patients pendant environ une demi-journée en leur prodiguant les soins de base. Mais ça n'a rien changé. Nous nous battions autant pour savoir qui y serait admis. Je recevais des appels toute la nuit. Il était évident qu'il nous manquait un processus de prise de décision rationnel et uniformisé[45]. »

Grand et mince, Reilly a l'allure d'un coureur. Il a grandi à New York et est un pur produit de l'éducation jésuite : pendant quatre ans, il a fréquenté l'école secondaire Regis, où il a appris le latin et le grec, puis il est entré à l'université Fordham. Féru de philosophie, il a tout lu depuis les Grecs de l'Antiquité jusqu'à Wittgenstein et Heidegger. Il a même songé à enseigner cette discipline avant d'opter pour la médecine. Lorsqu'il était professeur adjoint à Dartmouth, il déplorait l'absence de manuels didactiques sur les problèmes courants qui amènent les gens à consulter leur médecin : vertiges, maux de tête et douleurs abdominales. Il a fini par rédiger lui-même cet ouvrage dans ses temps libres : un document fouillé de 800 pages destiné aux médecins généralistes. « Brendan est toujours en train d'étudier différents sujets, qu'il s'agisse de philosophie, de poésie écossaise ou d'histoire de la médecine », dit son ami, collègue et collaborateur Arthur Evans. En temps normal, il lit cinq livres à la fois, et pendant son congé sabbatique de Dartmouth, il en a profité pour écrire un roman. »

Reilly aurait très bien pu rester sur la côte est à écrire des articles scientifiques dans un confort climatisé, mais sa nature altruiste l'avait plutôt fait opter pour un hôpital qui traitait les plus démunis. De plus, comme ses crédits étaient fort limités, le Cook County encourageait les initiatives qui permettaient de réaliser des économies ; par le fait même, il offrait un milieu propice à l'innovation. Quoi de plus intéressant pour quelqu'un attiré par le changement ?

Reilly s'est d'abord tourné vers le travail d'un cardiologue du nom de Lee Goldman. Dans les années 70, Goldman avait travaillé avec des mathématiciens qui cherchaient à mettre au point des règles statistiques pour distinguer des particules subatomiques. Bien que peu intéressé par la physique, Goldman n'en a pas moins constaté que certains principes mathématiques pouvaient s'avérer utiles dans le diagnostic des crises cardiaques. Il a donc traité à l'ordinateur les données relatives à des centaines de cas d'infarctus, dans l'espoir de découvrir quels étaient les véritables signes avant-coureurs de la crise cardiaque. Il a fini par élaborer un algorithme ou, si on veut, une équation, qui devait permettre d'interpréter les douleurs thoraciques avec un degré assez élevé d'exactitude. Selon Goldman, il fallait examiner l'ECG en rapport avec trois facteurs de risque qu'il a qualifié d'immédiats : 1) un type de douleur très particulier (angine de poitrine instable) ; 2) la présence de liquide dans les poumons ; 3) une très faible tension artérielle systolique (inférieure à 100).

Pour chaque combinaison de facteurs de risque, Goldman a établi un arbre de décision qui mène à une recommandation de traitement. Par exemple, un patient dont l'ECG est normal, mais qui souffre d'une angine de poitrine instable, a du liquide dans les poumons et a une très faible tension artérielle systolique doit être dirigé vers l'unité de soins intermédiaires ; un patient dont l'ECG indique une ischémie aiguë (une insuffisance de la circulation artérielle dans le muscle cardiaque) et qui présente au plus un seul facteur de risque immédiat doit être mis sous observation ; une personne dont l'ECG indique une ischémie et qui présente au moins deux facteurs de risque doit être immédiatement dirigée vers l'unité de soins coronariens, et ainsi de suite.

Goldman a peaufiné son arbre de décision pendant des années. Il a publié de nombreux articles scientifiques qu'il concluait invariablement en déplorant l'absence d'essais cliniques qui pourraient confirmer l'efficacité de son outil. Mais personne ne se portait volontaire pour faire ce genre d'étude – pas même quelqu'un de l'école de médecine de Harvard, où il avait entrepris sa recherche, ni de la prestigieuse université de la Californie à San Francisco, où il l'avait terminée. Malgré toute la rigueur des calculs de Goldman, le milieu médical semblait incapable d'envisager qu'une équation puisse être plus efficace qu'un médecin[46].

Ironie du sort, Goldman a fini par obtenir du financement de la Marine. Voilà un médecin qui essayait de mettre au point un protocole de traitement qui sauverait des vies, améliorerait la qualité des soins prodigués dans tous les hôpitaux du pays et permettrait d'épargner des milliards de dollars, et seul le Pentagone s'y est intéressé. Mais ce n'était pas sans raison. Imaginez un sous-marin avançant discrètement en eaux ennemies. Soudain, un membre de l'équipage se plaint de douleurs à la poitrine. Le capitaine voudra certainement savoir s'il doit remonter à la surface (et révéler sa position) afin de conduire le marin d'urgence à l'hôpital ou s'il n'a qu'à lui donner quelques comprimés d'antiacide avant de l'envoyer se reposer.

Brendan Reilly n'avait pas les moyens de partager les doutes du milieu médical. Le Cook County était en crise. Il a donc présenté l'algorithme de Goldman aux médecins des services des urgences et de médecine, et leur a annoncé qu'il procédait à un essai. Les médecins ont d'abord continué d'interpréter les douleurs thoraciques comme ils l'avaient toujours fait : en ayant recours à leur propre jugement. Puis, au bout de quelques mois, ils se sont mis à utiliser l'algorithme de Goldman. Pendant deux ans, des données ont été recueillies sur les diagnostics posés et l'évolution de l'état des patients afin de bien documenter la comparaison entre les deux méthodes.

L'algorithme de Goldman s'est avéré nettement plus efficace que l'ancienne méthode de diagnostic. Il a permis de détecter les fausses alertes d'infarctus dans 70 % fois plus de cas et d'établir des pronostics plus sûrs lorsque les symptômes étaient plus inquiétants. Toute la pertinence de l'interprétation des douleurs thoraciques réside dans le fait qu'elle sert à acheminer le patient ayant un risque élevé de complications graves à la bonne unité de soins (intermédiaires ou coronariens). Dans l'essai de Reilly, les complications graves que les médecins avaient prévues en se fiant à leur propre jugement se sont concrétisées dans 75 à 89 % des cas, tandis qu'elles se sont confirmées dans 95 % des cas lorsqu'ils utilisaient l'algorithme. C'était la preuve dont Reilly avait besoin. Il a donc changé les règles dans le service des urgences. En 2001, l'hôpital Cook County est devenu l'un des premiers établissements aux États-Unis à se fier entièrement à l'algorithme de Goldman pour évaluer les douleurs thoraciques. Si jamais vous entrez aux urgences de cet hôpital, vous verrez son arbre de décision affiché au mur.

☐ 5. Quand moins vaut plus

L'expérience du Cook County le démontre bien : en matière de décision, nous sommes convaincus que la quantité d'information est synonyme de pertinence. Personne n'oserait contredire un spécialiste qui voudrait faire des tests supplémentaires ou procéder à un examen plus exhaustif. Dans le Millennium Challenge, les Bleus croyaient tirer un avantage considérable de leur abondance de renseignements. L'information était censée être le second pilier de leur invincibilité ; non seulement ils étaient plus logiques et systématiques que Van Riper, mais ils en savaient plus. Cependant, l'algorithme de Goldman indique le contraire. Toute cette information supplémentaire n'est pas du tout profitable. En réalité, il en faut très peu pour découvrir la signature sous-jacente d'un phénomène.

C'est là un point de vue radical. Supposons qu'un homme se présente aux urgences sous prétexte que, lorsqu'il monte les escaliers, il éprouve dans la partie gauche de la poitrine une douleur intermittente plus ou moins prolongée (entre cinq minutes et trois heures). Un examen révèle que sa tension artérielle systolique est de 165 (donc supérieure à 100) et que son ECG, sa région thoracique et son cœur sont normaux. Toutefois, cet homme est âgé d'une soixantaine d'années, il occupe un poste de dirigeant, est stressé et sédentaire, fume, fait de l'embonpoint, transpire, et sa tension artérielle est élevée depuis plusieurs années, sans compter qu'il a subi une opération au cœur il y a deux ans. Bref, tout semble indiquer qu'il doit être admis à l'unité de soins coronariens. Tout, sauf l'algorithme.

Il est certain que l'état de ce patient, son style de vie et son régime alimentaire augmentent ses risques de développer une cardiopathie dans les années à venir. Il se pourrait même que ces facteurs jouent un rôle – quoique subtil et complexe – dans l'aggravation de sa condition dans les 72 heures, le cas échéant. L'algorithme de Goldman ne réfute pas ce raisonnement ; il indique simplement que toute cette information est superflue lorsqu'il s'agit de poser un diagnostic fiable sur l'état actuel du patient. En réalité, ces renseignements supplémentaires sont plus qu'inutiles : ils sont nuisibles. Ils troublent le jugement. Ce qui perturbe les médecins quand ils essaient de déceler les signes avant-coureurs de la crise cardiaque, c'est qu'ils tiennent compte d'une *trop grande* quantité d'information. Le même phénomène explique l'échec des Bleus dans le Golfe.

L'excès d'information explique également pourquoi les médecins échouent parfois à reconnaître l'imminence de la crise cardiaque ou même la crise comme telle. Apparemment, ils ont plus tendance à faire ce genre d'erreur quand le patient est une femme ou un membre d'une minorité culturelle. Le sexe et la race sont bel et bien des facteurs à prendre en compte dans le diagnostic des problèmes cardiaques : les femmes ont tendance à souffrir de cardiopathie à un âge beaucoup plus avancé que les hommes, tandis que les Noirs présentent des profils de risque tout à fait différents de ceux des Blancs. Mais ces données supplémentaires nuisent au médecin lorsque vient le moment de poser un diagnostic individuel. Elles embrouillent son jugement. Il ferait une évaluation plus juste des symptômes s'il *ignorait* que le patient est un homme ou une femme ou une personne de race blanche ou noire[47].

On comprend pourquoi les idées de Goldman n'étaient guère populaires. On a peine à croire en effet que parfois il vaut mieux ne pas tenir compte d'une information apparemment pertinente. « C'est exactement ce dont les médecins se méfient, dit Reilly. Ils sont convaincus qu'un diagnostic doit reposer sur un processus plus compliqué que la simple lecture de l'ECG et l'examen de quelques facteurs. Ils croient qu'il leur faut inévitablement prendre en considération l'âge, l'incidence du diabète, les antécédents en matière de cardiopathie. Sinon, se disent-ils, ce n'est pas sérieux ! »

« Les médecins, poursuit Arthur Evans, sont portés à croire que, lorsqu'il est question de vie ou de mort, la décision doit être difficile à prendre. Ils pensent qu'appliquer un algorithme est indigne d'eux, car n'importe qui est capable de suivre des directives. Il est beaucoup plus valorisant pour eux de prendre de *véritables* décisions. Ils refusent de croire qu'un diagnostic peut être aussi simple et efficace, sinon ils auraient de la difficulté à justifier leurs gros salaires. » L'algorithme ne *semble* pas suffisant.

Il y a plusieurs années, un chercheur du nom de Stuart Oskamp s'est intéressé à l'impact que pouvait avoir l'accumulation d'information sur le jugement, en menant une étude en quatre étapes auprès d'un groupe de psychologues. Dans un premier temps, il leur a remis des renseignements de base sur un ancien combattant de 29 ans, Joseph Kidd, puis il leur a demandé de répondre à 25 questions à choix multiples sur la personnalité de cet homme. À chacune des trois étapes suivantes, il leur a fourni plus d'information sur Kidd : une description de son enfance, qui tenait sur une demi-page ; un compte rendu de deux pages sur ses années à l'école secondaire et à l'université ; un exposé détaillé de son passage dans les forces armées et de ses activités ultérieures. Chaque fois qu'ils prenaient connaissance de nouvelles données sur Kidd, les psychologues pouvaient modifier leurs réponses sur le questionnaire.

Au terme de cette étude, Oskamp a découvert que le degré de confiance des psychologues à l'égard de leur propre jugement augmentait à mesure qu'ils accumulaient de l'information. Pourtant, leur évaluation de la personnalité de Kidd n'était pas plus précise. Dans l'ensemble, leur score n'a jamais dépassé 30 % de bonnes réponses. « En fait, rapporte Oskamp, leur degré de confiance n'avait aucune commune mesure avec la pertinence de leur jugement[48]. »

On retrouve le même phénomène chez les médecins du service des urgences. Ils recueillent et examinent beaucoup plus d'information que nécessaire, car cela leur donne plus d'assurance – ce dont ils ont grandement besoin lorsqu'il est question de vie ou de mort. Comble de l'ironie, ce même besoin altère la pertinence de leur jugement et de leurs décisions. Leur cerveau déjà rempli à capacité tente d'assimiler de l'information supplémentaire, créant ainsi plus de confusion que jamais.

Reilly et son équipe du Cook County essayaient d'établir une structure qui donnerait libre cours à la spontanéité du service des urgences. Tout comme la règle du consentement fournit un cadre de référence au comédien qui fait de l'improvisation, l'algorithme empêche le médecin d'être submergé d'information. Il lui permet d'envisager toutes les autres décisions qu'il doit prendre sur le moment : si ce patient n'est pas en train de subir une crise cardiaque, de quoi souffre-t-il ? Dois-je pousser l'examen de ses symptômes ou m'occuper d'autres malades qui ont peut-être des problèmes plus graves ? Que dois-je faire pour entrer en relation avec cette personne ? De quoi a-t-elle besoin pour aller mieux ?

« Brendan essaie d'inculquer à son personnel certaines habiletés qui sont négligées dans de nombreux programmes de formation, dit Evans. J'entends par là : prendre le temps de parler au patient, l'écouter attentivement et lui faire un examen complet et méthodique. Il croit que c'est la meilleure façon d'établir un rapport avec une personne, d'en savoir plus sur elle. Selon lui, on ne peut prodiguer de bons soins que si l'on tient compte du contexte familial et social du patient. La plupart du temps, les médecins font fi des aspects sociaux et psychologiques de la maladie.» Reilly est convaincu que le médecin doit voir le patient comme une *personne* et qu'il doit se donner les moyens d'établir avec elle une relation fondée sur le respect et l'empathie. C'est pourquoi il a intérêt à éliminer une partie du stress inhérent à la prise de décision.

Il y a deux importantes leçons à tirer ici. Premièrement, les décisions pertinentes reposent sur un équilibre entre la pensée délibérée et la pensée instinctive. Bob Golomb est un vendeur génial, car il sait reconnaître intuitivement les intentions, les besoins et les émotions de ses clients, tout en résistant à un type particulier de jugement éclair (basé sur l'apparence physique). Les urgentologues de Cook County sont capables de très bien faire leur travail malgré le rythme effréné qu'ils doivent soutenir, car ils peuvent compter sur un outil que Lee Goldman a conçu après des mois d'analyse minutieuse. La pensée réfléchie est un outil merveilleux lorsqu'on a le temps de s'y adonner, qu'on dispose d'un ordinateur et qu'on doit accomplir une tâche clairement définie. De plus, c'est elle qui prépare le terrain pour la compréhension immédiate.

Deuxièmement, en matière de prise de décision, la concision est de mise. John Gottman réduit certains problèmes à leur plus simple expression et démontre que même les relations les plus complexes sont sous-tendues par un schéma reconnaissable. À son tour, Lee Goldman indique que quand on cherche à comprendre ces schémas, moins vaut plus. Selon lui, il ne sert à rien de submerger les décideurs d'information : l'excès de renseignements ne favorise pas la compréhension ; au contraire, elle lui nuit. Pour prendre de bonnes décisions, il faut filtrer.

Lorsqu'on fait du balayage superficiel, qu'on fait des jugements éclair, qu'on reconnaît des schémas, on filtre inconsciemment de l'information. Au moment où Thomas Hoving a aperçu le kouros, son attention a été dirigée vers la *fraîcheur* de la statue. Federico Zeri n'a plus vu que les ongles. Chacun à leur manière, ces deux experts ont écarté toute autre considération sur l'allure de la sculpture et se sont concentrés sur un aspect particulier qui leur a dit tout ce qu'ils avaient besoin de savoir. Je crois que le balayage superficiel connaît des ratés quand le processus de filtrage est perturbé – c'est-à-dire quand on est incapable de filtrer les données, quand on ignore lesquelles il faut filtrer ou quand le milieu empêche de les filtrer.

Sheena Iyengar, la spécialiste des rencontres express du chapitre précédent, a procédé à une expérience intéressante à cet égard. Selon les principes économiques convenus, le consommateur qui fait face à un vaste éventail d'options est plus enclin à acheter, car il a plus de chance de trouver un produit qui lui convient. Pour vérifier cette hypothèse, Iyengar a fait installer un stand de dégustation de confitures exotiques à l'intérieur de l'épicerie haut de gamme Draeger's, à Menlo Park, en Californie. À certaines périodes de la journée, on offrait aux clients d'essayer 6 sortes de confitures, tandis qu'à d'autres moments, on leur en offrait 24.

La chercheure a découvert que 30 % des consommateurs qui se sont arrêtés devant le stand où l'on présentait 6 choix de confitures en ont acheté, tandis que seulement 3 % des gens qui ont essayé les confitures du stand à 24 choix se sont laissé tenter. Pourquoi ? Parce que la décision d'acheter de la confiture se prend spontanément, instinctivement. L'inconscient n'est capable d'envisager qu'un nombre limité d'options à la fois. Et lorsqu'il y a surabondance de choix, il est paralysé. Les jugements éclair peuvent être faits en un rien de temps parce qu'ils sont concis. Si on veut qu'ils continuent d'être efficaces, il faut préserver cette concision.

Voilà ce qu'a compris Van Riper. Son état-major et lui ont bel et bien procédé à une analyse... mais avant l'affrontement. Une fois les hostilités déclenchées, le commandant s'est abstenu de submerger son équipe d'information inutile. Les réunions étaient courtes, et les communications entre le quartier général et les hommes sur le terrain, limitées. Van Riper voulait créer un environnement où la compréhension immédiate était possible. Les Bleus, quant à eux, regorgeaient d'information. Ils disposaient d'une base de données de 40 000 entrées. Ils suivaient tous les mouvements du champ de bataille en temps réel, sur écran géant. Ils pouvaient consulter des experts de tous les secteurs du gouvernement. Grâce à des appareils à la fine pointe de la technologie, ils étaient en communication constante avec les commandants de quatre services militaires. Sur la foi d'une série d'analyses rigoureuses, ils pouvaient prévoir les manœuvres de leur ennemi.

Cependant, dès les premiers coups de feu, toute cette information est devenue un fardeau inutile. « Je comprends que tous les concepts élaborés par les Bleus faisaient partie d'un plan d'action. Mais sur le champ de bataille, je crois que ça compte pour du beurre. La prise de décision intuitive n'est ni meilleure ni pire que la prise de décision analytique. Tout dépend des circonstances. Par exemple, le commandant d'une compagnie de carabiniers coincée par des tirs de mitrailleuses aurait tort de consulter l'état-major. Il devrait plutôt prendre une décision sur-le-champ, la mettre en œuvre et avancer. Si nous avions utilisé les processus des Bleus, toutes nos manœuvres auraient pris deux, voire quatre fois plus de temps. Nous n'aurions attaqué les Bleus que six ou huit jours plus tard. On peut se perdre dans la procédure, car elle divise tout et cache l'ensemble. Prenez la météo. Un commandant n'a pas besoin de connaître le taux de pression atmosphérique, ni la vitesse des vents, ni même le nombre de degrés. Tout ce qu'il veut savoir, c'est le temps qu'il fera. Si on s'emballe pour la production d'information, on finit par se noyer dans les données.»

James Van Riper, le frère jumeau de Paul, a également servi dans la Marine. Au moment de prendre sa retraite, il avait atteint le rang de colonel. Connaissant bien son frère, le colonel Van Riper n'était pas du tout surpris de la tournure des événements dans le cadre du Millennium Challenge. «Certains nouveaux penseurs, dit-il, estiment que, si on dispose de meilleurs renseignements, si on arrive à tout voir, on ne peut pas perdre. Mais, à ce genre d'argument, mon frère rétorque : "Y a-t-il quelque chose qu'on ne voit pas sur un échiquier ? Non, on voit tout. Mais est-ce qu'on est certain de gagner ? Absolument pas, parce qu'on ne sait pas ce que l'adversaire pense." De plus en plus de commandants aspirent à tout savoir ; ils ne démordent pas de cette idée. Mais on ne peut jamais tout savoir. L'équipe des Bleus était gigantesque comparativement à celle des Rouges, mais ça n'a fait aucune différence. Ça me rappelle *Les voyages de Gulliver.* Le géant est paralysé par les règles, les règlements et les procédures, tandis que l'homme miniature se glisse partout et fait bien ce qu'il veut.»

☐ 6. Millennium Challenge, prise 2

Pendant les quelques jours qui ont suivi l'attaque-surprise des Rouges dans le Golfe persique, un silence inconfortable s'est installé dans les locaux du JFCOM. Puis les membres de l'état-major ont réagi. Ils ont remis les compteurs à zéro, les pendules à l'heure... qui leur convenait. Ils ont renfloué leurs 16 navires et ont fait savoir à Van Riper qu'en fin de compte ses 12 missiles balistiques avaient miraculeusement et mystérieusement été anéantis grâce à un nouveau genre de bouclier antimissile. Par ailleurs, le chef des Rouges avait peut-être réussi à éliminer les dirigeants de pays pro-américains dans la région du Golfe, mais ça n'avait aucune importance.

« Le lendemain de l'attaque, se rappelle Van Riper, lorsque je suis entré dans la salle de commandement, j'ai entendu mon second donner à mon équipe une série d'ordres qui, selon moi, n'avaient aucun sens : "Fermez les radars pour ne pas nuire aux Bleus" ou encore, "Déplacez les soldats de terre pour que les marines puissent atterrir sans encombre." Il m'a dit que je ne pouvais pas descendre un V-22, comme j'en avais l'intention. "Qu'est-ce qui se passe ici ?" ai-je demandé. "'Mon commandant, m'a-t-il répondu, j'ai reçu ordre du directeur du programme de donner ces instructions." Le deuxième round était complètement écrit d'avance. Ils étaient résolus à obtenir ce qu'ils voulaient. Sinon, ils n'auraient pas hésité à recommencer jusqu'à ce qu'ils soient satisfaits. »

Dans la deuxième partie du Millennium Challenge, les Bleus ont fait subir une cuisante défaite aux Rouges. Cette fois, il n'y a eu aucune surprise, aucune énigme à résoudre par la perspicacité, aucune manifestation de cette confusion propre au monde réel. Rien n'est venu déranger les plans du Pentagone. À la fin de l'expérience, les analystes du JFCOM et le Pentagone jubilaient. Le mystère de la guerre avait été élucidé et la force armée avait été transformée. Rassuré, le Pentagone pouvait dorénavant porter toute son attention sur la véritable région du Golfe dont la stabilité était menacée par un dictateur voyou. Cet anti-américain notoire bénéficiait d'un réseau d'influence considérable en vertu d'allégeances religieuses et ethniques. On le soupçonnait d'abriter des organisations terroristes. Il fallait neutraliser ce tyran et rétablir l'ordre dans le pays. Rien de plus simple si on faisait les choses dans les règles – en utilisant les CROP, PMESI et autres DIME.

CINQ

Les aléas de Kenna

F ils d'immigrants éthiopiens, le musicien rock Kenna a grandi à Virginia Beach. Son père, diplômé de l'université Cambridge, était professeur d'économie. Chez Kenna, on regardait CNN et Peter Jennings[49], et on écoutait les chansons country de Kenny Rogers. «Mon père, dit Kenna, aime Kenny Rogers parce qu'il fait passer des messages – sur l'argent, la vie, la façon dont fonctionne le monde. Mes parents voulaient que je réussisse mieux qu'eux.» À une certaine époque, l'oncle de Kenna a tenté d'initier son neveu au disco, à la *dance music* et à Michael Jackson, mais le jeune adolescent n'y comprenait rien. Tout ce qui l'intéressait, c'était la planche à roulettes. Il avait construit une rampe dans la cour arrière de la maison familiale et passait des heures à pratiquer avec un copain du voisinage. Un jour, cet ami lui a fait cadeau d'une cassette de U2, *The Joshua Tree*. «Je ne savais pas qu'une telle musique pouvait exister, rapporte Kenna. J'ai tellement fait jouer cette cassette que le ruban s'est brisé. Je devais avoir 11 ou 12 ans. La musique venait de m'ouvrir de toutes nouvelles perspectives.»

Kenna est un grand jeune homme absolument superbe. Avec sa barbiche et son crâne parfaitement lisse, il a l'air d'une rockstar – l'arrogance et l'affectation en moins. Il est affable, poli, réfléchi et étonnamment modeste. Il s'exprime avec le sérieux d'un universitaire. Au début de sa carrière, il a fait la première partie d'un concert du réputé groupe rock No Doubt sans même se présenter. On ne saura jamais s'il s'agissait d'un acte délibéré (sa version) ou d'un oubli (l'interprétation de son imprésario). Ce qui ne l'a pas empêché d'être très apprécié. « Qui es-tu ? » criaient les fans à la fin du spectacle. Avec Kenna, il ne faut jamais s'étonner de rien. C'est ce qui rend sa personnalité aussi intéressante et sa carrière aussi problématique.

Kenna est un pianiste autodidacte. Adolescent, il a appris à chanter en écoutant Stevie Wonder et Marvin Gaye. Un jour qu'il participait à un spectacle d'artistes amateurs, il a, faute d'instruments d'accompagnement, interprété une chanson de Brian McKnight[50] a cappella. Puis il s'est mis à l'écriture de la musique. En raclant les fonds de tiroir, il a pu amasser suffisamment d'argent pour louer un studio où il a enregistré un démo. Ses chansons étaient différentes – pas vraiment étranges, juste différentes. Certains le classent dans la catégorie rhythm and blues, ce qui l'irrite au plus haut point, car il croit qu'on le catalogue ainsi uniquement parce qu'il est Noir. Les sites Internet le placent parfois dans le genre alternatif, parfois dans le genre électronique, parfois même dans la section *inclassable*. Un jour, un audacieux critique de rock a tenté de régler le problème en décrivant sa musique comme un croisement entre le new-wave britannique des années 80 et le hip-hop.

S'il est vrai que la musique de Kenna est difficile à classer, cela ne posait pas vraiment problème au principal intéressé, du moins au début de sa carrière. Grâce à un ami de l'école secondaire, il a fait connaissance avec des représentants de l'industrie de la musique. « Dans ma vie, dit Kenna, le hasard a souvent bien fait les choses. » Au bout d'un certain temps, son démo a atterri dans les mains d'un dénicheur de talents d'une maison de disques avant de parvenir à Craig Kallman, le coprésident d'Atlantic Records.

C'était une chance inouïe. Kallman se décrit lui-même comme un accro de la musique. Il possède une collection de quelque 200 000 albums et CD. Chaque semaine, il reçoit de 100 à 200 chansons de nouveaux artistes, qu'il écoute l'une après l'autre. Dans la plupart des cas, il retire le CD du lecteur au bout de 5 à 10 secondes, car il sait que ça ne vaut pas la peine d'en entendre davantage. Sur le lot, certaines pièces retiennent pourtant son attention. Il lui arrive même, phénomène rarissime, d'être stupéfait. C'est ce qui s'est produit avec Kenna. « J'étais sidéré, se rappelle Kallman. Je me suis dit qu'il fallait que je rencontre ce type. Je l'ai aussitôt fait venir à New York. Il a chanté pour moi, juste là (il indique l'espace devant lui), à moins d'un mètre. »

Un jour, Kenna a fait la rencontre d'un dénommé Danny Wimmer, un collaborateur de Fred Durst, le chanteur du groupe Limpbizkit, qui, à l'époque, figurait parmi les 10 groupes les plus populaires aux États-Unis. Fasciné par la musique de Kenna, Wimmer a immédiatement appelé Durst et lui a fait entendre *Freetime* au téléphone. « Fais-lui signer un contrat ! » s'est exclamé Durst. À son tour, Paul McGuinness, le gérant de U2, le plus grand groupe rock du monde, a fait venir Kenna en Irlande après avoir entendu son disque. Kallman rapporte que lorsqu'il a présenté l'album aux dirigeants des différentes divisions d'Atlantic ils le voulaient tous. « C'est tout à fait inhabituel », précise-t-il.

Par la suite, Kenna a réalisé un vidéoclip pour trois fois rien et l'a présenté lui-même à MTV2, la chaîne des connaisseurs en musique. Les maisons de disques s'estiment très chanceuses si elles réussissent à convaincre MTV – à coup de milliers de dollars en promotion – de diffuser leurs clips à 100 ou 200 reprises. Le clip de Kenna, lui, a été présenté pas moins de 475 fois au cours des mois suivants.

Peu de temps après le spectacle qu'il a donné en première partie du groupe No Doubt, Kenna a reçu un appel du Roxy, une boîte de nuit de Los Angeles réputée dans le milieu de la musique rock. On l'invitait à s'y produire le lendemain soir. Comme il était déjà 16 h 30, le chanteur s'est contenté d'afficher un message sur son site Web pour annoncer le spectacle. « Le lendemain après-midi, se rappelle-t-il, nous avons reçu un appel du Roxy. Tous les billets avaient été vendus. Ils devaient refuser du monde. Je croyais qu'il y aurait au plus une centaine de personnes. Mais la salle était pleine à craquer. Les gens connaissaient les chansons par cœur. J'étais complètement renversé. »

Les spécialistes de la musique – les gens qui dirigent des maisons de disques fréquentent les clubs et connaissent bien l'industrie – aiment Kenna. Ils n'ont qu'à entendre une de ses chansons pour savoir instinctivement que c'est le genre d'artiste qui deviendra populaire auprès du grand public. Mais jusqu'à maintenant, leurs prédictions ne se sont pas réalisées.

Lorsque l'album de Kenna circulait à New York et que des maisons de disques envisageaient de signer un contrat avec lui, sa musique a été soumise à trois études de marché différentes. C'est une pratique courante dans ce milieu. Pour qu'un artiste réussisse, ses chansons doivent passer à la radio. Or, les stations radiophoniques ne prennent aucun risque : elles font uniquement jouer les chansons qui, sur la foi des résultats d'études de marché, seront immédiatement et indéniablement appréciées par la grande majorité des auditeurs. Avant d'engager des millions de dollars pour faire la promotion d'un artiste, une maison de disques préférera en dépenser quelques milliers pour mettre sa musique à ce banc d'essai.

Il existe différentes techniques d'étude de marché. Dans certains cas, les évaluateurs reçoivent les nouveaux CD chez eux ou les écoutent au téléphone. Certaines firmes créent des sites Web où n'importe quel internaute peut écouter de nouvelles chansons et les coter. Au bout du compte, des centaines de gens évaluent des chansons dans le cadre de systèmes qui se raffinent d'année en année. Par exemple, Pick the Hits, un service d'évaluation situé en banlieue de Washington, D.C., fait affaire avec une banque de 200 000 évaluateurs. Selon les critères de cette firme, une chanson destinée à se situer dans les 40 premières places au palmarès (auditeurs de 18 à 24 ans) doit obtenir un score moyen d'au moins 3 sur 4 (où 1 équivaut à « je déteste la chanson » et 4, à « j'adore la chanson »). Elle a alors 85 % de chances de devenir un succès.

Dans le cas de Kenna, les résultats ont été désastreux. Music Research, une entreprise établie en Californie, a remis son CD à 1 200 personnes sélectionnées selon leur âge, leur sexe et leur race, pour une période de trois jours, en leur demandant de l'évaluer sur une échelle de 0 à 4. « La réaction, écrivent poliment les auteurs du rapport d'évaluation de 25 pages, s'est avérée plutôt tiède. » L'une des chansons les plus prometteuses de l'album, *Freetime,* n'a obtenu que 1,3 chez les amateurs de musique rock et 0,8 chez ceux de rhythm and blues. Pour sa part, Pick the Hits a évalué les 10 chansons de l'album, lesquelles ont respectivement obtenu 2 notes moyennes et 8 notes inférieures à la moyenne. La conclusion de cette firme a été plus brutale : « Les chansons de Kenna n'intéressent pas l'auditoire et ne possèdent pas le potentiel nécessaire pour obtenir du temps d'antenne. »

Paul McGuinness, le gérant de U2, croyait que Kenna allait
« révolutionner le monde ». C'était ce que son instinct lui disait.
On aurait pu croire que l'instinct d'un tel expert en musique était
infaillible. Or, il semble que le reste du monde n'était pas d'accord avec lui. Lorsque les résultats de l'évaluation du disque de
Kenna ont été dévoilés, la carrière du chanteur jusque-là promet-
teuse s'est mise à plafonner. Pour que ses chansons jouent à la
radio, il faut qu'on puisse prouver qu'elles plairont au public.
Jusqu'à maintenant, on n'y est pas arrivé[51].

☐ **1.   Un second regard sur les premières impressions**

Dans *Behind the Oval Office*[52], Dick Morris, un spécialiste des
sondages politiques, décrit sa première rencontre, en 1977, avec
le procureur général de l'État d'Arkansas, un ambitieux jeune
homme de 31 ans du nom de Bill Clinton :

« Je lui ai dit que cette idée de sondage m'était venue de mon
ami Dick Dresner, qui travaillait dans le milieu du cinéma. Avant
de lancer un nouveau *James Bond* ou la suite d'un film comme *Les
dents de la mer,* lui ai-je expliqué, les compagnies de production
cinématographique l'embauchent pour qu'il enquête auprès des
spectateurs cibles. Il téléphone à un échantillon de répondants et
leur lit un résumé de l'intrigue ou les slogans préparés par
l'équipe des relations publiques afin d'évaluer lesquels fonction-
nent le mieux. Parfois, il leur présente différents dénouements
pour un même film ou leur décrit différents cadres pour une
même scène en leur demandant de choisir celui qu'ils préfèrent. »

« Et vous appliqueriez ces techniques à la politique ? » m'a
demandé Clinton.

« Il m'apparaît tout à fait possible de faire des sondages pour les publicités politiques, les discours, les arguments entourant les questions politiques, ai-je poursuivi. Après chacune de vos déclarations, nous pourrions demander aux citoyens quelles sont leurs intentions de vote. Nous pourrions ainsi déterminer l'impact de vos arguments, à savoir combien de personnes ils touchent et de qui il s'agit. »

Nous avons discuté pendant quatre heures. Je lui ai montré des exemples d'enquêtes que j'avais réalisées. Nous ne sommes même pas sortis pour le lunch ; nous avons mangé dans son bureau. Il était fasciné par ce processus. Voilà un outil accessible qui lui permettrait de réduire les mystères de la politique à une série d'évaluations et de tests scientifiques.

Lorsque Bill Clinton a été élu président, Morris est devenu son conseiller principal. Nombreux sont ceux qui ont critiqué l'obsession de Clinton pour les sondages, car ils croyaient que le recours constant à cet outil corrompait l'exercice du pouvoir. C'est là un jugement quelque peu sévère. Morris essayait simplement d'appliquer à la politique les notions qui guident l'univers commercial. Les fabricants de films, de savon, d'autos ou de disques veulent savoir ce que l'on pense de leurs produits ; au même titre, nous voulons connaître les réactions mystérieuses et puissantes que nous suscitons.

Les gens de l'industrie de la musique qui aimaient instinctivement les chansons de Kenna ne voulaient pas, eux non plus, se fier à leur seule intuition pour prévoir comment le grand public réagirait à ce produit. Ils croyaient que, dans ce genre de situation, l'instinct fournit des renseignements beaucoup trop aléatoires. Selon eux, il était beaucoup plus sûr de demander aux principaux intéressés – les consommateurs – ce qu'ils pensaient de la musique de Kenna. Ils ont donc procédé à des études de marché.

Mais cette méthode était-elle vraiment fiable ? Si on avait demandé aux étudiants qui ont participé à l'expérience de John Bargh d'expliquer pourquoi ils attendaient patiemment dans le corridor après avoir été conditionnés à être polis, ils en auraient été incapables. Si on avait demandé aux joueurs de l'Iowa de dire pourquoi ils avaient tendance à choisir les cartes du jeu bleu, ils en auraient été incapables – du moins pas avant la 80ᵉ carte. Si on avait demandé aux sujets de Sam Gosling et de John Gottman de décrire leur personnalité, ils n'en auraient pas autant révélé que leur langage corporel, leurs expressions faciales, les livres de leur bibliothèque ou les œuvres d'art affichées sur leurs murs. Les gens sont toujours prompts à justifier leurs propres agissements, mais Vic Braden a démontré que ces explications sont souvent inexactes – et parfois même farfelues –, surtout si elles concernent des opinions et des décisions spontanées qui surgissent de l'inconscient. Dès lors, peut-on vraiment se fier à l'appréciation des consommateurs à l'endroit de chansons, films, arguments politiques qu'ils viennent d'écouter, de voir, d'entendre ? Il est plus compliqué qu'il n'y paraît de savoir ce que les gens pensent d'une chanson rock. Mais les spécialistes en matière de marketing qui dirigent les groupes de discussions ou mènent des sondages semblent l'ignorer. En réalité, pour déterminer si les chansons de Kenna sont effectivement bonnes, il faut explorer davantage la complexité des jugements éclair.

☐ 2. Le Défi Pepsi

Au début des années 80, la société Coca-Cola s'inquiétait beaucoup pour son avenir. Pendant longtemps, elle avait été le chef de file mondial en matière de boissons gazeuses. Mais Pepsi avait commencé à gruger de plus en plus ses parts de marché. En 1972, 18 % des consommateurs de sodas buvaient exclusivement du Coca-Cola, tandis que seulement 4 % ne buvaient que du Pepsi. Mais moins de

10 ans plus tard, cet écart s'était nettement rétréci : 12 % pour Coca-Cola, comparativement à 11 % pour Pepsi. Pourtant, Coca-Cola consacrait annuellement au moins 100 millions de dollars de plus que Pepsi à la publicité, et son produit était beaucoup plus présent sur le marché. Que se passait-il donc ?

À la même époque, Pepsi a lancé son Défi Pepsi, une série d'annonces télévisées confrontant les deux colas. Chaque publicité présentait un test à l'aveugle : un amateur de Coca-Cola devait prendre une gorgée dans deux verres remplis de cola – l'un marqué d'un M et l'autre marqué d'un Q – et indiquer quelle boisson il préférait. Invariablement, il optait pour M, qui s'avérait être du Pepsi.

Les gens de Coca-Cola ont immédiatement réagi en vérifiant ces résultats afin de les réfuter. Mais lorsqu'ils ont procédé à huis clos à leurs propres tests de dégustation à l'aveugle, ils ont dû se rendre à l'évidence : la majorité des sujets – 57 % – préféraient Pepsi. C'était une proportion énorme, surtout dans un univers où les fractions de pourcentage représentent des millions de dollars. Les dirigeants de Coca-Cola étaient dévastés par cette nouvelle. La mystique de la célèbre boisson gazeuse reposait sur une formule secrète, demeurée inchangée depuis ses débuts. Or, des données incontestables semblaient démontrer qu'elle était dépassée.

Coca-Cola a ensuite effectué de nombreuses études de marché dont les résultats n'ont été guère plus encourageants. « Peut-être que ce qui était perçu comme un goût mordant est maintenant perçu comme un goût âpre, avait déclaré à l'époque Brian Dyson, le directeur de l'exploitation de la compagnie. Peut-être que les notions de rondeur et de douceur sont associées à Pepsi. Peut-être que nous n'étanchons plus notre soif comme avant. » Roy Stout, le directeur du service de recherche marketing auprès des consommateurs, prenait les résultats du Défi Pepsi très au sérieux. « Nous

avons deux fois plus de machines distributrices, avait-il déclaré à
l'intention de la haute direction de Coca-Cola, nous disposons de
deux fois plus d'espace dans les rayons des supermarchés, nous
consacrons plus d'argent à la publicité, nos prix sont compétitifs,
et nous perdons du terrain. Pourquoi ? Il est peut-être temps de
remettre le produit en question.» Ce questionnement a marqué le
début de la genèse du *nouveau Coke*.

Les chimistes de Coca-Cola se sont alors mis à l'ouvrage et ont
bricolé la fameuse formule secrète pour obtenir une boisson un
peu plus sucrée, un peu plus légère – finalement, un peu plus
comme Pepsi. Les responsables des études de marché ont immédiatement noté une amélioration significative des résultats des
tests de dégustation à l'aveugle : les sujets appréciaient autant le
nouveau Coca-Cola que le Pepsi. Les chimistes sont retournés
dans leurs laboratoires pour peaufiner le produit.

En septembre 1984, Coca-Cola a recruté des centaines de milliers de consommateurs dans toute l'Amérique du Nord afin de
procéder à de nouveaux tests et constater que le nouveau Coke
battait maintenant le Pepsi de six à huit points de pourcentage.
Ravis, les dirigeants de la société ont donné le feu vert à la production de la nouvelle boisson.

Lors de la conférence de presse soulignant le lancement du
nouveau Coke, le chef de la direction de Coca-Cola, Roberto C.
Goizueta, a dit que la nouvelle boisson était l'aboutissement « de
la stratégie la plus fiable jamais mise en œuvre par la compagnie ».
Rien ne permettait de le contredire. On avait procédé de la
manière la plus simple et la plus directe possible : en demandant
aux amateurs de cola ce qu'ils pensaient du nouveau produit. Le
verdict avait été on ne peut plus clair : ils préféraient – et de loin
– le nouveau Coca-Cola à l'ancien. Le nouveau Coke ne pouvait
faire autrement que réussir sur le marché.

Il a pourtant échoué sur toute la ligne, un véritable désastre. Des protestations ont fusé de tous les coins des États-Unis. La société Coca-Cola a traversé une crise majeure et a été obligée de remettre l'ancienne formule sur le marché en la baptisant Coke Classique. À peine quelques mois après son lancement, le nouveau Coke ne se vendait pratiquement plus.

Aucune des prédictions des études de marché ne s'est réalisée. Non seulement l'éventuel succès du nouveau Coke ne s'est jamais concrétisé, mais la montée soi-disant inexorable de Pepsi n'a jamais eu lieu. Depuis 20 ans, malgré des tests de dégustation à l'aveugle qui indiquent immanquablement que les gens préfèrent Pepsi, Coca-Cola demeure le numéro un mondial des boissons gazeuses. L'histoire du nouveau Coke illustre très bien à quel point il n'est pas simple de comprendre ce que les gens pensent vraiment[53].

□ 3. Au royaume des aveugles, les borgnes sont rois

Le Défi Pepsi était ce qu'on appelle dans l'industrie un test en salle (ou test CLT pour *Central Location Test*). Selon cette technique, les dégustateurs ne boivent pas tout le contenu des cannettes mises à l'essai. Ils ne prennent qu'une gorgée de chaque produit avant d'indiquer celui qu'ils préfèrent. Que se passerait-il, selon vous, si on demandait plutôt aux sujets d'emporter les produits avec eux, d'y goûter à la maison et d'émettre leur opinion après quelques semaines ? Leur appréciation serait différente.

« Pour un même produit, les résultats d'un CLT sont parfois diamétralement opposés à ceux d'un test réalisé à la maison, dit Carol Dollard, qui a travaillé pendant plusieurs années au service de développement des produits chez Pepsi. Lors d'un CLT, les sujets peuvent essayer trois ou quatre boissons, en ne prenant qu'une petite gorgée de chacune. Cela n'a rien à voir avec la consommation de toute la bouteille, chez soi, à son rythme. Parfois, la première gorgée a bon goût, mais pas toute la bouteille. C'est pourquoi les tests effectués à la maison sont les plus fiables. Le consommateur n'est pas dans un contexte artificiel. Lorsqu'il boit le soda chez lui, devant la télévision, il fait une expérience qui est très représentative de ce qu'il vivra quand le produit sera lancé sur le marché.»

Selon Dollard, le test en salle favorise le goût sucré : « Le consommateur qui prend seulement une gorgée préférera le produit au goût plus sucré, dit-il. Mais s'il boit toute la bouteille ou toute la cannette, cette saveur pourra devenir envahissante ou même écœurante.» Comme Pepsi est plus doux que Coca-Cola, il est très avantagé dans un test en salle. Il se caractérise également par un goût citronné – très différent du goût vanille-raisin du Coca-Cola – qui explose littéralement en bouche à la première gorgée, mais se dissipe si l'on boit toute la bouteille. Autrement dit, contrairement à Coca-cola, Pepsi est fait pour briller dans le cadre d'un test en salle. Cela signifie non pas que le Défi Pepsi était une imposture, mais bien que les gens ont deux types de réactions à l'égard des colas : l'une déclenchée après la première gorgée, l'autre, après toute la bouteille. Pour comprendre comment les gens évaluent les colas, il faut donc savoir... ce qu'on cherche à savoir.

Il faut également tenir compte du fait que l'évaluation d'un produit peut être influencée par un phénomène qu'on appelle le « transfert de sensations». Ce concept a été inventé par Louis Cheskin, l'un des grands pontes du marketing du XXe siècle. Né en Ukraine au début des années 1900, Cheskin a immigré aux États-Unis quand il était enfant. Il était convaincu que lorsque les gens envisagent d'acheter un produit au supermarché ou dans un magasin à rayons, ils transfèrent inconsciemment leurs impressions de l'emballage sur le produit lui-même. Autrement dit, ils ne distinguent pas l'emballage du produit ; celui-ci est une combinaison du contenu et du contenant.

Vers la fin des années 40, Cheskin avait été sollicité pour travailler à un produit qui n'était guère populaire : la margarine. Les gens ne voulaient ni en manger ni en acheter, et Cheskin n'arrivait pas à savoir si c'était à cause du produit comme tel ou de ce qui lui était associé. Il a donc décidé de prendre les grands moyens pour le découvrir. Il a invité des groupes de femmes au foyer à participer à des déjeuners-conférences où elles auraient l'occasion de goûter de la margarine. Bien entendu, on leur avait caché le véritable but de ces rencontres afin qu'elles ne laissent pas libre cours à leurs idées préconçues sur le produit. Pour compléter l'illusion, Cheskin avait ajouté du colorant jaune à la margarine, qui était blanche à l'époque. « J'imagine ces femmes avec des petits gants blancs, dit Davis Masten, l'un des dirigeants de la société de consultation que Cheskin a fondée. Avec le repas, on servait des petits carrés de margarine et des petits carrés de beurre et, à la fin de l'événement, on demandait aux invitées d'évaluer les orateurs et les différents mets. Apparemment, le *beurre* ne posait aucun problème. Les études de marché étaient catégoriques : la margarine n'avait pas d'avenir. Louis a prouvé le contraire en examinant les choses différemment. »

Dorénavant, on avait une meilleure idée de ce qu'il fallait faire pour augmenter les ventes de margarine : il fallait la changer de couleur. Mais Cheskin ne s'est pas arrêté là. Il a suggéré à son client d'appeler son produit Imperial, de manière à pouvoir y accoler un logo ayant la forme d'une jolie couronne stylisée. Il lui a également conseillé de l'emballer dans du papier d'aluminium, qui à cette époque était synonyme de qualité. Cheskin était convaincu que, si une personne goûtait deux morceaux de pain accompagnés respectivement d'une petite motte de margarine blanche et d'un petit carré de *beurre* (en réalité, de la margarine colorée) emballé dans du papier d'aluminium, elle préférerait le second même si les deux étaient tartinés avec le même produit[54]. « Naturellement, on ne demande pas aux gens s'ils préfèrent le papier d'aluminium, dit Masten. On les interroge uniquement sur la saveur du produit, et par cette méthode indirecte, on arrive à déterminer quelles sont leurs véritables motivations. »

Il y a quelques années, la société Cheskin a fait une démonstration particulièrement élégante du phénomène de transfert de sensations. Le distillateur Christian Brothers voulait savoir pourquoi, après avoir dominé le secteur du brandy bon marché pendant des années, il s'était mis à perdre du terrain au profit de la société E & J, son plus proche concurrent. Les deux marques de brandy affichaient pourtant des prix semblables, se trouvaient aussi facilement l'une que l'autre en magasin et n'étaient pas moins annoncées l'une que l'autre (en fait, il n'y a pas beaucoup de publicité pour ce genre de produit bas de gamme). Apparemment, rien n'expliquait pourquoi Christian Brothers perdait des parts de marché.

Cheskin a commencé par confronter les deux boissons dans un test de dégustation à l'aveugle, en ayant recours à 200 amateurs de brandy. Comme aucun des deux produits ne s'est démarqué, il a décidé de pousser l'expérience un peu plus loin. « Nous avons réuni un autre groupe de 200 dégustateurs, se rappelle Darrel Rhea, un autre dirigeant de la société. Mais cette fois, il ne s'agissait pas d'un test à l'aveugle : nous avons dit aux sujets quel brandy ils buvaient afin d'induire un transfert de sensations à partir de la marque. Et c'est Christian Brothers qui a obtenu la meilleure note. » Il était clair que les gens préféraient la marque Christian Brothers. Le mystère demeurait entier : si le brandy Christian Brothers était aussi bon que le brandy E & J et que sa marque était plus solide, pourquoi perdait-il des parts de marché ?

« Nous avons convoqué un troisième groupe de 200 sujets, poursuit Rhea, qui ont procédé au test de dégustation avec les bouteilles de brandy sous les yeux. Cette fois, c'est E & J qui a obtenu la meilleure note. Bien entendu, nous n'avons pas demandé aux sujets ce qu'ils pensaient des bouteilles, mais il est clair qu'elles avaient une influence sur l'appréciation du produit. Ce dernier essai nous a permis de mieux cerner le problème de Christian Brothers. Ce n'était pas le produit, ce n'était pas la marque, c'était *l'emballage*. »

Rhea m'a montré une photo des deux bouteilles de brandy telles qu'elles se présentaient à l'époque. Avec son long goulot étroit et sa modeste étiquette ivoire, celle de Christian Brothers avait plutôt l'air d'une simple bouteille de vin. Le carafon de verre fumé d'E & J, pour sa part, était richement décoré, identifié au moyen d'une étiquette foncée et texturée, et scellé avec du papier d'aluminium. Pour vérifier leur hypothèse, Rhea et ses collègues ont effectué une expérience supplémentaire : ils ont servi à 200 autres sujets le brandy Christian Brothers dans la bouteille d'E & J et vice versa. Christian Brothers a remporté cet ultime test haut la main. Il avait maintenant le bon goût, la bonne marque et le bon *emballage*. Christian Brothers a conçu une nouvelle bouteille qui ressemblait davantage à celle d'E & J et a rattrapé ses parts de marché.

Après notre conversation, Masten et Rhea m'ont emmené dans un immense supermarché – de ceux que l'on trouve dans toutes les banlieues des États-Unis – situé tout près de leurs bureaux dans les environs de San Francisco. « Nous avons travaillé dans pratiquement toutes les allées », déclare Masten. « Nous avons testé ce produit, poursuit Rhea en prenant une cannette de Seven-Up. Nous avons présenté plusieurs variantes de la même cannette aux dégustateurs, et nous avons découvert que, si nous ajoutions un peu plus de jaune au vert de l'emballage (dans une proportion aussi faible que 15 %), ils trouvaient le soda plus citronné. Quelques-uns se sont même fâchés. Ils croyaient que nous voulions modifier leur boisson favorite. Pourtant, c'était exactement le même produit. Mais un ensemble de sensations leur avaient été transférées à partir de l'emballage, ce qui, dans ce cas, n'était pas nécessairement souhaitable. »

De la section des boissons gazeuses, nous sommes passés à celle des aliments en conserve, où Masten s'est emparé d'une boîte de raviolis Chef Boyardee. « Il s'appelle Hector, dit-il en désignant la photo du chef sur l'étiquette. Nous connaissons bien cette catégorie de personnages – les Orville Redenbacher et Betty Crocker, ou encore la dame qui figure sur la boîte de raisins secs Sun-Maid. En général, les consommateurs préfèrent le réalisme en matière d'aliments. Ils veulent pouvoir reconnaître un visage, s'y identifier. Ils apprécient davantage les gros plans de visage que les photos en pied. Dans ce cas-ci, nous voulions savoir s'il était possible d'améliorer la perception du goût des raviolis en modifiant l'emblème que représente Hector. Nous avons constaté que c'était risqué. Nous avons fait plusieurs tests, en essayant toute la gamme des représentations, depuis la caricature jusqu'à la photo. Plus la représentation était abstraite – comme dans le cas de la caricature – moins le goût et la qualité du produit étaient bien perçus. »

Masten et Rhea ont continué de m'entretenir sur les significations rattachées aux différentes représentations et aux divers types de contenants. « Les gens disent que les pêches, par exemple, ont meilleur goût si elles sortent d'un pot de verre plutôt que d'une boîte de conserve, dit Rhea. On assiste au même phénomène avec la crème glacée : les consommateurs sont convaincus que la crème glacée est meilleure si elle est dans un contenant cylindrique plutôt que dans un contenant rectangulaire, et ils sont prêts à la payer plus cher. »

En réalité, Masten et Rhea indiquent aux compagnies comment manipuler les premières impressions des consommateurs. Leurs efforts ont de quoi mettre mal à l'aise. Si on améliore un produit – par exemple, en doublant la taille des pépites de chocolat dans la crème glacée –, il paraît justifié d'en augmenter le prix. Mais il semble qu'on trompe les consommateurs lorsqu'on hausse le prix d'un produit uniquement parce qu'on l'a mis dans le contenant qu'ils préfèrent. Pourtant, à bien y penser, les deux situations ne sont pas vraiment différentes l'une de l'autre. Le consommateur est prêt à payer davantage pour une crème glacée dont on a amélioré le goût, et il est persuadé qu'elle a meilleur goût si elle provient d'un contenant cylindrique. En fait, il en est tout aussi convaincu que si on avait augmenté la taille des pépites de chocolat de cette même crème glacée. Bien entendu, dans ce dernier cas, il est conscient de l'amélioration, tandis que dans l'autre, il ne l'est pas. Mais cette distinction importe-t-elle vraiment ? Pourquoi le fabriquant de crème glacée devrait-il uniquement profiter des améliorations dont les acheteurs sont conscients ? Je vous entends me rétorquer qu'il ne devrait pas faire les choses en catimini. Mais ce n'est pas tant le fabricant que l'inconscient qui agit ainsi.

Ni Masten ni Rhea ne croient qu'une compagnie peut réussir à commercialiser un mauvais produit dans un emballage ingénieux, car le goût est primordial. Ils soutiennent plutôt que, lorsqu'on mange un aliment, on réagit non seulement aux données que transmettent les papilles gustatives et les glandes salivaires, mais aussi à l'information communiquée par les yeux, la mémoire et l'imagination. C'est sur la base de cet ensemble de renseignements qu'on décide si on aime ou non le produit en question. Et les fabricants de produits alimentaires auraient tort de chercher à atteindre un seul sens en ignorant les autres.

Dans ce contexte, l'erreur du nouveau Coke est encore plus évidente. Les gens de Coca-Cola ont accordé beaucoup trop d'importance aux tests de dégustation à l'aveugle, dont le principe même est absurde. Ils n'auraient pas dû s'inquiéter autant de ne pas remporter les matchs du Défi Pepsi. Par ailleurs, il n'est pas surprenant de voir que la supériorité de Pepsi aux tests ne s'est pas traduite en un véritable impact commercial. *Dans le monde réel, personne ne boit du cola à l'aveugle.* Lorsqu'une personne boit du Coca-Cola, elle transfère au goût toutes ses idées inconscientes sur la marque, l'image, la bouteille et même le rouge caractéristique du logo de la boisson.

« Les gens de Coca-Cola se sont trompés en attribuant leur perte de parts de marché uniquement au goût, dit Rhea. Ils ont oublié que l'image de marque compte énormément dans leur secteur et ils ont pris des décisions exclusivement en fonction du produit. Pendant ce temps, Pepsi mettait l'accent sur la jeunesse, faisait de Michael Jackson son porte-parole et améliorait constamment son image. Il est vrai que les gens préfèrent les produits plus sucrés lors des tests de dégustation à l'aveugle, mais ce n'est pas ce qui motive leur décision d'achat. Les problèmes de Coca-Cola ont commencé quand les chimistes ont pris les choses en main. »

Est-ce aussi ce qui s'est passé avec la musique de Kenna? Les responsables des études de marché sont convaincus que, pour prévoir le succès commercial d'une chanson, ils peuvent se fier à la réaction d'auditeurs qui l'ont entendue tout au plus une seule fois au téléphone ou sur Internet. Autrement dit, ils croient que les amateurs de musique peuvent procéder au balayage superficiel d'une nouvelle pièce en quelques secondes. Ce n'est pas faux, sauf que ce balayage doit être fait en contexte. Il est possible de diagnostiquer la santé d'une relation conjugale en un simple coup d'œil, mais à condition d'observer le couple discuter d'un sujet pertinent au point de vue conjugal et non jouer au ping-pong. Il est possible de prévoir le risque qu'un médecin soit poursuivi pour faute professionnelle en ne captant qu'une seule bribe de conversation, mais à condition que celui-ci s'entretienne avec un patient. Tous les gens qui ont apprécié Kenna disposaient d'un contexte, qu'il s'agisse des spectateurs du Roxy et du concert de No Doubt, des téléspectateurs de MTV, de Craig Kallman ou de Fred Durst. Juger la musique de Kenna sans contexte équivaut à choisir entre Pepsi et Coke dans un test à l'aveugle.

☐ 4. La chaise de la mort

Il y a plusieurs années, le fabricant de meubles Herman Miller[55] a embauché le designer industriel Bill Stumpf pour qu'il conçoive une nouvelle chaise de bureau. Stumpf avait déjà créé deux chaises pour Herman Miller – l'Ergon et l'Equa – qui, malgré leur succès commercial, l'avaient laissé insatisfait. Il considérait que l'Ergon n'était pas achevée et que l'Equa, quoique plus acceptable selon ses propres critères, avait perdu de son originalité à force d'être copiée. « Cette fois, dit Stumpf, je voulais vraiment innover. » Il a donc inventé l'Aeron. L'histoire de ce fauteuil illustre encore mieux que les cas précédents à quel point il est difficile de mesurer les réactions des gens lorsqu'ils se trouvent devant des objets ou des concepts qui ne leur sont pas familiers.

Stumpf voulait faire la chaise la plus ergonomique possible. Cet aspect le préoccupait déjà lorsqu'il avait conçu l'Equa, mais avec l'Aeron, il est allé plus loin. Il a longuement travaillé le mécanisme reliant le dos de la chaise au siège. Sur une chaise ordinaire, une simple charnière permet d'incliner le dossier vers l'arrière. Mais ce mouvement, différent du mouvement naturel des hanches, met trop de pression sur le dos et fait constamment sortir la chemise du pantalon. Sur l'Aeron, le siège et le dossier sont reliés par un mécanisme complexe qui permet à ces deux parties de bouger indépendamment l'une de l'autre.

Les concepteurs d'Herman Miller voulaient également que la chaise ait des accoudoirs réglables, qu'elle offre le maximum de soutien pour les épaules et qu'elle soit confortable pour les gens qui doivent rester assis pendant de longues heures. Les appuie-bras ont donc été rattachés au dossier plutôt que sous le siège, afin de faciliter leur ajustement. Quant au dossier, il a été conçu de manière à être plus large dans sa partie supérieure. Ces deux caractéristiques étaient inédites à l'époque. « Pour le recouvrement, dit Stumpf, je me suis inspiré des chapeaux de paille et des meubles en osier. J'ai toujours détesté les chaises en mousse recouvertes de tissu. Elles donnent toujours l'impression d'être chaudes et collantes. La peau est un organe qui respire. L'idée d'avoir quelque chose d'aéré comme de la paille me fascinait. » Il a donc fait fabriquer une maille élastique spéciale pour l'Aeron. Ce tissu, tendu sur le cadre de plastique de la chaise, permettait d'en apercevoir les leviers, les mécanismes et les divers appendices.

Chez Herman Miller, on savait que la plupart des consommateurs préfèrent les chaises de bureau prestigieuses : ils veulent quelque chose qui a l'air présidentiel, quelque chose de royal, avec d'épais coussins et un haut dossier imposant. Or, l'Aeron était tout en finesse, un mélange transparent de plastique noir, de bosses, de mailles qui la faisait ressembler à l'exosquelette d'un énorme insecte préhistorique. « En Amérique, dit Stumpf, on associe souvent le confort au La-Z-Boy, le fameux fauteuil à bascule. Les fabricants de voitures allemandes se moquent de nous parce que nous trouvons que les sièges n'ont jamais assez de rembourrage. Nous faisons une fixation sur la douceur, sur le côté moelleux. Pensez à Mickey

Mouse. Sans les gants dont Disney lui a recouvert les pattes avant, personne n'aurait aimé Mickey. Avec l'Aeron, nous allions complètement à l'encontre de cette idée de douceur.»

Au mois de mai 1992, la société Herman Miller a mis des prototypes de l'Aeron à la disposition d'entreprises de l'ouest du Michigan afin de réaliser ce qu'on appelle des essais de résistance à l'usage. Des sujets devaient s'installer dans le fauteuil pendant au moins une demi-journée avant d'en évaluer le confort sur une échelle de 1 à 10 – si 10 équivaut à un confort total, 7,5 est la note en deçà de laquelle on ne lance pas le produit sur le marché. L'Aeron a obtenu un médiocre 4,75. Pour faire une blague, un des responsables de la recherche et du développement chez Herman Miller a mis en couverture de son rapport une photo de l'Aeron accompagnée de la légende suivante: CHAISE DE LA MORT; QUICONQUE S'Y ASSOIT Y RESTE.

Les gens étaient perplexes devant la maille et la mince charpente de l'Aeron. Ils se demandaient si cette chaise était confortable et suffisamment solide pour les soutenir. «Il est très difficile d'amener quelqu'un à s'asseoir sur un fauteuil où quelque chose semble aller de travers, dit Rob Harvey, le premier vice-président de la recherche et de la conception d'Herman Miller à l'époque. Une chaise à l'armature très fine est perçue comme très fragile. De peur qu'elle s'effondre, les gens hésiteront à s'y asseoir. Car s'asseoir est un geste très intime: le corps entre en contact étroit avec une chaise. Plusieurs indices visuels sur la température et la robustesse du meuble orientent donc la perception du confort.» Mais ces appréhensions ont été dissipées dès que les premiers prototypes de l'Aeron ont été retouchés et améliorés; les sujets se sont mis à apprécier de plus en plus la chaise. En fait, lorsque la société Herman Miller a été prête à lancer l'Aeron sur le marché, son taux de confort dépassait les 80%. Voilà pour la bonne nouvelle.

La mauvaise nouvelle maintenant. À peu près tout le monde trouvait que l'Aeron était monstrueuse. « Dès le début, dit Bill Dowell, le directeur de recherche sur l'Aeron, l'esthétique a été jugée inférieure au confort. Ce n'était pas normal. Chaque fois que nous avons testé un fauteuil – et nous en avons testé des centaines –, nous obtenions une corrélation élevée entre le confort et l'esthétique. Mais ce n'était pas le cas avec l'Aeron. L'évaluation du confort a dépassé 8, ce qui est phénoménal, tandis que l'évaluation esthétique se situait autour de 2 ou 3, sans jamais aller au-delà de 6 pour aucun des prototypes. Nous étions à la fois perplexes et anxieux. L'Equa avait fait l'objet de controverses elle aussi, mais on l'avait toujours trouvée belle. »

Vers la fin de 1993, les gens d'Herman Miller ont effectué un dernier test avant de lancer l'Aeron sur le marché. Ils ont organisé une série de groupes de discussion dans tout le pays. Ils voulaient avoir une idée du prix qu'ils pouvaient demander, réfléchir au type de mise en marché qu'ils pouvaient entreprendre et, surtout, s'assurer que le concept même de la chaise était accepté. Le premier groupe consulté – des architectes et différents concepteurs – s'est montré généralement réceptif. « Ces gens comprenaient à quel point la chaise était différente, dit Dowell. Même s'ils ne la trouvaient pas belle, ils voyaient pourquoi elle avait cette allure. »

Le deuxième groupe était composé d'administrateurs d'installations et d'experts en ergonomie, soit les gens qui, au bout du compte, seraient responsables du succès commercial de la chaise. Cette fois, l'accueil a été tout simplement glacial. « Ils ne comprenaient pas du tout l'esthétique de l'Aeron », se rappelle Dowell. Ils ont conseillé à Herman Miller de la recouvrir d'un tissu solide, à défaut de quoi, selon eux, aucune entreprise ne l'achèterait. Ils l'ont comparée à une chaise de jardin, aux anciennes housses de sièges d'auto, au mobilier du film *RoboCop,* à un résidu de matériaux recyclés. « Un professeur de Stanford, poursuit Dowell, appréciait le concept de la chaise et ses fonctions, mais souhaitait être consulté de nouveau une fois que "l'esthétique serait perfectionnée". Derrière le miroir d'observation, nous étions consternés. »

Mettez-vous un moment à la place des dirigeants d'Herman Miller. Vous vous êtes engagé à concevoir une toute nouvelle chaise. Vous avez dépensé beaucoup d'argent pour réaménager votre usine de manière à la doter du matériel nécessaire à la conception d'une maille qui ne pince pas le derrière lorsqu'on s'assoit. Puis vous découvrez que les consommateurs n'aiment pas cette matière, qu'en fait, ils trouvent toute la chaise laide. S'il y a une chose que vos années d'expérience en affaires vous ont apprise, c'est que les gens n'achètent pas des chaises qu'ils trouvent laides. Que faites-vous ? Vous pouvez soit mettre la chaise au rancart, soit la recouvrir d'une belle couche de mousse, soit suivre votre instinct et aller de l'avant.

Les gens d'Herman Miller ont opté pour la troisième solution et ne l'ont pas regretté. Au bout d'un certain temps, l'Aeron a attiré l'attention de quelques avant-gardistes du secteur du design. Elle a remporté un prix à l'Industrial Designers Society of America, a commencé à figurer dans les films et les émissions de télévision, a suscité l'engouement des Californiens, des New-Yorkais, du milieu de la publicité et de la Silicon Valley, et a fini par devenir une espèce d'objet-culte qui convenait parfaitement à l'esthétique simplifiée de la nouvelle économie.

Vers la fin des années 90, les ventes de l'Aeron augmentaient de 50 à 70 % par année. C'était le produit le plus en demande de toute l'histoire d'Herman Miller. Aucun autre fauteuil n'a autant été imité. Tous les fabricants de meubles voulaient faire quelque chose qui ressemblait à l'exosquelette d'un immense insecte préhistorique. Quant à l'évaluation esthétique, elle atteint 8 aujourd'hui. Un objet considéré comme laid est devenu beau.

Comme je l'ai mentionné plus haut, on ne peut pas se fier aux premières impressions issues d'essais de dégustation à l'aveugle pour prévoir la popularité d'une boisson gazeuse, car ce genre de test ne fournit pas un contexte adéquat pour le balayage superficiel. Mais ce n'est pas tout à fait pour la même raison que les premières impressions des consommateurs à l'égard de l'Aeron n'étaient pas fiables. Dans ce cas, ceux-ci interprétaient mal leurs propres sentiments. Ils croyaient détester la chaise, alors qu'en réalité ils n'étaient tout simplement pas habitués à son apparence.

Cela n'est pas vrai de tout ce qu'on trouve laid. Dans les années 50, la voiture Edsel – le célèbre fiasco de Ford – a été boudée par les consommateurs, car ils lui trouvaient un air étrange[56]. Mais contrairement à ce qui s'est passé avec l'Aeron, les fabricants d'automobiles ne se sont pas mis à copier l'Edsel deux ou trois ans après son lancement sur le marché. Cette voiture était laide et l'est restée. Il en va de même de certains films que les gens détestent dès le premier visionnement. Ils les détesteront toujours autant deux ou trois ans plus tard, car un navet est toujours un navet.

L'ennui avec les choses qu'on déteste, c'est que dans le lot se niche une classe de produits qu'en réalité on trouve seulement bizarres. Ils sont déstabilisants. Il faut plus de temps pour s'y accoutumer et comprendre qu'on les apprécie.

« Lorsqu'on est en phase de développement d'un produit, dit Dowell, on est submergé par son concept. On a tendance à oublier que les gens dont on sollicite l'opinion passent très peu de temps avec le produit. Ils n'en connaissent pas toute l'histoire ; leur expérience est sporadique. Ils ont de la difficulté à le projeter dans l'avenir, surtout s'il est très différent. C'est ce qui s'est passé avec la chaise Aeron. À l'époque, les gens avaient une certaine idée de ce qu'une chaise de bureau devait avoir l'air : elle était coussinée et recouverte de tissu. La chaise Aeron, qui était dépourvue de ces deux caractéristiques, ne connotait rien de familier. Peut-être que, dans ce cas, le mot *laid* voulait juste dire *différent.* »

Il arrive souvent que les études de marché ne permettent pas de faire la distinction entre *mauvais* et *différent.* Les deux cas suivants, tirés du secteur du divertissement, en font eux aussi la démonstration. À la fin des années 60, le scénariste Norman Lear a produit l'émission pilote d'une série intitulée *All in the Family.* Cette comédie de situation était radicalement différente de ce qui se faisait pour la télévision à l'époque : le ton était mordant et le contenu social et politique, relativement provocant[57]. Lear a présenté sa série au réseau ABC, qui l'a mise au banc d'essai auprès de 400 sujets triés sur le volet. Installés dans un cinéma de Hollywood, ces téléspectateurs devaient d'abord remplir un questionnaire, puis, au moyen d'un cadran, indiquer si l'émission était *très ennuyeuse, ennuyeuse, correcte, bonne* et *très bonne,* à mesure qu'elle se déroulait. Une fois le test terminé, leurs réactions étaient traduites en une note sur 100. À l'époque, on estimait qu'une dramatique qui obtenait dans les 60 à 70 % avait établi un bon score. Une comédie devait atteindre au moins 75 %. *All in the Family* n'a pas dépassé 45 %. ABC a refusé de diffuser la série.

Lear a ensuite présenté *All in the Family* au réseau CBS, qui a effectué sa propre étude de marché au moyen de son outil de recherche exclusif : le *Program Analyzer.* Pendant qu'ils regardaient l'émission, les téléspectateurs devaient appuyer sur des boutons rouges et verts afin d'enregistrer leurs impressions. Les résultats n'ont été guère plus impressionnants que ceux obtenus au réseau ABC. Le service de recherche de CBS a notamment recommandé aux créateurs de l'émission d'adoucir le personnage d'Archie Bunker. L'émission a quand même été diffusée, car le président de la compagnie, Robert Wood, et le directeur de la programmation, Fred Silverman, l'avaient appréciée. Le réseau ne s'est cependant pas donné la peine d'en faire la promotion. Maître des ondes à l'époque, CBS pouvait se permettre de prendre un tel risque.

La même année, le réseau CBS envisageait de diffuser une autre nouvelle série comique mettant en vedette Mary Tyler Moore. *The Mary Tyler Moore Show* a elle aussi marqué un tournant dans l'histoire de la télévision. Le personnage principal, une jeune femme célibataire du nom de Mary Richards, était intéressée non pas à élever une famille – comme pratiquement tous les personnages féminins télévisuels de l'époque –, mais à faire avancer sa carrière. Encore une fois, CBS a utilisé son *Program Analyzer* pour évaluer les chances de succès de l'émission. Les résultats ont été dévastateurs. Les téléspectateurs jugeaient que Mary était une perdante et que les femmes de son entourage étaient peu crédibles[58]. La seule raison pour laquelle *The Mary Tyler Moore Show* a quand même été diffusée cette saison, c'est qu'elle était déjà prévue à l'horaire. « Si *The Mary Tyler Moore Show* en avait été à l'état de pilote, des commentaires aussi désobligeants auraient sonné le glas pour elle », dit Sally Bedell [Smith] dans sa biographie de Fred Silverman, *Up the Tube*[59].

Les émissions *All in the Family* et *The Mary Tyler Moore Show* sont les équivalents télévisuels de la chaise Aeron. Les téléspectateurs disaient les détester, et pourtant elles ont été parmi les séries les plus populaires de toute l'histoire de la télévision américaine. En réalité, les téléspectateurs les trouvaient choquantes. Malgré toutes leurs techniques, les responsables des études de marché de CBS n'étaient pas capables de faire la distinction entre la haine et l'étonnement.

Bien entendu, les conclusions des études de marché ne sont pas toujours erronées. Si l'émission *All in the Family* avait été plus traditionnelle et si la chaise Aeron avait été une simple variante des autres chaises de bureau, les réactions des consommateurs à leur égard auraient été plus faciles à interpréter. Mais la mise au banc d'essai de produits ou d'idées qui sont vraiment révolutionnaires est une tout autre affaire. Les entreprises qui ont compris cela sont celles qui réussissent le mieux.

On aime les études de marché, car elles fournissent des certitudes – des chiffres, des pourcentages – qui permettent de justifier les décisions. Mais pour les décisions les plus importantes, il n'y a jamais de certitude absolue. La musique de Kenna n'a pas passé le test des études de marché. Et puis après ? C'était un produit nouveau et différent, le type même de musique qui est le plus susceptible d'être mal reçu dans le cadre d'une étude de marché.

☐ 5. Le don de l'expertise

Par un beau jour d'été, j'ai accompagné Gail Vance Civille et Judy Heylmun au restaurant. Ces deux femmes dirigent Sensory Spectrum (littéralement, le Spectre des sens), une entreprise de dégustation du New Jersey. Si la compagnie Frito-Lay, par exemple, désire lancer une nouvelle sorte de tortilla, elle doit savoir où son prototype se situe dans l'univers des croustilles. Est-elle plus ou moins salée que ses autres produits ? Comment se compare-t-elle aux tortillas de Cape Cod, par exemple ? Et ainsi de suite. Civille et Heylmun sont les personnes qui peuvent répondre à ces questions.

Aller au restaurant avec deux dégustatrices professionnelles n'est pas une mince affaire. Après mûre réflexion, j'ai réservé au Madri, un restaurant du centre-ville de Manhattan, le genre d'endroit où le serveur a besoin de plusieurs minutes pour réciter la liste des spéciaux du jour. Très élégantes dans leurs costumes chic, Heylmun et Civille étaient déjà attablées et avaient déjà parlé au serveur lorsque je suis arrivé. Gail m'a récité les spéciaux de mémoire. Les dirigeantes ont longuement délibéré avant de choisir ce qu'elles allaient prendre. Finalement, Judy a opté pour les pâtes avec, en entrée, un potage à la citrouille rôtie, saupoudré de céleri et d'oignon et garni de cubes de citrouille, de graines de citrouille rôties et de sauge frite, le tout se terminant sur une note de crème fraîche et de canneberges braisées au bacon, tandis que Gail a pris une salade, suivie d'un risotto aux moules de l'Île-du-Prince-Édouard et aux palourdes de Manille, le tout se terminant sur une note d'encre de calmar (au Madri, pratiquement chaque mets *se termine sur une note* de quelque chose ou est *réduit* d'une quelconque façon). Lorsque le serveur est venu porter une cuillère à Judy pour sa soupe, Gail lui en a demandé une autre. « Nous partageons tout », explique-t-elle. « Vous devriez nous voir lorsque nous allons au restaurant avec des gens de Sensory, reprend Judy. Chaque convive prend son assiette à pain et la passe aux autres pour goûter à tout. Chacun finit par avoir la moitié de son mets et des morceaux de tout ce que les autres ont choisi. »

Lorsque la soupe est arrivée, les deux femmes y ont plongé leurs cuillères. « Fabuleux ! » s'est exclamée Gail en levant les yeux au ciel. Elle m'a tendu sa cuillère pour que j'y goûte à mon tour. Toutes deux ont avalé leur repas par petites bouchées rapides. Elles n'ont pas arrêté de parler, de faire des blagues, de s'interrompre l'une et l'autre comme de vieilles amies, de faire du coq-à-l'âne. Quoique omniprésente, la conversation n'a jamais fait passer la dégustation au second plan. En réalité, Judy et Gail ne semblaient discuter que pour mieux anticiper la prochaine bouchée – qu'elles avalaient, l'air complètement absorbées. Elles ne font pas que goûter les aliments ; elles y pensent, en parlent, en rêvent. Manger en leur compagnie est comme acheter un violoncelle avec Yo-Yo Ma ou passer chez Giorgio Armani un matin où on se demande quoi porter. « Mon mari a l'impression de participer à un perpétuel "goûto-thon", dit Gail. Ça rend tout le monde fou chez moi. Vous vous souvenez de cette scène au restaurant dans le film *Quand Harry rencontre Sally*? C'est ce que je ressens quand je mange quelque chose de vraiment savoureux. »

Au dessert, nous avions le choix entre la crème brûlée, le sorbet à la mangue et au chocolat ou les fraises au safran accompagnées de glace italienne à la vanille. Après plusieurs minutes d'hésitation, Judy Heylmun a pris la glace italienne à la vanille et le sorbet à la mangue. « La crème brûlée est *le* test dans un restaurant, précise-t-elle. Le secret réside dans la qualité de la vanille. Si celle-ci est frelatée, il est impossible de goûter la qualité des ingrédients. Gail Vance Civille a commandé un espresso. Après la première gorgée, elle a fait une grimace à peine perceptible. « Il est bon, mais pas génial, décrète-t-elle. Il lui manque la texture vineuse, il est un peu trop boisé. »

Judy s'est mise à parler du *retraitement* que subissent les ingrédients dans certaines entreprises de transformation alimentaire. Le retraitement consiste à recycler dans un lot de produits les restes ou les ingrédients inutilisés dans la fabrication d'un lot précédent. « Donnez-moi n'importe quel biscuit ou craquelin, dit-elle, et je peux vous dire non seulement de quelle usine il provient, mais aussi quelle sorte de retraitement on y pratique. » « Hier soir, reprend Gail, j'ai mangé deux biscuits [et elle m'a nommé deux marques importantes]. Je goûtais littéralement le retraitement [elle a fait la grimace]. Il y a maintenant 20 ans que nous développons ces aptitudes. C'est l'équivalent d'une formation en médecine. On est d'abord interne, puis résident. On continue, on se perfectionne jusqu'au jour où l'on peut affirmer objectivement à quel point un aliment est sucré, amer, caramélisé, citronné – et si l'agrume utilisé est du citron, de la limette, du pamplemousse ou de l'orange. »

Judy Heylmun et Gail Vance Civille sont des expertes. Elles ne se seraient pas laissé duper par le Défi Pepsi ni par le test à l'aveugle du brandy Christian Brothers. Elles font la différence entre une saveur qu'elles n'aiment pas du tout et une autre qu'elles trouvent simplement inhabituelle. Grâce à leur expertise, elles comprennent beaucoup plus facilement ce qui se passe dans l'enceinte de leur inconscient[60].

Cette forme de connaissance est le propre des experts. Leurs premières impressions sont *différentes*. Certes, ils peuvent apprécier les mêmes choses que le reste de la population, mais en général, leurs goûts sont plus ésotériques, plus complexes. En fait, seuls les experts sont capables d'expliquer avec justesse leurs propres réactions. Lorsque est venu le temps de prendre une décision à propos de Kenna, les maisons de disques ont donc eu tort de prêter foi aux résultats des études de marché plutôt qu'aux réactions enthousiastes des professionnels du milieu de la musique, des spectateurs du Roxy et des téléspectateurs de MTV2.

Jonathan Schooler – dont j'ai parlé au chapitre précédent – a effectué en collaboration avec Timothy Wilson une expérience qui illustre très bien cette faculté. Pour ce faire, ils se sont basés sur le classement de 44 marques de confiture de fraises (de la meilleure à la moins bonne) qui résultait d'une enquête menée par le magazine *Consumer Reports*[61] avec l'aide d'un groupe d'experts en produits alimentaires. Les deux chercheurs ont soumis les confitures classées aux 1er, 11e, 24e, 32e et 44e rangs – soit les marques Knott's Berry Farm, Alpha Beta, Featherweight, Acme et Sorrell Ridge – à un test de dégustation auprès d'un groupe d'étudiants universitaires.

Ils voulaient ainsi vérifier à quel point l'évaluation spontanée des profanes se rapprocherait de celle des spécialistes qui avaient utilisé des critères très précis quant à la texture et au goût. Ils ont découvert que les deux types d'évaluation présentaient un très haut degré de corrélation (0,55). Comme les experts, les étudiants ont classé Knott's Berry Farm et Alpha Beta loin devant les autres, Featherweight au troisième rang, et Acme et Sorrell Ridge, loin derrière. Ils ont cependant interverti l'ordre des deux gagnantes et des deux perdantes, préférant Alpha Beta à Knott's Berry Farm, et considérant Acme comme la pire des cinq. Cette expérience révèle donc que les profanes savent très bien reconnaître une bonne confiture même s'ils ne sont pas des experts en la matière.

Mais lorsque les profanes doivent expliquer leurs préférences, leurs évaluations sont aberrantes. Wilson et Schooler ont demandé à un second groupe d'étudiants de tester les cinq mêmes confitures et d'expliquer leur classement par écrit. Cette fois, le degré de corrélation entre les deux types d'évaluation s'est avéré très bas (0,11). Par exemple, les étudiants ont classé Knott's Berry Farm – la meilleure confiture selon les experts – à l'avant-dernier rang, et Sorrell Ridge, la moins bonne confiture selon les experts, au troisième rang. Cette expérience rappelle en fait celles décrites au chapitre précédent, où Schooler démontrait que l'introspection détruit l'aptitude à résoudre des problèmes qui nécessitent de la perspicacité. En forçant les gens à penser à la confiture, Wilson et Schooler en ont fait ni plus ni moins que des nuls en la matière[62].

Si le profane sait inconsciemment ce qu'est une bonne confiture, il ne sait pas comment exprimer ce qu'il ressent envers ce produit. D'autant plus qu'on lui demande d'expliquer sa préférence en fonction d'une liste de critères qui n'ont aucun sens pour lui. Sait-il, par exemple, à quoi le terme *texture* fait référence ? Il n'en a certainement aucune idée, ne s'y est sans doute jamais attardé et, selon toute vraisemblance, n'y accorde aucune importance. Mais une fois que l'idée de texture est implantée dans son cerveau, il ne peut faire autrement que d'y réfléchir. Dès lors, il peut décider que la texture d'une confiture donnée est effectivement quelconque, et qu'après tout cette confiture n'a pas si bon goût. D'après Wilson, une personne qui conçoit une raison plausible pour expliquer sa préférence modifiera son véritable jugement de manière à ce qu'il concorde avec sa raison.

Les experts n'ont pas ce genre de problème. Les dégustateurs professionnels ont recours à une terminologie très élaborée pour décrire précisément leurs réactions. Certains produits peuvent être décrits selon 6 dimensions relatives à l'apparence (couleur, intensité, saturation, réverbération, formation de grumeaux, formation de bulles), 10 dimensions relatives à la texture (adhésivité, fermeté, densité, etc.) et 14 dimensions relatives à la saveur, lesquelles se divisent en 3 sous-groupes : arôme (doux, piquant, etc.), goût (salé, sur et sucré) et sensations chimiques (brûlé, piquant et astringent). De plus, les variations de chaque dimension se jaugent selon une échelle de glissance de 15 points. Ainsi, la nourriture pour bébés en pots est peu glissante (2), tandis que le yogourt est moyennement glissant (7,5) et la mayonnaise Miracle Whip, très glissante (13). Chaque produit du supermarché peut être analysé selon différents critères qu'un dégustateur chevronné a intégrés dans son inconscient. « Nous venons tout juste d'évaluer les biscuits Oreo, dit Judy Heylmun. Nous les avons décortiqués en fonction de 90 dimensions relatives à l'apparence, à la saveur et à la texture. » Elle a marqué un temps d'arrêt pendant lequel, je le sentais, elle se remémorait le goût du biscuit. « D'après notre analyse, poursuit-elle, 11 dimensions sont probablement critiques. »

Les réactions inconscientes proviennent d'une enceinte fermée à laquelle on n'a pas accès. Mais avec l'expérience et la formation, on finit par exceller dans l'interprétation et le décodage des jugements éclair et des premières impressions. C'est un peu ce qui se passe lorsqu'on entreprend une psychothérapie : avec l'aide d'un thérapeute, on passe des années à sonder son propre inconscient jusqu'à ce qu'on comprenne comment il fonctionne. Judy Heylmun et Gail Vance Civille ont fait la même chose, à cette différence qu'elles ont analysé ce qu'elles ressentaient non pas à leur propre endroit, mais à l'endroit de choses comme la mayonnaise et les biscuits Oreo.

Tous les experts ont accès, de manière plus ou moins structurée, à cette partie de leur inconscient qui correspond à leur spécialité. Pour comprendre ses réactions instinctives à l'égard des relations conjugales, John Gottman a filmé des milliers de couples, divisé ces enregistrements en courtes séquences et traité les données ainsi obtenues à l'aide d'un ordinateur. Fort de son expérience, il peut maintenant effectuer en toute confiance un balayage superficiel de la relation d'un couple dont il n'entend que des bribes de conversation au restaurant. Contrarié par son incapacité à expliquer comment il arrivait à prévoir les doubles fautes au tennis, l'entraîneur Vic Braden a décidé de faire équipe avec des experts en biomécanique qui lui ont fourni des images numérisées de joueurs en action. En analysant ces images, Braden a pu voir et comprendre ce que son inconscient captait. Thomas Hoving a su que le kouros du musée Getty était faux aussitôt qu'il l'a aperçu, parce qu'au cours de sa vie professionnelle il avait examiné un nombre incalculable de sculptures antiques et avait appris à interpréter les premières impressions qui lui traversaient l'esprit. « Lors de ma deuxième année au MET [Metropolitan Museum of Art de New York], se rappelle-t-il, j'ai eu la chance de travailler avec un conservateur européen qui m'a aidé à répertorier des milliers d'œuvres. Nous avons passé des soirées entières dans la réserve. Nous ne faisions pas que jeter un coup d'œil aux pièces, nous les examinions sous toutes leurs coutures. » En réalité, Hoving était en train de construire une base de données dans son inconscient. Il apprenait à faire le lien entre l'impression qu'un objet produisait chez lui et ce que celle-ci signifiait en matière de style, d'antécédent et de valeur. Chaque fois que nous excellons dans quelque chose qui a de l'importance à nos yeux, l'expérience et la passion changent fondamentalement la nature de nos premières impressions.

En dehors de nos domaines d'expertise, nos réactions ne sont pas systématiquement contestables ; elles sont juste plus fragiles. Elles sont difficiles à expliquer et fondent des arguments qui sont facilement démolis. Bref, elles ne sont pas ancrées dans la véritable compréhension. Pensez-vous que vous pourriez décrire avec précision la différence entre Coca-Cola et Pepsi ? Vous seriez étonné de constater à quel point cela est difficile. Pour comparer les produits de même catégorie, les dégustateurs professionnels utilisent une échelle graduée de 0 à 10, où 10 exprime une différence absolue et 0, une parfaite similitude. Avec une cote de différenciation de 8, des produits comme les croustilles Wise et Lay, par exemple, sont considérés comme nettement différents. « Wise est foncée, explique Judy Heylmun, tandis que Lay est uniforme et légère. » Bien que des produits cotés 5 ou 6 soient assez semblables, il est encore possible de dire ce qui les distingue. Ce n'est pas le cas de Coca-Cola et Pepsi qui, au mieux, sont cotés 4. Dans certaines circonstances, soit quand les boissons ont un peu vieilli, que leur taux de gazéification s'est un peu atténué et que le goût de vanille est devenu un peu plus prononcé, leur cote de différenciation est même inférieure à 4.

Si on demandait au commun des mortels de dire ce qu'il pense du Coca-Cola et du Pepsi, ses explications ne seraient guère utiles. Il pourrait se prononcer sur sa préférence pour l'un ou l'autre des deux produits et faire de vagues commentaires sur le taux de gazéification, la saveur, la douceur et l'acidité. Mais avec une cote de différenciation de 4, seul un expert en matière de colas sera en mesure de saisir les subtilités de chaque boisson et de les distinguer l'une de l'autre.

J'imagine que les amateurs de cola parmi vous se sentent insultés. Vous êtes convaincus que vous pouvez faire la différence entre du Pepsi et du Coca-Cola. Disons que je vous le concède. Mais je vous encourage fortement à faire un test de dégustation à l'aveugle *maison* pour le vérifier. Il se peut très bien que vous réussissiez à identifier les deux boissons si on vous les présente dans deux verres, auquel cas, je vous en félicite. Mais si on vous donne *trois* verres de cola dont deux contiennent le même produit, non seulement vous aurez de la difficulté à déterminer lequel est du Coca-Cola et lequel est du Pepsi, mais je vous mets au défi de repérer simplement la boisson différente des deux autres. Croyez-le ou non, mais cette tâche est incroyablement ardue. En fait, seulement 3 personnes sur 10 réussissent ce test, ce qui n'est guère mieux que l'effet du hasard.

J'ai fait passer le test des trois verres à un groupe d'amis réfléchis et cultivés dont la plupart consomment régulièrement du cola. Aucun d'eux n'a réussi à identifier les différents produits. Très sceptiques devant les résultats, ils m'ont accusé d'avoir triché, m'ont soupçonné d'avoir interverti l'ordre des verres pour rendre le test plus difficile, et ont blâmé les embouteilleurs locaux. Aucun d'eux n'a admis la simple vérité, à savoir que leur connaissance des colas est très rudimentaire.

Le test de dégustation à l'aveugle est relativement facile lorsqu'il confronte deux verres de cola, car dans ce cas, on ne compare que deux premières impressions. Mais si trois verres de cola sont en cause, il faut être capable de retenir et de décrire le goût du premier cola, puis du deuxième. En d'autres termes, il faut transformer une sensation fugace en une expérience permanente, une tâche qui nécessite une connaissance et une compréhension du vocabulaire du goût. Judy Heylmun et Gail Vance Civille peuvent passer ce test haut la main, car grâce à leur expertise leur première impression est persistante. Chez mes amis, la première impression est passagère. Il se peut qu'ils boivent de grandes quantités de cola, mais sans vraiment y *penser*. Ce ne sont pas des experts et, en les forçant à l'être, on leur en demande trop pour ce qu'ils peuvent donner. Leurs commentaires sont dès lors inutiles.

N'est-ce pas ce qui s'est produit avec Kenna ?

☐ 6. « Elles sont dégueulasses avec toi, les compagnies de disques ! »

Après des années de valse-hésitation, Kenna a fini par signer un contrat avec Columbia Records. Il a fait paraître un album intitulé *New Sacred Cow* avant d'entreprendre sa première tournée dans 14 villes des États-Unis. C'était un modeste début : sa prestation, présentée en première partie du spectacle principal, durait 35 minutes. Souvent, les spectateurs n'avaient même pas vu son nom sur l'affiche ; pourtant, ils manifestaient leur enthousiasme dès qu'il se mettait à chanter. À leur tour, les stations de radio universitaires ont commencé à passer les chansons de *New Sacred Cow*, et l'album s'est mis à gravir les échelons du palmarès étudiant. Kenna a également réalisé un vidéoclip qui a été mis en nomination lors d'un concours à VH1[63] et il a fait quelques apparitions à la télévision. Mais sa carrière n'a jamais vraiment décollé, car son *single* n'a pas réussi à faire partie du top 40 de la radio.

C'est toujours la même rengaine. Les Gail Vance Civille et Judy Heylmun du milieu de la musique – notamment, Craig Kallman, Fred Durst et Paul McGuinness – ont aimé Kenna. Les gens qui étaient capables de structurer leurs premières impressions et qui possédaient le vocabulaire pour les expliquer et l'expérience pour les comprendre appréciaient sa musique. Dans un monde idéal, ces évaluations auraient compté plus que les douteux résultats d'études de marché. Mais le monde de la radio n'est pas aussi avisé que le monde des produits alimentaires ou celui des fabricants de meubles tels que Herman Miller. Il privilégie un système qui est incapable de mesurer ce qu'il promet de mesurer.

« Je suppose qu'on a consulté différents groupes types qui ont dit que mon album ne ferait pas un malheur. Les maisons de disques ne veulent pas financer un produit qui ne passe pas ce genre de test, dit Kenna. Mais cette musique ne fonctionne pas de la même façon. Il lui faut de la foi. Or, la foi n'intéresse plus l'industrie de la musique. Je suis à la fois exaspéré et accablé. Je n'en dors plus la nuit. Je ne cesse de penser à ça. Mais au moins je peux jouer, et la réaction des jeunes est prodigieuse. C'est ce qui me donne la force de continuer, de me battre. Ils viennent me voir après les spectacles et me disent : "Elles sont dégueulasses avec toi, les compagnies de disques ! Mais nous sommes là pour t'appuyer et nous en parlons à tout le monde." »

7 secondes dans le Bronx

D|ans le quartier Soundview du Bronx, à New York, il existe une petite rue étroite plantée d'arbres et bordée de voitures garées en double file, l'avenue Wheeler. On y retrouve surtout des immeubles d'habitation de deux étages construits au début du siècle dernier. Plusieurs de ces maisons ont une façade en briques rouges très ouvragée et un escalier extérieur de quatre ou cinq marches menant à la porte d'entrée. Vers la fin des années 90, le trafic de la drogue était florissant à Soundview, particulièrement dans les avenues Westchester et Elder, rues attenantes à Wheeler. Quartier pauvre et ouvrier, Soundview est le genre de secteur recherché par les immigrants car les loyers n'y sont pas chers, et il est situé à proximité d'une bouche de métro. C'est pourquoi Amadou Diallo y habitait.

Diallo était originaire de la Guinée. En 1999, il était âgé de 22 ans et travaillait comme marchand ambulant dans la 14e Rue, à Manhattan. Il vendait des bas, des gants et des cassettes vidéo. D'allure effacée, il mesurait environ 1,68 mètre et pesait 68 kilos. Avec quelques camarades, il vivait dans un appartement situé au deuxième étage du 1157, avenue Wheeler. Le 3 février 1999, il est rentré chez lui un peu avant minuit et a discuté avec ses colocataires, puis il est sorti prendre l'air devant la porte d'entrée de son immeuble. Quelques minutes plus tard, une voiture de police banalisée de marque Ford Taurus s'est engagée dans l'avenue Wheeler. Elle était occupée par quatre hommes de race blanche. Ken Boss, 27 ans, était au volant, tandis que Sean Carroll, 35 ans, était assis sur le siège du passager. Sur la banquette arrière se trouvaient Edward McMellon, 36 ans, et Richard Murphy, 26 ans. Vêtus de jeans et de sweat-shirts, et protégés par des gilets pare-balles et des pistolets semi-automatiques 9 millimètres, ces policiers faisaient partie de l'unité des crimes de rues (*Street Crime Unit*), une division spéciale du service de police de New York dont la responsabilité consiste à faire des rondes de surveillance dans les secteurs troubles des quartiers les plus défavorisés de la ville.

C'est Carroll qui, le premier, a aperçu Diallo. « Regardez ce type, a-t-il dit à ses collègues. Qu'est-ce qu'il fait là ? » Deux pensées lui ont alors traversé l'esprit : peut-être que cet homme faisait le guet pour un voleur qui se trouvait à l'intérieur de l'immeuble ; peut-être qu'il était le violeur en série qui avait hanté le quartier environ un an auparavant, car il correspondait à son signalement. « Il se tenait sous le porche, sans bouger, se rappelle Carroll. Il se penchait pour regarder dans la rue, puis il ramenait la tête vers l'arrière. Puis il recommençait. Il m'a semblé qu'il battait en retraite dans la pénombre du vestibule à mesure que la voiture avançait, comme s'il voulait se cacher. Lorsque nous sommes passés devant lui, je l'ai regardé en me demandant ce qu'il pouvait bien fabriquer. »

Boss a appliqué les freins et a fait marche arrière jusqu'à ce que la voiture soit devant le 1157. Diallo n'a pas bronché – ce qui a tout simplement « renversé » Carroll et lui a mis « la puce à l'oreille ». Carroll et McMellon sont sortis de la voiture. « Police !

a lancé McMellon en montrant son insigne. Pouvons-nous vous dire un mot ?» Diallo n'a pas répondu. Plus tard, on a su qu'il bégayait et que son anglais était approximatif. Il est probable qu'il ait voulu dire quelque chose sans pouvoir émettre un son. Voyant deux costauds à la poitrine gonflée de gilets pare-balles s'avancer vers lui à grandes enjambées dans ce quartier malfamé, à une heure avancée de la nuit, il a dû prendre peur. De plus, quelqu'un de sa connaissance avait apparemment été victime d'un vol à main armée peu de temps auparavant.

Diallo a marqué un temps d'arrêt, puis s'est précipité dans le vestibule, poursuivi par Carroll et McMellon. Selon le témoignage ultérieur des policiers, le jeune homme a atteint la porte intérieure menant aux appartements, pendant qu'il fouillait dans sa poche de son autre main. «Montre-moi tes mains !» a crié Carroll. «Sors tes mains de tes poches, a renchéri McMellon. Ne m'oblige pas à te descendre !» Mais Diallo était de plus en plus agité. Carroll commençait à s'énerver lui aussi, car il lui semblait que le jeune homme se tenait de biais pour cacher ce qu'il faisait avec sa main droite.

«À cette étape, nous étions probablement en haut de l'escalier extérieur. Nous voulions l'attraper avant qu'il disparaisse dans l'immeuble, se rappelle Carroll. Il s'est alors tourné vers nous, la main gauche toujours sur la poignée de porte, la main droite en train de sortir un objet de couleur foncée de sa poche. J'ai eu l'impression de voir la culasse d'une arme à feu. Mon expérience, ma formation, les arrestations auxquelles j'avais procédé auparavant — tout m'indiquait que cet individu sortait un revolver.»

«Une arme ! s'est écrié Carroll. Il a une arme !»

Au lieu d'arrêter son mouvement, Diallo a commencé à diriger l'objet vers les policiers. Carroll a alors ouvert le feu. Il a aussitôt été imité par McMellon qui, en même temps, s'est projeté vers l'arrière et a atterri au bas de l'escalier. Voyant son collègue tomber, Carroll a supposé qu'il avait été touché par Diallo, d'autant plus que des balles ricochaient et semblaient provenir de l'«arme» du jeune homme. Il a donc continué à tirer en visant le centre de sa cible. Des morceaux de ciment et des éclats de bois volaient en tous sens, et l'air était empli d'éclairs de coups de feu.

À leur tour, Boss et Murphy sont sortis de la voiture et ont couru vers l'immeuble. «J'ai vu Ed McMellon être projeté en bas de l'escalier», a déclaré Boss lors du procès des quatre policiers pour homicide involontaire au premier degré et meurtre au deuxième degré. «Il était du côté gauche du vestibule, a-t-il poursuivi, tandis que Sean Carroll se précipitait dans les marches du côté droit. Ed était affolé. Il faisait tout ce qu'il pouvait pour se sortir de là. C'était très intense. Les coups de feu fusaient. Je courais. Et Ed, qui était par terre, qui avait été touché. C'était tout ce que je voyais. Ed tirait. Sean tirait... Puis j'ai vu monsieur Diallo. Il était au fond du vestibule, près de la porte intérieure, contre le mur, accroupi. Il tenait un pistolet. Je me suis dit que j'allais mourir. Je me suis donc mis à faire feu tout en reculant. Puis j'ai sauté vers la gauche pour éviter d'être dans sa ligne de mire... Il avait les genoux repliés, le dos droit, comme pour mieux viser. Il avait l'air d'être en position de combat, la même qu'on nous enseigne à l'académie de police.»

À ce point du récit, l'avocat a interrompu Boss : «Où était la main de M. Diallo?

— Elle était en dehors de sa poche.

— Complètement sortie?

– Complètement.

– Et dans sa main, vous avez vu un objet. Est-ce exact ?

– Oui. Et j'ai pensé que c'était une arme… Je voyais un pistolet. J'étais convaincu de voir un pistolet. Pendant cette fraction de seconde, au milieu des coups de feu, de la fumée, avec Ed McMellon couché par terre, j'ai pensé que M. Diallo tenait un fusil, qu'il venait de tirer sur Ed et que j'étais la prochaine cible. »

Carroll et McMellon ont vidé chacun leur chargeur sur Diallo – 32 coups au total, Boss en a tiré 5, Murphy, 4. Le silence est tombé. Revolver en main, les policiers ont gravi les marches de l'escalier et se sont penchés sur Diallo. « J'ai vu sa main droite, s'est rappelé Boss plus tard. Elle était éloignée de son corps, la paume ouverte. Et là où il aurait dû y avoir une arme, il y avait un portefeuille… Il n'y avait pas de foutu revolver ! »

Boss s'est mis à courir, éperdu, vers l'avenue Westchester. Il ne savait plus où il était. Plus tard, quand les ambulanciers sont arrivés, il était tellement bouleversé qu'il n'arrivait pas à parler. Assis sur les marches près du corps criblé de balles de Diallo, Carroll sanglotait.

☐ 1. 3 erreurs fatales

L'opinion que nous nous faisons d'autrui constitue sans doute la forme de compréhension immédiate la plus courante – et la plus importante. Chaque fois que nous sommes en présence d'une autre personne, nous nous mettons à imaginer ce qu'elle pense et ressent. Si elle dit « je t'aime », nous la regardons aussitôt dans les yeux pour vérifier si elle est sincère. Lorsque nous rencontrons quelqu'un pour la première fois, nous ne pouvons nous empêcher d'être à l'affût de toutes sortes de signaux subtils pour savoir si nous lui plaisons vraiment ou pas, malgré son ton amical, inamical ou neutre.

Nous interprétons facilement les expressions du visage. Si vous me voyez sourire, les yeux pétillants, vous saurez que je suis amusé. Si je hoche la tête, les lèvres pincées et étirées dans un sourire exagéré, vous saisirez que je suis en train de répondre à une taquinerie de façon sarcastique. Si j'adresse un petit sourire à quelqu'un avant de détourner rapidement le regard, vous en déduirez que j'étais en train de flirter. Si je souris brièvement tout en hochant la tête ou en la penchant de côté, vous comprendrez que je cherche à me repentir. Vous n'avez même pas besoin d'entendre ce que je dis pour tirer ces conclusions. Vous y *penserez sans même y réfléchir*.

Si vous vous approchez d'un enfant d'un an qui est en train de jouer par terre et que vous lui couvrez les mains avec les vôtres, il lèvera aussitôt la tête pour vous regarder. Il sait d'instinct qu'il pourra trouver une explication sur votre visage. Cette pratique qui consiste à déduire les motivations et les intentions d'autrui à partir des indices qui apparaissent fugitivement sur son visage est un cas classique de balayage superficiel. Habituellement, on y excelle, car aucune autre impulsion n'est plus fondamentale ni automatique. Pourtant, aux petites heures du matin du 4 février 1999, les quatre policiers qui patrouillaient l'avenue Wheeler ont échoué à cette tâche élémentaire. Ils n'ont pas su lire sur le visage de Diallo.

Lorsque Carroll a vu Diallo, il s'est demandé ce qu'il fabriquait là. La réponse est que Diallo prenait l'air. Mais Carroll l'a jaugé d'un seul coup d'œil et a décidé qu'il avait l'air suspect. Première erreur. Ensuite, Carroll s'est dit « renversé » de voir que Diallo ne bronchait pas quand la voiture de police s'est garée devant lui le long du trottoir. *Qui était cet effronté qui ne s'enfuyait pas à la vue de la police ?* Diallo n'était pas effronté ; il était simplement curieux. Deuxième erreur. Enfin, lorsque Diallo s'est tourné légèrement de côté pour fouiller dans sa poche, Carroll et Murphy ont, en une fraction de seconde, jugé qu'il était dangereux. Mais en fait, il était terrifié. Troisième erreur.

Habituellement, on n'a qu'à jeter un coup d'œil à un individu pour juger s'il a l'air suspect ou non, effronté ou curieux, terrifié ou dangereux. Quiconque arpente la rue la nuit procède sans arrêt à ce genre d'évaluations instantanées. Pourquoi cette faculté élémentaire a-t-elle fait défaut aux policiers Boss, Carroll, McMellon et Murphy ? Quand on y songe, cela n'a rien d'extraordinaire. Il arrive qu'on se trompe lorsqu'on essaie de lire sur le visage d'autrui, d'interpréter ses pensées. Ces méprises sont à l'origine de bien des désaccords, disputes, malentendus et vexations. L'ennui avec celles du soir du 3 février 1999, c'est qu'elles ont été fatales.

Pendant les semaines et les mois qui ont suivi la fusillade de Diallo, la population a cherché à comprendre ce qui s'était passé. Deux points de vue extrêmes se sont affrontés. Pour certains, il s'agissait d'un horrible accident, une conséquence inévitable du travail de policiers amenés à prendre des décisions impliquant la vie ou la mort dans des circonstances incertaines. C'est d'ailleurs la conclusion à laquelle sont arrivés les membres du jury dans le cadre du procès des quatre policiers, car ils les ont acquittés des accusations de meurtre qui pesaient sur eux. Mais les tenants du camp adverse voyaient plutôt une manifestation évidente de racisme dans la mort de Diallo. Ils ont protesté dans tous les coins de la ville. Diallo a été élevé au rang de martyr. L'avenue Wheeler a été rebaptisée Amadou Diallo Place. Bruce Springsteen a même écrit et interprété en son honneur la chanson *41 Shots,* dans laquelle il dit qu'on peut se faire tuer du simple fait d'être Américain (« *You can get killed just for living in your American skin* »).

Aucune de ces deux explications n'est satisfaisante. On n'a pas pu prouver que les quatre policiers étaient méchants ou racistes ou encore qu'ils en voulaient à Diallo. Mais on aurait tort de décrire cette fusillade comme un simple accident, car la conduite des policiers n'a pas été vraiment exemplaire. Les quatre hommes ont fait de grossières erreurs de jugement, à commencer par le fait de soupçonner un homme qui prend l'air devant sa propre maison d'être un criminel potentiel.

La fusillade de Diallo se trouve dans une zone grise – entre l'acte délibéré et l'accident. C'est souvent dans cette région qu'on se situe lorsqu'on interprète mal la pensée des autres, qu'on lit mal leurs expressions faciales. Ces méprises ne sont pas toujours aussi flagrantes et spectaculaires que d'autres erreurs de compréhension immédiate, mais elles sont complexes et étonnamment fréquentes. Ce qui s'est produit dans l'avenue Wheeler en février 1999 est le cas parfait pour comprendre comment l'être humain interprète la pensée d'autrui et comment il peut parfois se tromper royalement.

☐ 2. La lecture des expressions faciales – Aspects théoriques

La plus grande partie des ouvrages sur l'interprétation de la pensée d'autrui ont été écrits par deux scientifiques remarquables : Silvan Tomkins et son disciple Paul Ekman. Né à Philadelphie au début du XXᵉ siècle, Tomkins était trapu, avait une épaisse crinière de cheveux blancs et portait d'énormes lunettes à monture de plastique noir. Il enseignait la psychologie à Princeton et à Rutgers, et a écrit *Affect, Imagery, Consciousness*[64], un ouvrage en quatre volumes extrêmement denses. Ses lecteurs se divisent en deux groupes : ceux qui l'ont compris et le trouvent brillant et ceux qui ne l'ont pas compris et le trouvent brillant. Tomkins était un incorrigible bavard. Lors de cocktails, les gens se massaient autour de lui, suspendus à ses lèvres. Il pouvait discourir pendant des heures sans reprendre haleine sur des sujets aussi variés que la bande dessinée, les séries télévisées, la biologie de l'émotion, ses problèmes avec Kant et son enthousiasme pour le dernier régime à la mode.

Tout en faisant ses études de doctorat à Harvard, pendant la grande dépression, Tomkins travaillait comme pronostiqueur pour un consortium de courses de chevaux. Cette activité lui rapportait tellement qu'il pouvait se permettre de vivre somptueusement dans l'Upper East Side de Manhattan. Il passait des heures au champ de courses à observer les chevaux dans les lentilles de ses jumelles. « Il avait tout un système pour prévoir la performance des chevaux, se souvient Ekman. C'était basé sur leurs relations affectives. » Par exemple, si un étalon d'un an ou deux ans avait perdu une course contre une jument, il n'aurait plus aucune chance de gagner s'il se trouvait de nouveau à côté d'une jument à un bloc de départ (ou quelque chose du genre – personne n'a jamais vraiment su ce qu'il en était exactement).

Tomkins était convaincu que le visage d'une personne fournissait de sérieux indices sur son état émotif et ses motivations. Apparemment, il lui suffisait de jeter un coup d'œil à la photo d'un suspect recherché par la police pour savoir quel crime il avait commis. « Il regardait l'émission *To Tell the Truth*[65], se rappelle son fils Mark, et il réussissait toujours à démasquer les imposteurs. Il a écrit au producteur pour lui dire que sa formule était trop facile, et l'homme l'a fait venir à New York à titre de conseiller. » Virginia Demos, qui enseigne la psychologie à Harvard, se rappelle les longues conversations téléphoniques qu'elle a eues avec Tomkins lors du congrès du parti démocrate, en 1988. « Pendant que nous parlions, dit-elle, il baissait complètement le son de sa télé si deux candidats discutaient ensemble – par exemple,

Jesse Jackson et Michael Dukakis. Il faisait des prévisions sur la suite des événements à partir de leurs expressions faciales. Il se trompait rarement. C'était impressionnant. »

Paul Ekman a fait la connaissance de Tomkins au début des années 60. Jeune bachelier en psychologie, Ekman s'intéressait à l'étude des expressions faciales. Selon les psychologues de l'époque, les expressions du visage étaient culturelles, c'est-à-dire qu'elles étaient déterminées par un ensemble de conventions sociales acquises. Silvan Tomkins pensait le contraire. Ne sachant qui croire, Ekman a décidé de se faire sa propre idée en voyageant au Japon, au Brésil, en Argentine et en Extrême-Orient. Il a emporté avec lui des photographies d'hommes et de femmes affichant diverses expressions qu'il a montrées aux natifs de ces pays et, dans certains cas, aux membres de sociétés primitives. À sa plus grande surprise, tous ces gens se sont entendus quant à la signification à donner à ces expressions. Tomkins avait donc raison.

Ekman avait réussi à mettre la main sur des centaines de mètres de pellicule d'un film tourné par le virologiste Carleton Gajdusek[66] au fin fond de la Papouasie-Nouvelle-Guinée. Certaines séquences montraient le peuple Fore, un groupe paci-fique et amical, tandis que le reste de la pellicule avait servi à filmer les Kukukuku, un groupe guerrier et meurtrier au sein duquel les garçons prépubères devaient se prêter à un rite d'ini-tiation sexuelle en agissant comme courtisans auprès des aînés. Ekman et son collaborateur, Wallace Friesen, ont passé six mois à trier les séquences pour faire un montage des visages en gros plan et comparer les expressions faciales de ces deux tribus.

Peu de temps après, Ekman a reçu Tomkins dans son laboratoire de San Francisco et lui a fait voir son montage. Tomkins ignorait tout des deux tribus, et le film ne pouvait aucunement le renseigner sur leurs mœurs respectives, car toutes les scènes contextuelles avaient été retranchées. Il a regardé l'enfilade de gros plans des visages avec une extrême concentration, puis s'est approché de l'écran. « Ce sont des gens doux, très indulgents, très pacifiques », a-t-il déclaré, en désignant les membres de la tribu Fore. « Eux, par contre, a-t-il poursuivi en pointant le doigt vers les visages des Kukukuku, sont des gens violents. Plusieurs données suggèrent l'homosexualité. » Même aujourd'hui, près de 35 ans plus tard, Ekman n'en revient pas. « J'étais renversé, se souvient-il. "Silvan, lui ai-je demandé, comment diable faites-vous cela ?" Nous avons fait reculer le film au ralenti, et Tomkins m'a montré les rides et les renflements des visages qu'il utilisait pour établir son jugement. Je me suis alors rendu compte qu'il fallait analyser les expressions faciales, car c'était une mine d'or d'information insoupçonnée. Si ce type pouvait les interpréter, peut-être que d'autres pouvaient le faire. »

Ekman et Friesen ont alors décidé d'établir une nomenclature des expressions faciales. Après avoir fouillé différents manuels médicaux, ils ont répertorié les 43 mouvements que les muscles du visage peuvent exécuter et les ont baptisés *unités d'action* (u.a.). Puis, pendant plusieurs jours, ils se sont assis l'un en face de l'autre et ont entrepris de tester chaque unité d'action. Ils commençaient par situer le muscle, avant de le faire bouger à tour de rôle, puis individuellement, devant un miroir. Lorsqu'ils étaient incapables de contracter un muscle, ils allaient au département d'anatomie, où un chirurgien de leur connaissance leur plantait une aiguille dans le visage et stimulait électriquement le rebelle. « Ce n'était pas du tout agréable », se rappelle Ekman. Ils ont filmé chacun de ces mouvements sur vidéocassette et les ont consignés dans un registre aux fins de consultation.

Une fois que Friesen et Ekman ont maîtrisé ces unités d'action, ils se sont mis à les combiner, une tâche qui leur a pris sept ans. « Deux muscles produisent 300 combinaisons, dit Ekman, et 3 muscles, plus de 4 000 combinaisons. Nous nous sommes rendus aux combinaisons de 5 muscles, avec pour résultats plus de 10 000 configurations faciales perceptibles.» Naturellement, la plupart de ces 10 000 expressions faciales ne signifient pas grand-chose. Elles correspondent aux mimiques absurdes que font les enfants. Mais les deux chercheurs ont réussi à en répertorier 3 000 qui semblent avoir une signification. Ils ont ainsi dressé l'inventaire des manifestations affectives du visage humain.

Paul Ekman est maintenant âgé d'une soixantaine d'années. Rasé de près, il a les yeux rapprochés et d'épais sourcils. Il est de taille moyenne, mais il donne l'impression d'être beaucoup plus imposant. Il y a chez lui quelque chose d'obstiné et de substantiel. Fils de pédiatre, il a grandi à Newark, au New Jersey, et a été admis à l'université de Chicago à l'âge de 15 ans. Il parle posément et marque toujours un temps d'arrêt avant de rire, comme s'il attendait une quelconque permission. C'est le genre de personne qui numérote ses arguments – rien d'étonnant à ce que ses articles scientifiques soient aussi méthodiques. En réalité, à la fin d'un essai rédigé par Ekman, il ne reste plus la moindre objection, car elles ont toutes été prises en compte et cataloguées.

J'ai rencontré Ekman dans la maison victorienne délabrée qu'il occupe depuis le milieu des années 60 sur le campus de l'université de la Californie à San Francisco, où il est titulaire d'une chaire. Il s'est mis à examiner avec moi les configurations d'unités d'actions qu'il avait apprises jadis. Il se tenait légèrement penché vers l'avant, les mains sur les genoux. Sur le mur derrière lui étaient suspendues les photos de ses deux idoles : Silvan Tomkins et Charles Darwin. «N'importe qui peut exécuter une unité d'action 4 », a-t-il déclaré, pendant qu'il fronçait les sourcils, en utilisant son *depressor glabellae* (le muscle abaisseur de la glabelle), son *depressor sourcilii* (son muscle abaisseur des sourcils) et son *corrigator supercilii* (son muscle sourcilier). «Même chose pour l'u.a. 5 », a-t-il poursuivi en contractant son muscle élévateur de la paupière supérieure. « Mais certains ne sont pas capables de faire une u.a. 9 », a-t-il dit en fronçant le nez, au moyen de son muscle élévateur de la lèvre supérieure.

Pendant que je m'efforçais de faire les mêmes mouvements qu'Ekman, il m'a fait remarquer que je possédais très bien l'u.a. 5. « Plus les yeux sont enfoncés dans leurs orbites, a-t-il expliqué, plus il est difficile de l'exécuter. » Il a louché pour me montrer ce que donnait l'u.a. 7, puis souri en contractant le muscle zygomatique pour réaliser l'u.a. 12. « L'élévation de la partie interne des sourcils (u.a. 1), a-t-il repris, signifie la détresse, l'angoisse, tandis que l'élévation de la partie externe des sourcils (u.a. 2) est très difficile à effectuer et n'a de signification qu'au théâtre kabuki. L'u.a. 23, le rétrécissement des lèvres, est un signe très fiable de colère et très difficile à accomplir volontairement. Bouger une oreille à la fois est pratiquement impossible à faire. Mais si je me concentre suffisamment, j'y arrive. Ça me prend toute mon énergie. [Rires.] C'est quelque chose que ma fille me demande toujours de faire devant ses amis. Voyons voir. » L'une après l'autre, Ekman a effectivement fait bouger ses oreilles. Il est tout bonnement stupéfiant de voir un homme aussi peu expressif – en temps normal, il a l'air d'un psychanalyste attentif et impassible – transformer son visage aussi rapidement.

« Je suis incapable de faire l'u.a. 39, a-t-il déclaré. Heureusement, un de mes étudiants qui poursuit ses études postdoctorales réussit à la faire. C'est le contraire de la dilatation des narines (u.a. 38). C'est le muscle qui abaisse les narines qui est sollicité. » Il m'a regardé, m'encourageant silencieusement à tenter ce mouvement. « Oh ! Vous avez une fantastique 39, s'est-il exclamé, l'une des meilleures que j'ai jamais vues. C'est génétique. D'autres membres de votre famille doivent aussi posséder ce talent sans le savoir. Vous l'avez, vous l'avez ! [Rires.] Vous devriez l'essayer dans les bars de rencontre ! »

Ekman s'est mis à agencer différentes unités d'action pour m'exhiber des expressions faciales plus compliquées qu'on reconnaît généralement comme des émotions. Le bonheur, par exemple, est essentiellement une combinaison des u.a. 6 et 12, soit la contraction du muscle élévateur de la joue – l'orbiculaire des paupières (*orbicularis oculi, pars orbitalis*) – conjuguée à la contraction du muscle zygomatique, qui élève le coin des lèvres. La peur est une combinaison des u.a. 1, 2 et 4, ou plus exactement des u.a. 1, 2, 4, 5 et 20, avec ou sans les u.a. 25, 26 et 27. Elle se manifeste par la contraction des muscles élévateur du sourcil interne, élévateur du sourcil externe, abaisseur du sourcil, élévateur de la lèvre supérieure, abaisseur des lèvres, risorius (qui permet de les étirer) et masséter (qui abaisse la mâchoire). Le dégoût, pour sa part, s'exprime principalement par l'u.a. 9, le froncement du nez (*levator labii superioris alaeque nasi*), mais aussi parfois par l'u.a. 10, accompagné ou non des u.a. 15, 16 ou 17.

Ekman et Friesen ont produit un système de codification des mouvements faciaux (le FACS, pour *Facial Action Coding System*), un ouvrage de 500 pages qui répertorie de nombreuses combinaisons des 43 u.a. de base, ainsi que les règles pour les lire et les interpréter. Il s'agit d'un document étrangement fascinant, rempli de détails tels que la variation de la texture de la peau entre les yeux et les joues (renflements, poches et rides), la série des mouvements possibles des lèvres (élongation, rétrécissement, étirement, etc.), la distinction cruciale entre les sillons sous-orbitaires et les sillons naso-labiaux, etc.[67].

Des gens de divers horizons utilisent le FACS : le psychologue John Gottman – un collaborateur de longue date d'Ekman –, dans son analyse des relations conjugales ; des chercheurs qui se penchent sur diverses maladies, depuis la schizophrénie jusqu'à la cardiopathie ; des réalisateurs de films d'animation – notamment ceux produits par les sociétés Pixar et Dream Works dans le cadre des films *Toy Story* et *Shrek*. Il faut des semaines pour maîtriser le contenu du FACS, et seulement 500 personnes dans le monde sont autorisées à s'en servir pour effectuer leurs travaux de recherche. Celles qui possèdent cette connaissance ont entre les mains un outil extraordinaire pour comprendre les messages non verbaux qu'elles reçoivent.

Pendant notre entretien, Ekman s'est rappelé la première fois qu'il avait vu Bill Clinton. C'était pendant les primaires de 1992. «En le voyant faire différentes mimiques, dit-il, j'ai dit à ma femme qu'il était malicieux comme un petit garçon. J'ai baptisé une de ses expressions préférées *Vous-me-prenez-la-main-dans-le-sac-mais-vous-m'aimez-quand-même-car-je-suis-un-coquin.*» C'est une combinaison des u.a. 12, 15, 17 et 24, accompagnée d'un roulement d'yeux. Ekman s'est concentré pendant un moment, puis a contracté son muscle zygomatique, tout en pinçant légèrement les lèvres et en les tirant vers le bas, en haussant le menton et levant rapidement les yeux au ciel – c'était comme si Bill Clinton lui-même était soudainement dans la pièce.

«Je connaissais quelqu'un dans l'équipe des communications de Clinton, reprend Ekman. Je lui ai dit que Clinton affichait une certaine expression qui signifiait qu'il était un *mauvais garçon* et qu'à mon avis cela pourrait lui nuire. S'il le voulait, je pourrais lui apprendre en deux ou trois heures à s'en débarrasser. Mais la personne en question m'a répondu que Clinton ne pouvait pas prendre le risque d'être vu avec un expert en mensonges.» Il était évident qu'Ekman appréciait Clinton et aurait préféré que son expression faciale soit un tic inoffensif. «Malheureusement pour lui, dit-il en haussant les épaules, je suppose qu'il voulait être pris.»

☐ 3. Le visage à découvert

Il est clair que pour Ekman les expressions faciales constituent une source d'information considérable sur les émotions. Mais le chercheur va plus loin. Selon lui, le visage d'une personne ne se contente pas de traduire ses sentiments, il peut en être la source.

Ekman et Friesen ont commencé à admettre cette idée un jour qu'ils examinaient mutuellement leurs expressions faciales de colère et de détresse. « Il s'est passé des semaines avant qu'un de nous deux reconnaisse que de telles séances le déprimaient, dit Friesen. L'autre a aussitôt reconnu qu'elles lui faisaient le même effet. Nous avons donc commencé à tenir compte de ces sentiments *induits* en enregistrant les réactions de nos organismes pendant certains mouvements faciaux. »

« Prenons la combinaison des u.a. 1, 6 et 15 », poursuit Ekman en levant les joues et les sourcils internes et en abaissant les coins des lèvres. « À elle seule, cette expression d'angoisse suffit à provoquer des changements importants dans le système nerveux végétatif. Nous étions renversés par cette découverte tout à fait inattendue. Cela signifiait que nous pouvions produire de la tristesse, de l'angoisse. Quant à la combinaison des u.a. 4, 5, 7 et 24 (il l'a reproduite en baissant les sourcils, en levant les paupières supérieures, en fronçant les yeux et en pinçant les lèvres), elle produit de la colère. Cette expression fait augmenter mon rythme cardiaque de 10 à 12 battements à la minute et rend mes mains plus moites. C'est ce que je ressens en ce moment même. C'est très déplaisant, très déplaisant. »

Ekman, Friesen et Robert Levenson, un collaborateur de John Gottman (le monde de la psychologie est petit), ont décidé de documenter ces effets de façon plus systématique, en faisant une expérience. Ils ont formé deux groupes de sujets qu'ils ont rattachés à des appareils mesurant la température du corps et le rythme cardiaque, fonctions physiologiques qui varient en cas de colère, de tristesse et de peur. Les sujets du premier groupe avaient pour consigne de se souvenir d'expériences particulièrement stressantes, tandis que ceux du second groupe devaient se contenter de faire des mimiques de colère, de tristesse et de peur. Les deux groupes ont pourtant eu les mêmes réactions physiologiques et vécu les mêmes émotions.

Quelques années plus tard, une équipe de psychologues allemands a mené une étude semblable en demandant à deux groupes de sujets de regarder un même film d'animation. Pendant le visionnement, les sujets du premier groupe devaient maintenir un crayon entre leurs lèvres, un mouvement qui rend impossible la contraction du risorius et du zygomatique, les deux principaux muscles du sourire. Ceux du second groupe devaient, pour leur part, tenir un crayon entre leurs dents, ce qui, au contraire, les forçait à sourire. Ces derniers ont trouvé le film beaucoup plus drôle.

Ces résultats ont de quoi laisser sceptique, car on tient pour acquis qu'une émotion est d'abord et avant tout une expérience intérieure qui éventuellement se reflétera sur le visage. On croit que le visage exprime le résidu de l'émotion. Les recherches ci-dessus démontrent pourtant que l'émotion progresse également dans le sens opposé et qu'elle peut *commencer* sur le visage. Celui-ci n'est pas le tableau d'affichage des sentiments profonds. C'est leur associé à part entière dans le processus affectif. Voilà une considération qui a d'énormes implications pour l'interprétation des sentiments, motivations et émotions d'autrui.

Au début de sa carrière, Paul Ekman a filmé une quarantaine de patients qui séjournaient dans des établissements psychiatriques, y compris une dénommée Mary, une femme au foyer de 42 ans. Mary avait déjà fait trois tentatives de suicide et n'avait survécu à la dernière, une surdose de médicaments, que parce qu'on l'avait amenée à temps à l'hôpital. Elle se sentait déprimée : ses enfants, maintenant adultes, avaient quitté le foyer familial et son mari la négligeait. À l'hôpital, elle pleurait sans arrêt, mais elle semblait bien répondre à la thérapie. Au bout de trois semaines, elle a dit au médecin qu'elle se sentait beaucoup mieux et lui a demandé de lui accorder un congé. Elle disait souhaiter passer du temps en famille. Le médecin a accepté, mais juste avant qu'elle quitte l'hôpital, Mary a admis qu'en fait elle voulait en profiter pour se suicider.

Plusieurs années plus tard, lorsqu'un groupe de jeunes psychiatres ont demandé à Ekman de leur expliquer comment ils pouvaient s'y prendre pour déterminer si un patient suicidaire mentait ou non, Ekman s'est souvenu du film de Mary. Si le visage était vraiment un guide fiable de l'émotion, ils pourraient scruter celui de Mary en quête d'une réponse.

Ekman et Friesen ont passé des heures et des heures à analyser le visage de Mary. Ils ont fait jouer le film au ralenti afin d'observer attentivement ses moindres gestes et expressions. Finalement, ils ont trouvé ce qu'ils cherchaient : lorsque le médecin a demandé à Mary quels étaient ses projets d'avenir, une expression de véritable désespoir est apparue sur le visage de la femme pour disparaître aussitôt, la rendant à peine perceptible.

Ces expressions fugaces sont ce qu'Ekman appelle des microexpressions, un genre de mimique très particulier et très important. Plusieurs expressions se font à volonté. Ainsi, je peux prendre délibérément un air sévère pendant que je réprimande une personne qui, dès lors, saisira très bien mon message. Mais le visage humain est également régi par un système réflexe distinct, qui échappe à tout contrôle conscient. Peu de gens, par exemple, peuvent exécuter consciemment l'u.a. 1 (à l'exception, souligne

Ekman, de Woody Allen, qui sollicite son *frontalis, pars medialis* à qui mieux mieux pour afficher cet air de détresse comique qui fait sa marque de commerce). Mais ils soulèvent leurs sourcils internes sans même y penser lorsqu'ils sont malheureux. Regardez un bébé sur le point de pleurer, et vous verrez son *frontalis, pars medialis* se dresser comme si on le tirait avec une ficelle.

Dans la même veine, il existe une expression qu'Ekman a baptisée le « sourire Duchenne », en l'honneur du neurologue français Guillaume Duchenne, qui, au XIXe siècle, fut le premier à tenter de documenter les mécanismes des muscles faciaux en les filmant. Si je vous demande de sourire, vous contracterez votre muscle zygomatique. Mais si vous souriez spontanément, parce que vous éprouvez une véritable émotion, vous contracterez aussi votre *orbicularis oculi, pars orbitalis,* le muscle qui entoure l'œil, mouvement qu'il est quasi impossible d'exécuter ou de réprimer délibérément. Selon Duchenne, le véritable sourire – celui qui sollicite à la fois le zygomatique et l'orbiculaire des paupières – n'obéit pas à la volonté. Son absence dénote un manque de sincérité.

Toute émotion de base s'exprime automatiquement par les muscles du visage. Elle peut durer une fraction de seconde ou se déceler uniquement au moyen de senseurs électriques. Mais elle se manifestera d'une manière ou d'une autre. « Le visage est comme le pénis ! » a déjà proclamé Silvan Tomkins lors d'une conférence. Jusqu'à un certain point, en effet, le visage est mû par sa vie propre. Ce qui ne signifie pas qu'il se soustrait à tout contrôle. Il est possible de faire appel au système musculaire volontaire pour contenir les réactions réflexes. Mais même dans ce cas, il arrive souvent qu'une infime partie de l'émotion ainsi refoulée s'échappe – comme la détresse de Mary. Si le système d'expression volontaire est ce qu'on utilise intentionnellement pour révéler ses émotions, le système involontaire est plus important à plusieurs égards : c'est l'appareillage dont dispose l'être humain pour traduire ses sentiments authentiques.

« Il vous est sans doute déjà arrivé de sourire ou de froncer les sourcils sans vous en apercevoir, dit Ekman. À ce moment-là, vous laissiez passer une émotion à votre insu. On entend sa propre voix, mais on ne voit jamais son visage. Si on savait ce qu'il montre, on cacherait mieux ses émotions. Mais serait-ce souhaitable ? Si chacun de nous disposait d'un commutateur lui permettant de laisser passer uniquement les sentiments qui lui conviennent, le monde tournerait mal. Nous ne saurions pas ce que les bébés ressentent, par exemple. Je crois qu'il serait impossible de nouer des amitiés, d'être amoureux, de créer des liens étroits, de connaître l'intimité.»

Ekman a glissé une vidéocassette dans le magnétoscope. Elle contenait un extrait du procès d'O. J. Simpson : une partie du témoignage de Kato Kaelin[68]. Assis à la barre des témoins, Kaelin a l'air absent. Marcia Clark, la procureure dans cette cause, le traite sans ménagement. À une question qu'elle lui pose avec agressivité, il répond doucement en se penchant vers l'avant. « Avez-vous vu cela ? » fait Ekman. Mais je n'avais rien vu. Kaelin me paraissait inoffensif et passif. Ekman a rembobiné la vidéocassette et l'a fait jouer de nouveau au ralenti. Cette fois, j'ai vu. Pendant le bref instant où Kaelin se penche pour répondre à la question, son visage se transforme complètement. Il fronce le nez en contractant son *labii superioris alaeque,* il abaisse les sourcils et montre les dents. « C'est presque une u.a. 9, dit Ekman, soit le dégoût. Mais elle est combinée à la colère. Habituellement, quand les sourcils sont froncés, on ne voit pas autant les yeux. Une telle ouverture de la paupière est signe de colère, pas de dégoût. C'est extrêmement rapide.» Ekman a repassé la scène en scrutant l'écran. « En fait, dit-il, il a l'air d'un chien féroce.»

Le chercheur a fait jouer une autre vidéocassette : un extrait d'une conférence de presse donnée par Harold « Kim » Philby[69], en 1955. On ne savait pas encore que Philby était effectivement un espion à la solde des Soviétiques, mais deux de ses collègues, Donald Maclean et Guy Burgess, venaient de passer à l'Est. Dans cet extrait, Philby porte un complet foncé et une chemise blanche. Ses cheveux sont séparés sur le côté. Son visage est hautain.

« Monsieur Philby, lui demande un reporter, M. Macmillan, le secrétaire aux Affaires étrangères, a déclaré que rien ne prouvait que vous étiez le troisième homme qui aurait prévenu Burgess et Maclean. Êtes-vous satisfait de cette déclaration ?

– Oui, je le suis, répond Philby avec assurance, empruntant le ton snob caractéristique de la classe supérieure anglaise.

– Et s'il y avait effectivement un troisième homme, le seriez-vous ?

– Non », répond fermement Philby.

Ekman a rembobiné la vidéocassette et l'a repassée au ralenti. « Regardez, dit-il. À deux reprises, on lui demande ni plus ni moins s'il est coupable de trahison, et chaque fois, il sourit d'un air satisfait. Il a l'air d'un chat qui vient de manger un canari. » L'expression disparaît aussitôt qu'elle apparaît, quelques millièmes de seconde plus tard. Mais lorsqu'on fait dérouler le film au quart de sa vitesse normale, on voit clairement le visage de Philby empreint d'une pure suffisance. « Voyez comme il s'amuse, reprend Ekman. J'ai baptisé cette mimique "délice de duperie". C'est ce qu'on ressent quand on sait qu'on vient de tromper quelqu'un. »

Ekman a redémarré le magnétoscope. « Par ailleurs, dit Philby répondant à une autre question, l'affaire Burgess-Maclean soulève des questions d'une extrême – il fait une pause – délicatesse. »

Ekman a fait reculer la vidéocassette pour l'arrêter sur une mimique de Philby. « Voilà une micro-expression de détresse ou de malheur, dit-il. Elle est concentrée dans les sourcils – dans un seul, en fait. » Le sourcil interne droit de Philby reproduit en effet une u.a. 1. « C'est un mouvement éphémère, involontaire, reprend Ekman. Il surgit lorsqu'il parle de Burgess et de Maclean qu'il a prévenus, et il contredit toute sa belle confiance. Cette expression suggère qu'on ne devrait pas croire tout ce qu'on entend. »

Le système élaboré par Ekman constitue la base physiologique du balayage superficiel des émotions. L'être humain sait lire les intentions, motivations et pensées d'autrui, car tous les indices dont il a besoin sont affichés sur son visage. Bien entendu, le commun des mortels ne lit pas les expressions faciales de façon aussi brillante que Paul Ekman ou Silvan Tomkins, et il n'est sans doute pas capable de saisir des transformations aussi subtiles que celle de Kato Kaelin quand, pendant une fraction de seconde, il a eu l'air d'un chien féroce. Mais il est capable de capter suffisamment d'information pour *savoir* – ou *mieux* savoir – si, par exemple, son interlocuteur dit la vérité lorsqu'il affirme l'aimer. Y voit-il de la tendresse et du plaisir, ou plutôt une micro-expression de détresse et de malheur ? Même un enfant possède cette faculté. Il regardera immédiatement votre visage lorsque vous lui prenez les mains. Si vous contractez à la fois le zygomatique et l'orbiculaire des paupières (u.a. 6 et 12), il comprendra que vous jouez. Mais si vous exécutez les u.a. 1, 2, 4, 5 et 20 – en contractant le *frontalis, pars medialis,* le *frontalis, par lateralis,* les muscles abaisseurs des sourcils, le muscle élévateur du *palpebrae superioris* et le risorius –, il ne doutera pas un instant que vous avez peur. Nous faisons ces calculs compliqués à la vitesse de l'éclair. Nous les faisons chaque jour, sans même y penser. C'est pourquoi on ne comprend pas ce qui s'est passé aux premières heures du 4 février 1999, dans l'avenue Wheeler. Pour une quelconque raison, Sean Carroll et ses collègues n'ont pas saisi que Diallo était innocent, curieux puis terrifié. Pourtant, toutes ces émotions devaient se lire sur son visage. Comment se fait-il que personne ne les ait vues?

☐ 4. Un homme, une femme et un commutateur

Il existe une maladie qui affecte très précisément la lecture des émotions sur le visage d'autrui: l'autisme. Une personne atteinte d'autisme est incapable de lire et encore bien moins d'interpréter les expressions faciales, car elle ne les voit tout simplement pas. Selon le psychologue britannique Simon Baron-Cohen, les autistes souffrent de « cécité psychique sélective ». Il leur est donc difficile, voire impossible, d'accomplir tous les processus que j'ai décrits jusqu'à maintenant comme naturels et automatiques chez l'être humain. Ils ont peine à interpréter les indices non verbaux, à se mettre à la place d'autrui et à comprendre autre chose que le sens littéral des mots. Leur appareil à fabriquer les premières impressions est fondamentalement détraqué. En examinant la façon dont les autistes voient le monde, on peut donc arriver à comprendre ce qui se passe dans l'esprit d'une personne qui perd sa faculté de déchiffrer les expressions faciales.

Un des plus grands spécialistes en matière d'autisme est Ami Klin. Klin enseigne au centre d'études sur l'enfance à l'université Yale, à New Haven. Depuis plusieurs années, il s'occupe d'un patient que j'appellerai Peter. « Peter est dans la quarantaine, dit Klin. Il est très instruit, travaille, est fonctionnel et autonome. Il s'exprime avec aisance mais n'a aucune intuition. Nous nous voyons chaque semaine, car il a besoin que je l'aide à comprendre le monde. »

Klin ressemble étrangement à l'acteur Martin Short. Moitié Israélite, moitié Brésilien, il a un accent très particulier. Il décrit l'état de Peter de façon neutre, sans condescendance ni détachement, un peu comme s'il parlait d'un trait de caractère un peu étrange. «J'ai l'impression que je pourrais faire n'importe quoi pendant nos entretiens : me mettre le doigt dans le nez, baisser mon pantalon, travailler. Même s'il me regarde, je ne me sens pas scruté ni surveillé. Par contre, il boit mes paroles. Les mots sont très importants pour lui. Mais il ne porte aucune attention à leur contexte, soit les expressions faciales et les indices non verbaux. Tout ce qu'il ne peut pas observer directement – donc tout ce qui se passe dans la tête d'autrui – lui pose problème. Suis-je son thérapeute ? Pas vraiment. En théorie, la thérapie est fondée sur la capacité des gens à examiner leurs propres motivations. Une capacité dont Peter est à peu près dépourvu. Nos rencontres sont plutôt des séances de résolution de problèmes.»

Dans le cadre de ses travaux, Klin voulait entre autres découvrir comment une personne souffrant d'autisme parvient à comprendre le monde, comment elle trouve du sens dans ce qui l'entoure[70]. «Je voulais voir le monde à travers ses yeux», dit-il. Pour y arriver, Klin et ses collègues ont conçu une expérience ingénieuse : ils ont comparé la façon dont Peter et un groupe témoin de sujets non autistiques regardaient un même film. L'œuvre en question est la version cinématographique réalisée en 1966 de la pièce d'Edward Albee, *Qui a peur de Virginia Woolf ?* Elle raconte l'intense soirée que passent deux couples : George et Martha – rôles interprétés par Richard Burton et Elizabeth Taylor – et Nick et Honey – couple beaucoup plus jeune joué par George Segal et Sandy Dennis. Ce film était tout à fait indiqué pour ce que Klin voulait observer. «Les gens souffrant d'autisme sont obsédés par les objets mécaniques, dit-il. Or, *Qui a peur de Virginia Woolf ?* porte essentiellement sur les personnages. Tout se joue sur le plan des interactions – et de leurs multiples niveaux de sens, d'émotion et d'expression. Ce film comporte très peu d'objets inanimés qui peuvent distraire quelqu'un souffrant d'autisme. Mon expérience n'aurait pas donné des résultats aussi intéressants avec un film comme *Terminator 2*. »

Klin a installé sur Peter et sur chaque sujet du groupe témoin un dispositif constitué de deux minuscules caméras dont l'une enregistrait les mouvements de la fovéa – le centre de l'œil – et l'autre captait tout ce que le sujet regardait. Les deux images superposées permettaient de suivre le regard du spectateur pendant les différentes scènes du film.

Une de ces scènes montre Nick en train de faire la conversation avec son hôte, George. À un moment donné, il pointe le doigt vers une toile accrochée au mur et lui demande qui l'a peinte. Le schéma de visualisation d'une personne non autistique est assez simple : son regard va de la peinture (l'objet indiqué par Nick) à George (pour connaître la réponse), puis à Nick (pour savoir comment il réagit à cette réponse). Sur les images superposées de Klin, ces trois mouvements, qui se font en une fraction de seconde, forment un triangle très net.

Le schéma de visualisation de l'autiste est différent. Peter n'a pas regardé dans la direction indiquée par Nick, car il ne comprenait pas ce geste. Pensez-y un instant. Pour décoder un mouvement fait par une autre personne, il faut immédiatement se mettre à sa place, il faut interpréter sa pensée. C'est une aptitude dont les gens souffrant d'autisme sont dépourvus. « Un enfant de moins d'un an réagit à ce geste, dit Klin. Et voilà un homme de 42 ans très intelligent qui en est incapable. C'est le genre d'indice que les enfants apprennent à interpréter naturellement – mais non Peter. »

En fait, lorsque Peter a entendu les mots « peinture » et « mur », il a cherché une peinture sur le mur. L'ennui, c'est qu'à ce moment dans le film on en voyait trois. Les images superposées montrent très bien le regard de Peter allant frénétiquement de l'une à l'autre. Pendant ce temps, l'intrigue a suivi son cours. Peter n'aurait compris cette scène que si Nick avait dit très explicitement qu'il montrait la peinture à gauche de l'homme et du chien. Un autiste est perdu dans un environnement qui n'est pas parfaitement littéral.

Pendant cette scène, le spectateur normal ne fait pas que regarder le tableau ; il scrute aussi les visages de George et de Nick, car il sait instinctivement qu'ils peuvent exprimer toutes sortes de nuances – de celles qu'Ekman a cataloguées avec tellement de soin. Mais le regard de Peter ne s'est pas arrêté aux visages des protagonistes. Même chose, un peu plus loin dans le film, pendant que George et Martha s'étreignaient passionnément. Peter était alors captivé par le commutateur sur le mur derrière eux. Incapable d'interpréter les pensées transmises par les expressions faciales, il n'était guère intéressé par cette manifestation d'intimité où tout se passe sur le visage et dans les yeux.

En réalité, le cerveau d'un autiste traite les visages comme des objets. L'expérience qu'a réalisée Robert T. Schultz, un des collègues de Klin à l'université Yale, le démontre bien[71]. Il a réuni des autistes et des gens normaux, et leur a demandé d'accomplir une tâche très simple : à la vue d'images représentant des paires d'objets ou de visages, ils devaient appuyer sur un bouton pour indiquer les paires identiques et sur un autre bouton pour indiquer les paires dépareillées. Pendant ce temps, le chercheur examinait leur cerveau au moyen d'un appareil d'imagerie par résonance magnétique fonctionnelle (IMRF), un scanneur très évolué qui montre comment le sang circule dans le cerveau et, du même coup, quelle partie de ce dernier est utilisée.

Lorsque les sujets normaux regardaient des visages, ils utilisaient leur gyrus fusiforme, une partie du cerveau qui permet de reconnaître les milliers de visages qu'on emmagasine dans l'esprit. (Visualisez le visage de Marilyn Monroe. Voilà, vous venez tout juste de solliciter votre gyrus fusiforme.) Par contre, lorsqu'ils regardaient des objets, ils utilisaient une partie moins puissante et plus primitive de leur cerveau : le gyrus temporal inférieur. C'est parce que le gyrus fusiforme est beaucoup plus évolué que le gyrus temporal qu'on est capable de reconnaître une camarade de l'école secondaire qu'on n'a pas vue depuis 40 ans, et qu'on a de la difficulté à repérer sa valise sur le carrousel de l'aéroport.

Peu importe s'ils regardaient des visages ou des objets, les sujets autistiques, pour leur part, ne sollicitaient que leur gyrus temporal inférieur. Sur le plan neurologique, un visage n'est donc rien d'autre qu'un objet pour une personne atteinte d'autisme. « L'enfant autiste ne regarde jamais le visage de ceux qui l'entourent, lit-on dans un des premiers ouvrages médicaux qui ont traité de cette maladie. Lorsqu'il doit entrer en relation avec les autres, il les traite comme des parties de lui-même ou comme des objets. Il se frappe la tête contre le ventre de sa mère comme il le fait avec un oreiller. Il permet à des mains de l'habiller, mais sans porter la moindre attention à la personne à qui elles appartiennent. »

Dans la scène où Martha et George s'embrassent, Peter a donc vu trois objets : un homme, une femme et un commutateur. Pour une quelconque raison, son attention a été attirée par le commutateur plutôt que par les visages des protagonistes. « Je sais que les commutateurs ont joué un rôle important dans la vie de Peter, dit Klin. Dès qu'il en voit un, il s'en approche. Certains vibrent à la vue d'un Matisse, lui, ce sont les commutateurs qui le branchent. Vous savez, les êtres humains gravitent autour de choses qui ont une signification pour eux. Pour la plupart, ces *choses* sont d'autres êtres humains. Peter n'agit pas différemment. Il cherche le sens, l'organisation, il n'aime pas la confusion. Comme les gens n'ont pas de sens pour lui, il cherche le sens ailleurs. »

Une des scènes les plus prenantes de *Qui a peur de Virginia Woolf ?* est celle où Martha flirte outrageusement avec Nick, en allant même jusqu'à lui mettre la main sur le genou. En arrière-plan, George semble occupé à autre chose, mais au regard oblique qu'il leur jette, on comprend qu'il est conscient de ce qui se passe et qu'il est vert de jalousie. Le schéma de visualisation d'une personne normale correspond à un triangle presque parfait entre les visages de Martha, de Nick et de George. Ce spectateur observe l'état affectif de chaque personnage à mesure que la tension monte. Pendant ce temps, que regarde Peter ? Tout d'abord, la bouche de Nick, puis le verre qu'il tient à la main, et enfin la broche sur le chandail de Martha. Il ne jette même pas un coup d'œil à George, de sorte que toute la trame émotive de la scène lui échappe complètement.

« Il y a aussi cette scène où George est sur le point de perdre son sang-froid, dit Warren Jones, un collègue de Klin. Il se dirige vers le placard, prend un fusil, le pointe vers Martha et presse la gâchette. Or, plutôt qu'une balle, c'est un parapluie qui sort du canon. Mais jusqu'à ce qu'on comprenne que le fusil n'est pas une véritable arme, on pense vraiment qu'il va tirer sur sa femme, et on est nerveux. L'autiste, lui, a cette réaction très révélatrice : il éclate de rire. Il ne comprend pas l'émotion à la base de ce geste. Il ne voit que l'aspect superficiel des choses : on appuie sur la gâchette et un parapluie surgit, que c'est amusant ! »

L'expérience de Klin décrit très bien ce qui se produit lorsqu'on est incapable de lire l'émotion sur le visage d'autrui. Peter est très intelligent, il est titulaire d'un diplôme d'une université prestigieuse, son quotient intellectuel est de loin supérieur à la moyenne, et Klin a beaucoup de respect pour lui. Mais parce qu'il lui manque une aptitude élémentaire – celle qui consiste à interpréter les expressions faciales –, il comprend de travers certaines scènes de *Qui a peur de Virginia Woolf*? Naturellement, Peter fait souvent ce genre d'erreur : en raison de son état neurologique, il souffre de façon permanente de cécité psychique sélective. Mais je me demande si, parfois, il n'arrive pas que des gens soi-disant normaux en souffrent eux aussi. Est-il possible que l'autisme soit temporaire ? Cela expliquerait peut-être pourquoi on comprend parfois tout de travers.

☐ **5. Se disputer avec un chien**

Dans les films et les séries télévisées, les gens sont toujours en train de brandir leur arme. Le policier dégaine, tire, tire encore, poursuit le criminel, tire encore, le tue, se penche sur le cadavre, allume une cigarette, puis va prendre un verre avec son coéquipier. À en croire Hollywood, se servir d'une arme est une activité assez simple et, somme toute, assez courante. Mais rien n'est moins vrai. La plupart des policiers – plus de 90 % d'entre eux – terminent leur carrière sans jamais avoir fait feu sur personne, et les autres ont trouvé l'expérience extrêmement stressante. En fait, ces derniers ont vécu un tel traumatisme lorsqu'ils ont dû se servir de leur arme qu'on peut se demander s'il ne leur a pas causé un accès d'autisme.

C'est d'ailleurs ce que tendent à prouver les extraits ci-dessous. Il s'agit d'entrevues de policiers tirées de l'ouvrage fascinant du criminologue de l'université du Missouri, David Klinger, *Into the Kill Zone*[72]. Dans le passage suivant, le policier raconte ce qui est arrivé quand il a fait feu sur un homme qui menaçait de tuer son coéquipier, Dan :

« Il m'a regardé en disant "Merde!" Mais pas dans le sens "Merde! J'ai peur!" C'était plutôt "Merde! En voilà un autre que je dois descendre!" C'était dit sur un ton très agressif. Il a commencé à éloigner son revolver de la tête de Dan pour le diriger vers moi. Pendant ce temps, je sortais mon arme. Tout ça s'est passé très rapidement – on parle de millièmes de seconde. Dan continuait de se débattre, et tout ce que je souhaitais, c'était de ne pas l'attraper. Mon champ de vision s'est aussitôt rétréci et est devenu plus net. Je ne voyais plus que la tête du suspect. Tout le reste autour avait disparu. Je ne voyais plus Dan, je ne voyais plus rien d'autre. Tout ce que je voyais, c'était la tête du suspect.

« J'ai tiré cinq coups. J'ai vu quatre de mes balles atteindre le type. La première a fait un trou dans son sourcil gauche. Sa tête a été projetée vers l'arrière. Il a fait "Oh!" comme dans "Oh! Tu m'as eu!" Il continuait de braquer son arme sur moi quand j'ai tiré la deuxième balle. Elle s'est enfoncée juste sous son œil gauche et a fait tourner sa tête. La troisième balle a fait exploser l'œil, qui est sorti de son orbite. La quatrième s'est logée devant l'oreille gauche. Je n'ai pas vu où est allée la cinquième. Puis j'ai entendu le type tomber par terre. »

Voici le récit d'un autre policier :

« Quand le suspect a foncé sur nous, ma vision s'est transformée. C'était comme si j'avais la vue plus perçante et qu'autour de moi tout se passait au ralenti... Lorsqu'il a commencé à bouger son arme, tout mon corps s'est tendu. Je me rappelle que je ne sentais pas mes jambes. J'étais concentré sur ma cible. Tu parles d'une poussée d'adrénaline! Tous mes sens étaient dirigés vers l'homme qui courait vers nous avec un fusil. Je ne voyais plus que son torse et son arme, qu'il tenait de la main droite. Je n'avais aucune idée de ce qu'il faisait avec la main gauche. C'est quand il a levé son arme vers sa poitrine que je me suis mis à tirer.

« Je n'ai rien entendu, pas le moindre bruit. Alan [son coéquipier] avait déjà tiré une balle avant que j'appuie sur la gâchette, mais je n'avais rien entendu. Il a tiré deux autres balles en même temps que moi – je n'ai entendu aucun de ces coups de feu. Nous avons cessé de tirer lorsque le type s'est effondré tout près de nous. Je ne sais pas comment je me suis relevé, en m'appuyant sur mes mains ou en me mettant à genoux. Je me rappelle seulement qu'à un moment donné j'étais au-dessus du cadavre. C'est seulement une fois debout que je me suis remis à entendre ce qui se passait autour de moi et que le temps a repris son cours normal. C'est une des choses les plus étranges que j'ai jamais vécues. »

Vous conviendrez avec moi que ce sont là des récits troublants. On a peine à croire que le premier policier pouvait effectivement voir ses balles pénétrer une à une dans le crâne de son attaquant, et que le second n'entendait pas le bruit produit par sa propre arme. Pourtant, les entrevues réalisées auprès de policiers ayant pris part à des fusillades fourmillent de ce genre de détails. Acuité visuelle extrême, rétrécissement du champ visuel, perte de l'ouïe, impression de ralentissement du temps sont les réactions de l'organisme en situation de stress extrême. Lorsque la vie est en jeu, l'esprit limite de façon draconienne la portée et la quantité d'information avec laquelle il doit composer. Le son, la mémoire et la compréhension globale sont sacrifiés à une perception amplifiée de la menace. Autrement dit, les policiers interviewés par Klinger ont mieux accompli leur tâche parce que leurs sens s'étaient condensés, aiguisés et fixés sur le danger auquel ils étaient confrontés.

Dave Grossman, ancien lieutenant-colonel de l'armée américaine, auteur de *On Killing*[73], soutient que lorsqu'un être humain subit un stress qui améliore sa performance son rythme cardiaque se situe entre 115 et 145 battements à la minute. L'organisme est alors dans ce que Grossman appelle un « état d'alerte optimal ».

Le cœur du tireur d'élite Ron Avery battait à 145 coups à la minute quand il s'exécutait sur le terrain. Pour sa part, Larry Bird, le champion de basket-ball, affirmait qu'aux moments critiques du jeu le terrain était silencieux et ses coéquipiers se déplaçaient comme au ralenti. Peu de joueurs de basket-ball voient le terrain avec autant d'acuité que Bird. Manifestement, il était dans le même état d'alerte optimal que Ron Avery. Mais chez la plupart des gens, le stress met l'organisme dans un état d'alerte *extrême*. À partir de ce point, l'organisme limite tellement la quantité d'information perçue qu'elle ne sert plus à grand-chose.

« Au-delà de 145 battements à la minute, dit Grossman, les ennuis commencent. Les habiletés motrices complexes se mettent à faire défaut, ce qui engendre des troubles de la coordination. [...] À 175 battements à la minute, les processus cognitifs tombent en panne. [...] Le cerveau moyen – la partie du cerveau que l'on partage avec tous les mammifères, dont le chien – l'emporte sur le cerveau antérieur. Avez-vous déjà essayé de discuter avec une personne en colère ou qui a peur ? C'est impossible. Aussi bien se disputer avec son chien. »

En situation de stress extrême, lorsque le rythme cardiaque s'élève à plus de 175 battements à la minute, le champ de vision se rétrécit au maximum, l'agressivité augmente inutilement, l'organisme n'effectue plus automatiquement toutes ses fonctions physiologiques – les intestins se vident, par exemple, car le corps estime que ce contrôle n'est plus essentiel –, le sang se retire de la couche musculaire externe pour se concentrer dans la masse musculaire centrale, pour former une sorte d'armure et limiter les saignements en cas de blessure. Dans cet état, l'être humain devient maladroit et sans défense.

Grossman exhorte les gens à s'exercer à composer le numéro d'urgence (9-1-1). Sous l'influence d'un stress extrême, les activités motrices se dérèglent et les processus cognitifs se détraquent ; dans ce cas, on n'arrive pas à se rappeler du numéro, on fait plutôt le 4-1-1 ou on n'appuie pas sur le bouton d'envoi d'appel du téléphone cellulaire. « Il faut s'exercer, dit Grossman, car c'est la seule façon de s'en souvenir. »

C'est à cause des conséquences physiologiques désastreuses du stress extrême que de nombreuses villes américaines ont commencé à interdire aux policiers de s'engager dans des poursuites automobiles à très grande vitesse. Bien entendu, le risque de frapper des innocents a aussi fait pencher la balance, car chaque année environ 300 Américains perdent accidentellement la vie *pendant* des chasses à l'homme. Mais ce qui se produit *après* la poursuite est tout aussi dangereux, sinon plus, car les policiers sont alors dans un état d'alerte redoutable. « L'émeute de 1992 à Los Angeles a été déclenchée à cause du passage à tabac que les policiers ont fait subir à Rodney King après une telle poursuite », rapporte James Fyfe, directeur de la formation pour le Service de police de New York, témoin expert dans de nombreux cas de brutalité policière. « En 1980, poursuit-il, l'émeute de Liberty City, à Miami, a éclaté parce que des policiers ont battu à mort le motocycliste qu'ils ont fini par rattraper. Même chose en 1986. Au cours des 25 dernières années, trois des principales émeutes raciales des États-Unis ont été provoquées par les agissements des flics après des poursuites automobiles. »

« Les chasses à l'homme sont épouvantables, surtout si elles ont lieu dans des quartiers résidentiels, déclare Bob Martin, un ancien dirigeant de la police de Los Angeles. Même si on ne fait que du 80 kilomètres à l'heure, on sent la décharge électrique de l'adrénaline, on a le cœur qui bat la chamade. On est dans une espèce d'état euphorique – comme un coureur. On perd le sens des proportions. On est pris dans la poursuite. Si jamais vous avez l'occasion d'entendre un enregistrement des communications radio de policiers qui pourchassent un suspect, vous percevrez la panique dans leur voix. Ils crient presque. Les débutants, eux, frisent l'hystérie. Je me souviens de ma première poursuite. Je sortais à peine de l'académie. Ça s'est passé dans un quartier résidentiel. La voiture a même bondi dans les airs à deux reprises. Finalement, nous avons rattrapé le type, et lorsque j'ai voulu communiquer avec les gars au poste pour leur dire que nous étions sains et saufs, je n'ai même pas pu prendre la radio tellement je tremblais. »

Selon Martin, le passage à tabac de King est la conséquence directe de la rencontre entre deux opposants qui étaient extrêmement stressés ; leurs réactions cardiovasculaires et leur rythme cardiaque étaient démesurés. « À un moment donné, dit Martin, un des policiers les plus expérimentés de l'équipe, Stacey Koon, a dit à ses collègues de se calmer. Mais ils l'ont ignoré. Pourquoi ? Parce qu'ils ne l'ont pas entendu. Ils avaient fermé les écoutilles. »

« Récemment, reprend Fyfe, j'ai fait une déposition dans une cause impliquant des policiers de Chicago qui ont tué un jeune homme à la fin d'une poursuite automobile. Il s'appelait Robert Russ. C'était un joueur de football de Northwestern. Contrairement à Rodney King, Russ n'a montré aucune résistance lors de l'arrestation. Il est resté assis dans sa voiture. C'est arrivé le même soir où une jeune fille s'est fait tirer dessus par d'autres policiers, toujours à Chicago, toujours au terme d'une poursuite automobile. Johnnie Cochran[74] l'a défendue, et elle a obtenu plus de 20 millions de dollars en dédommagement. Mais revenons à Russ. Les flics ont raconté qu'il conduisait dangereusement. Mais il n'a jamais dépassé les 110 kilomètres à l'heure. Ils ont fini par le rattraper sur l'autoroute. Dans le cas de l'arrestation d'un automobiliste, les instructions sont très claires : les flics sont censés

SIX • 7 SECONDES DANS LE BRONX

demander au conducteur de sortir de la voiture avant de s'en approcher. Mais dans ce cas, deux des policiers ont couru vers la voiture de Russ. L'un deux a ouvert la portière du côté du passager, tandis que l'autre crétin était à gauche et criait à Russ d'ouvrir. Mais celui-ci n'a pas bougé. Je ne sais pas ce qui se passait dans sa tête, mais il n'a pas réagi. Le flic a donc brisé la fenêtre de la portière arrière gauche et a tiré un seul coup qui a atteint Russ aux mains et à la poitrine. Plus tard, le flic a prétendu que Russ essayait de saisir son arme. Je ne sais pas si c'est vrai. Je dois accepter la déclaration du flic. Mais là n'est pas la question. Cette fusillade était injustifiée, car le policier n'aurait pas dû se trouver près de la voiture et n'aurait pas dû briser la fenêtre.»

Ce policier n'a certainement pas déchiffré l'expression faciale de Russ. Il ne s'est pas prêté à cet exercice qui permet de percevoir les intentions d'autrui. Dans la scène de *Qui a peur de Virginia Woolf ?* où Martha flirte avec Nick pendant que George, en arrière-plan, les regarde avec jalousie, les yeux du spectateur normal vont du visage de Martha à celui de George à celui de Nick, avant de revenir à celui de Martha, et ainsi de suite, car ils cherchent à découvrir ce que George va faire. Mais le regard de Peter, le patient autistique d'Ami Klin, s'est arrêté sur la bouche de Nick, avant de passer à son verre, puis à la broche de Martha. Son esprit traitait les êtres humains et les objets de la même façon. Il ne voyait pas des personnes avec tout leur lot d'émotions et de pensées, mais bien un ensemble d'objets inanimés qu'il s'est efforcé de comprendre en se construisant un système de significations. Or, ce système était tellement rigide et limité que Peter n'a pu réagir autrement qu'en éclatant de rire lorsque George a fait feu sur Martha.

C'est un peu ce que ce policier de Chicago a fait sur l'autoroute. Dans la fièvre de la poursuite, il a cessé d'interpréter le comportement de Russ. Son champ de vision s'est rétréci, tout comme sa pensée. Il s'est construit un système rigide selon lequel un jeune homme noir qui tente d'échapper à la police en voiture est un dangereux criminel. Il n'a enregistré aucune des données qui lui démontraient le contraire : Russ n'avait pas dépassé les 110 kilomètres à l'heure et restait assis dans sa voiture. Pourtant, le policier en aurait tenu compte en temps normal. Chez lui, l'état d'alerte extrême a provoqué une cécité psychique sélective[75].

6. La dimension espace-temps

L'après-midi du 30 mars 1981, le président Ronald Reagan est sorti de l'hôtel Hilton de Washington, où il venait de livrer un discours, et s'est dirigé vers sa limousine en saluant ses admirateurs de la main. « Président Reagan ! Président Reagan ! » criaient-ils. Au même moment, un jeune homme du nom de John Hinckley a fendu la foule, braqué son calibre 22 sur l'homme d'État et tiré six balles à bout portant avant d'être projeté à terre par les gardes du corps. Trois balles ont atteint respectivement James Brady, l'attaché de presse de Reagan, à la tête, Thomas Delahanty, policier, dans le dos, et Timothy McCarthy, agent des services secrets, à la poitrine. Une quatrième a fait un ricochet sur la limousine et transpercé le poumon de Reagan, ratant le cœur de quelques centimètres.

Comment ce tireur s'y est-il pris pour s'approcher de Reagan aussi facilement ? Les présidents sont entourés de gardes du corps censés être à l'affût de personnages comme John Hinckley. En principe, les badauds qui font le pied de grue devant un hôtel par une froide matinée de printemps afin d'apercevoir le président sont bien intentionnés. Les gardes du corps ont pour tâche de scruter cette foule à la recherche de la personne qui ne cadre pas, celle qui n'est pas bien intentionnée du tout. Une partie de leur travail consiste donc à lire les expressions faciales, à interpréter la pensée d'autrui. Pourquoi donc le 30 mars 1981 n'ont-ils pas décodé le visage d'Hinckley ? La réponse est évidente lorsqu'on regarde la vidéocassette de la fusillade : parce qu'ils manquaient de temps. Comme l'autisme, le manque de temps cause la cécité psychique sélective.

Selon Gavin De Becker, directeur d'une entreprise de services de sécurité personnelle à Los Angeles et auteur du livre *La peur qui vous sauve*[76], le principal facteur de protection dans une situation donnée est l'espace qui sépare la cible de tout assaillant potentiel. Plus cet écart est grand, plus le garde du corps a le temps de réagir. Le 30 mars 1981, John Hinckley était trop près. Il se trouvait au milieu d'un groupe de reporters qui se tenaient à quelques mètres du président. Les agents des services secrets n'ont eu conscience de sa présence que lorsqu'il s'est mis à tirer. Entre ce moment et celui où ils l'ont neutralisé, il s'est écoulé à peine deux secondes (1,8 en réalité). « Plusieurs personnes ont réagi de façon héroïque, affirme De Becker, mais seul Hinckley a tiré. Autrement dit, leurs réactions n'ont rien donné. C'est compréhensible, car l'agresseur était trop près de la cible. Sur le film, on voit un garde du corps sortir une mitraillette de sa mallette et un autre, tirer un revolver de sa poche. Mais c'est trop tard, tout est déjà terminé. » Pendant ces deux secondes, les gardes du corps n'ont pu qu'obéir à leur impulsion la plus primitive et la plus automatique qui soit (mais dans ce cas, la moins utile) : sortir leur arme. Faute de temps, ils n'avaient aucune chance de comprendre ou de prévoir ce qui se passait. « Lorsqu'on manque de temps, dit De Becker, on risque d'avoir une réaction intuitive quasi inutile. »

On ne mesure pas toute l'importance du temps dans les situations où la vie est en jeu. Peut-être, encore une fois, est-ce à cause des films et des séries télévisées. Dans les productions hollywoodiennes, l'épisode de la fusillade est particulièrement long : le flic a le temps de chuchoter quelques mots à l'oreille de son coéquipier, le méchant a le temps de leur lancer un défi, puis commence un échange de coups de feu qui suit son cours jusqu'à sa conclusion irrémédiable. En réalité, la description d'une fusillade dure plus longtemps que l'événement lui-même. Écoutons Gavin De Becker raconter la tentative d'assassinat du président de la Corée du Sud, il y a quelques années : « L'agresseur se tenait debout. Il a commencé par se tirer une balle dans la jambe. Il était fou de nervosité. Puis il a visé le président, l'a raté et a atteint mortellement la femme de ce dernier à la tête. Le garde du corps s'est levé et s'est mis à tirer. Il a raté l'agresseur, mais a touché un petit garçon de huit ans. C'était un fouillis total. Tout est allé de travers. » D'après vous, combien de temps a duré cette séquence d'actions ? Quinze secondes ? Vingt secondes ? Non, 3,5 secondes.

Je crois que l'être humain devient autistique dans les situations où il manque de temps pour prendre une décision. C'est d'ailleurs ce que tend à démontrer une expérience réalisée par le psychologue Keith Payne dans la foulée de la fusillade de Diallo. Le chercheur a commencé par conditionner ses sujets en projetant alternativement des visages de Noirs et de Blancs sur un écran d'ordinateur – tout comme John Bargh l'avait fait (voir chapitre 2). Puis il leur a présenté une photo d'un fusil ou d'une clé à molette pendant une fraction de seconde (200 millièmes de seconde) et leur a demandé d'identifier ce qu'ils venaient de voir. Comme vous pouvez vous y attendre, les sujets conditionnés par les visages de Noirs ont reconnu le fusil un peu plus rapidement que ceux conditionnés par les visages de Blancs.

Payne a poursuivi l'expérience en la modifiant légèrement. Il n'a donné aux nouveaux sujets qu'une demi-seconde (500 millièmes de seconde) pour identifier les objets, alors que les précédents n'avaient pas de limite de temps pour répondre. Les gens se sont alors mis à faire des erreurs. Non seulement ils reconnaissaient plus rapidement le fusil s'ils avaient été conditionnés par les visages noirs, mais ils prenaient la clé à molette pour un fusil tout aussi promptement. Pressés par le temps, ils se sont comportés comme s'ils étaient en état d'alerte extrême. Ils ont cessé de se fier aux preuves réelles que leur transmettaient leurs sens pour glisser dans un système rigide et inflexible habité par des stéréotypes.

« Lorsqu'on prend des décisions très rapidement, dit Payne, on se laisse facilement guider par les stéréotypes et les préjugés, même par ceux qu'on proscrit en temps normal. » Payne a tenté de réduire l'importance de cette partialité de différentes façons. Il a dit à certains groupes de sujets que leurs résultats seraient examinés par leurs collègues ; il a expliqué à d'autres en quoi consistait exactement l'expérience, en leur recommandant d'éviter les préjugés fondés sur la discrimination raciale. Rien n'y a fait – les idées préconçues l'ont emporté. Seul le temps a fait la différence. Les sujets se sont montrés plus objectifs quand ils ont pu marquer un temps d'arrêt pour réfléchir à leur réponse.

La capacité de l'être humain en matière de balayage superficiel et de jugements éclair est extraordinaire. Mais même le puissant ordinateur de l'inconscient a besoin de temps pour faire son travail. Les spécialistes qui ont évalué le kouros du musée Getty devaient absolument *voir* la sculpture pour déterminer s'il s'agissait ou non d'un faux. S'ils l'avaient simplement aperçue à travers la fenêtre d'une voiture roulant à 100 kilomètres à l'heure, ils en auraient été réduits aux conjectures.

Le temps est la raison pour laquelle de nombreux services de police ont aboli les patrouilles automobiles en équipe. Dorénavant, les policiers font leur ronde de surveillance seuls. De prime abord, ça ne semble pas souhaitable, car on suppose que deux policiers se soutiennent mutuellement et règlent les problèmes plus facilement et de façon plus sécuritaire. Mais ce n'est pas le cas. Un policier travaillant seul n'est pas moins en sécurité que s'il est accompagné d'un partenaire. Qui plus est, les équipes sont plus susceptibles de susciter des plaintes de la part des citoyens, car elles sont à l'origine de plus d'arrestations, de blessures et d'accusations de voies de fait que les policiers seuls. Pourquoi ? Parce qu'une équipe de policiers accélère les choses, tandis qu'un policier seul les ralentit[77].

« N'importe quel flic préfère travailler en équipe, dit De Becker. Ça lui fait un compagnon, quelqu'un à qui parler. Mais un policier en solo s'attire moins d'ennuis, car il ne s'expose pas inutilement à la bravade. Il a moins envie de tendre des embuscades. Il n'attaque pas. Son approche est totalement différente. Il se dit qu'il ferait mieux d'attendre que les autres arrivent. Il fait plus attention. Il se donne plus de temps. »

Robert Russ, le jeune footballeur de Chicago, serait-il mort s'il n'avait eu affaire non pas à trois mais à un policier ? Probablement pas. Un policier seul – même échauffé par la poursuite – aurait été obligé d'attendre les renforts. C'est la fausse sécurité du nombre qui a permis aux trois hommes de faire les matamores et de se précipiter vers la voiture. « Dans une situation donnée, dit Fyfe, il ne faut rien précipiter. Quand nous formons les jeunes recrues, nous leur disons que le temps joue en leur faveur. D'après les avocats de la défense dans l'affaire Russ, les policiers ont agi comme ils l'ont fait parce que tout allait trop vite. Mais ce sont justement eux qui ont laissé la situation évoluer dans ce sens. C'étaient eux qui allaient trop vite. Russ, lui, s'était arrêté. Il n'allait nulle part. »

Dans le cadre des programmes de formation des policiers, on enseigne essentiellement aux recrues à éviter ce genre d'ennui. On leur montre comment ne pas devenir momentanément autistiques. Prenons le cas d'une interpellation en voiture. Le policier est censé se ranger derrière la voiture de l'individu interpellé, orienter ses phares vers elle, se diriger du côté du conducteur, s'arrêter derrière lui et braquer sa lampe électrique par-dessus son épaule en direction de ses genoux. Cela m'est déjà arrivé, et j'ai trouvé l'expérience plutôt humiliante. Pourquoi le policier ne pouvait-il pas m'adresser la parole comme un être humain normal, en me regardant en face ? Mais cette procédure est fondée. Si le policier se tient ainsi derrière le conducteur, celui-ci n'a pratiquement aucune chance de le mettre en joue. Premièrement, ses mains sont à la vue. Deuxièmement, même s'il tenait une arme, il devrait se tourner complètement pour faire face au policier et se pencher par la fenêtre avant de faire feu, sans oublier qu'il serait aveuglé par les phares de la voiture derrière. Le policier aurait amplement le temps de réagir. Autrement dit, cette procédure protège le citoyen : le policier ne pointera son arme sur lui qu'en cas d'absolue nécessité.

Il y a quelque temps, Fyfe a été sollicité pour tenter d'améliorer le climat de tension qui régnait à Dade County, en Floride, une région où le nombre d'incidents violents entre policiers et citoyens était inhabituellement élevé. Les groupes communautaires accusaient les forces de l'ordre de brutalité et de racisme, tandis que les policiers se défendaient en rétorquant avec colère que la violence, quoique déplorable, était une partie inhérente à leur travail. C'était un affrontement trop familier et sans issue. Plutôt que de prendre part à la controverse, Fyfe a décidé de mener une étude. Des observateurs ont accompagné les patrouilleurs de Dade County afin d'évaluer à quel point les comportements des policiers correspondaient aux techniques enseignées. « Plusieurs aspects devaient être examinés, dit Fyfe. Le policier avait-il profité de toute la protection disponible ou décidé d'attaquer ? Avait-il gardé son fusil à bonne distance des individus ? Avait-il utilisé sa main faible pour tenir sa lampe électrique ? Dans un cas de vol, avait-il appelé le central pour obtenir

plus d'information avant de procéder ? Avait-il demandé du ren-
fort ? Avait-il coordonné son approche avec celle de ses collègues
("Avance et je te couvrirai.") ? Avait-il examiné les environs ?
Avait-il prévu une autre voiture derrière l'édifice ? À l'intérieur,
avait-il maintenu sa lampe électrique à côté de lui et non devant
lui (car le type armé va tirer sur la lampe) ? Dans un cas d'interpellation de suspect en voiture, avait-il examiné l'arrière de la
voiture avant de s'approcher du conducteur ? Etc. »

Fyfe a découvert que lorsque les policiers se trouvaient devant
un suspect – qu'il soit sous garde ou non – ils se comportaient de
façon exemplaire dans 92 % des cas. C'était leur façon de s'*approcher* du suspect qui posait problème. Dans ce cas, ils faisaient ce
qu'il fallait dans seulement 15 % des situations et, ainsi,
risquaient l'autisme temporaire. Mais dès que les services policiers
de Dade County ont pris les mesures nécessaires pour améliorer le
comportement des agents *avant* que ceux-ci se trouvent devant les
suspects, le nombre de plaintes à l'endroit des forces de l'ordre et
le nombre de blessures dans les deux camps ont dégringolé.
« Personne ne veut se trouver dans une position où son seul moyen
de défense, c'est son arme, dit Fyfe. Si on doit se fier uniquement
à ses réflexes, il est certain qu'il va y avoir des blessés inutiles. Si,
au contraire, on tient compte de l'information et de la protection
disponibles, on ne prend presque jamais de décisions intuitives. »

☐ 7.   « Quelque chose me disait que je ne devais pas tirer »

L'expérience de Fyfe jette un éclairage tout à fait nouveau sur
le débat entourant les fusillades policières. Jusqu'à maintenant,
les détracteurs des forces de l'ordre n'ont fait que dénoncer l'atti-
tude et les préjugés des policiers en cause. Leurs défenseurs, quant
à eux, se rabattent sur ce que Fyfe appelle le syndrome de la déci-

sion instantanée : un policier se rend sur les lieux d'un crime le plus rapidement possible, voit le méchant, n'a pas le temps de penser, agit. Dans ce scénario, les bavures sont inévitables. En fin de compte, ces deux perspectives sont aussi défaitistes l'une que l'autre : une fois qu'un incident critique est amorcé, rien ne peut l'empêcher de suivre son cours. Voilà une opinion largement répandue, qui n'a pourtant pas de fondement. En réalité, les mécanismes de la pensée inconsciente sont, à certains égards, similaires à ceux de la pensée consciente : l'être humain peut accélérer son processus de prise de décision conscient ou inconscient grâce à la formation et à l'expérience.

Gavin De Becker a développé à l'intention de son personnel un programme d'«inoculation du stress». Ce programme de perfectionnement vise justement à améliorer le processus de prise de décision inconscient des gardes du corps, à maintenir leur état d'alerte à un niveau optimal et à leur éviter la cécité sélective. «Nous simulons une agression, dit-il. La personne qui est sous la protection du garde du corps l'appelle sur sa radio : "Venez vite, j'entends un bruit". Le garde du corps accourt et boum ! il se fait tirer dessus. La balle a beau être en plastique, il la *sent*. Puis il recommence. Cette fois, il se fait tirer dessus avant même d'entrer dans la maison. Au quatrième ou au cinquième essai, il devient très fonctionnel.» Dans un autre exercice, le garde du corps est confronté à répétition à un chien féroce. «Au début, son rythme cardiaque est de 175 battements à la minute, dit De Becker. Le garde n'en voit pas clair. La deuxième ou la troisième fois, son rythme descend à 120, puis à 110. À partir de ce moment, il peut fonctionner.» Ce genre d'entraînement, associé à l'expérience réelle, change fondamentalement la façon dont une personne réagit lors d'un affrontement violent.

L'interprétation des expressions faciales est, elle aussi, une faculté qui s'améliore avec la pratique. Silvan Tomkins, passé maître dans cet art, s'exerçait de façon compulsive. À la naissance de son fils Mark, il a pris congé de l'université de Princeton pour rester auprès du bébé à le dévisager pendant des heures afin de capter tous les schémas d'émotion – les cycles d'intérêt, de joie, de tristesse et de colère – qui passent sur le visage d'un enfant durant les premiers mois de son existence. À partir de milliers de photographies de visages montrant toutes les expressions imaginables, il a appris la logique des sillons, des rides, des plis et de tous les signes subtils qui annoncent un sourire ou des pleurs.

Paul Ekman a conçu plusieurs tests pour évaluer la faculté d'interpréter les expressions faciales. L'un d'eux est un exercice de détection de mensonges. Le sujet regarde sur vidéo une douzaine de personnes déclarer à tour de rôle avoir fait un acte quelconque, et doit repérer les menteurs. Ce test est étonnamment difficile. Très peu de gens obtiennent la note de passage. Certains, cependant, réussissent très bien. Ce sont justement ceux qui se sont beaucoup exercés. Les victimes d'accidents vasculaires cérébraux qui ont perdu l'usage de la parole, par exemple, sont extrêmement habiles à décoder les visages, car leur incapacité les a forcés à lire les signes non verbaux. Les gens qui ont été victimes de violence dans leur enfance sont également très doués, car ils ont dû apprendre à prévoir les intentions muettes du parent violent ou alcoolique.

Ekman donne également des séminaires aux employés d'organismes de maintien de l'ordre afin de les aider à améliorer leurs facultés de lecture des expressions faciales. « En un peu plus de 30 minutes, explique-t-il, les gens apprennent à capter certaines micro-expressions. Une de mes vidéos de formation connaît beaucoup de succès. Au début, les élèves ne distinguent aucune des expressions qui y sont présentées. Mais au bout de 35 minutes, ils les voient toutes. Autrement dit, c'est une aptitude qui s'acquiert[78]. »

Dans l'ouvrage de David Klinger, on peut lire le récit d'un ancien policier qui, au cours de sa carrière, s'est souvent trouvé dans des situations de violence extrême où il a été forcé d'interpréter les intentions des protagonistes. Ce compte rendu démontre très bien comment un épisode de stress intense peut se terminer sans conséquence désastreuse.

« C'était à la tombée de la nuit, se rappelle le policier. Je poursuivais trois adolescents membres d'un gang. L'un d'eux avait sauté par-dessus une clôture, un autre courait devant et le troisième s'était arrêté. Il restait planté là, à quelques mètres de la voiture, comme paralysé.

« Je suis sorti par la portière du passager. Le jeune a commencé à fouiller dans sa ceinture avec sa main droite. Je pouvais voir qu'il essayait d'attraper quelque chose qui glissait dans sa jambe de pantalon.

« Au même moment, il a commencé à se tourner vers moi, en me regardant droit dans les yeux. Je lui ai dit et répété de ne pas bouger. Mon partenaire lui a aussi crié de ne pas bouger. J'ai braqué mon revolver sur lui. Quand j'ai été à environ un mètre et demi de lui, il a sorti un pistolet automatique, mais il l'a laissé tomber presque aussitôt. Nous l'avons arrêté et c'était terminé.

« La seule raison pour laquelle je n'ai pas tiré sur lui, je crois, c'est à cause de son âge. Il avait 14 ans, mais il n'avait pas l'air d'en avoir plus de 9. Si ç'avait été un adulte, j'aurais probablement tiré. Bien sûr, je trouvais son arme menaçante. Je la voyais très bien : elle était chromée et nacrée. Mais je savais que j'avais l'avantage sur lui. Je voulais lui donner le bénéfice du doute, car il était tellement jeune. Je crois que mon expérience a joué pour beaucoup dans mon comportement. Je lisais la terreur sur son visage – j'avais déjà vu cette peur dans d'autres situations. C'est ce qui m'a amené à croire que, si je lui donnais juste un petit peu plus de temps, je ne serais pas obligé de faire feu sur lui. Je ne le quittais pas des yeux. Je voyais ce qui sortait de son pantalon, je reconnaissais une arme à feu, je surveillais le canon pour voir s'il était dirigé vers moi. Si sa main avait été un peu plus haute, pas aussi clairement devant sa poitrine, si le canon avait été orienté autrement, j'aurais probablement tiré. Mais quelque chose me disait que je ne devais pas tirer. »

Combien de temps a duré cet affrontement ? Deux secondes, au maximum. Mais l'expérience et la compétence de ce policier lui ont permis d'exploiter tout le potentiel de ce court laps de temps pour comprendre la situation. Il a vu le fusil sortir du pantalon. Il a vu la crosse en nacre. Il a suivi la direction du canon. Il a attendu que le jeune décide de pointer le fusil vers lui ou de le laisser tomber. Et pendant tout ce temps, il a surveillé le visage du jeune garçon pour voir s'il y lisait de la peur ou de l'agressivité. Quel bel exemple de jugement éclair ! Voilà ce que donnent la formation et l'expertise : la faculté d'extraire d'un événement une foule de renseignements pertinents en n'en balayant que la surface. Ces deux secondes n'auraient été que confusion pour un débutant. Mais pour ce policier chevronné, elles constituaient une série de moments distincts qui étaient autant d'occasions d'intervenir, de changer ou de corriger les choses.

☐ 8.   Une tragédie dans l'avenue Wheeler

Le 3 février 1999. Sean Carroll, Ed McMellon, Richard Murphy et Ken Boss patrouillent dans le Bronx. Il est tard. Ils aperçoivent un jeune homme noir qui semble se comporter étrangement. Ils passent devant lui en voiture, ne le voient pas clairement, mais sont déjà en train d'échafauder tout un système de significations pour expliquer sa conduite. Premièrement, il n'est pas grand. « Cela signifie qu'il a une arme, croit De Becker en imaginant ce qui a traversé l'esprit des policiers. Il est minuit et demi. Il est seul dans un quartier minable. Il est Noir. C'est sûr qu'il a un fusil, autrement, il ne serait pas là. Si un homme de sa stature a le cran de se tenir là en plein milieu de la nuit, c'est certain qu'il a une arme. Voilà l'histoire qu'on se raconte. »

La voiture de police fait marche arrière. Carroll dira plus tard qu'il n'en revenait pas de voir Diallo rester planté là. Habituellement, les méchants s'enfuient à la vue d'une voiture pleine de policiers. Carroll et McMellon sortent du véhicule. « Police ! dit McMellon. Pouvons-nous vous dire un mot ? » Mais pas un son ne sort de la bouche de Diallo. Celui-ci est tout simplement terrifié, car deux Blancs imposants, comme on n'en voit guère dans ce quartier à cette heure de la nuit, sont en train de l'aborder. La peur se lit sur son visage. Mais les policiers ne peuvent pas décoder son émotion, car, au même moment, il pivote sur ses talons et rentre dans l'immeuble.

Carroll et McMellon s'élancent à sa poursuite. Ils ne sont pas aussi expérimentés que le policier qui faisait face au garçon de 14 ans. Ils ne connaissent pas le Bronx, ils en sont à leurs débuts dans l'unité des crimes de rues, la *Street Crime Unit,* ils ne sont pas habitués au stress inimaginable que provoque la poursuite d'un homme armé dans un corridor sombre. Leur rythme cardiaque s'affole, leur champ de vision se rétrécit. Dans cette vieille partie du Bronx, le trottoir n'est pas surélevé, et le vestibule de l'immeuble d'habitation de Diallo n'est qu'à quelques marches du sol. La distance qui sépare McMellon et Carroll de Diallo est insignifiante : deux mètres.

Juste avant de se mettre à courir après Diallo, Carroll et McMellon étaient déjà dans un état d'alerte dangereux. Maintenant, leur rythme cardiaque atteint 175 à 200 battements à la minute. Ils sont dans un état d'alerte extrême. Diallo a atteint le fond du vestibule. Il se tient de biais et fouille dans sa poche. En haut de l'escalier, Carroll et McMellon sont complètement exposés. Ils n'ont pas de point de retraite : aucune portière de voiture ne peut leur servir d'écran de protection, ne peut leur permettre de marquer un temps d'arrêt. Ils sont directement dans la ligne de feu du suspect. Carroll aperçoit alors un objet noir dans la main de Diallo. On saura plus tard que c'était un portefeuille, mais sur le coup, tout ce que Carroll voit, c'était que Diallo est noir, qu'il fait nuit, qu'on est dans le Bronx. Dans ces circonstances, le temps se mesure en millièmes de seconde et les portefeuilles ressemblent à des revolvers. La figure de Diallo a beau exprimer de la terreur, Carroll ne la voit pas, car il ne la regarde pas – et même s'il la regardait, il n'est pas certain qu'il décoderait ce qu'elle dit. Pour le moment, il est incapable de lire l'émotion sur le visage de qui que ce soit. Il est frappé d'autisme. Son attention est concentrée sur ce qui sort de la poche de Diallo tout comme celle de Peter était concentrée sur le commutateur dans la scène où George et Martha s'embrassent.

« Il a une arme ! » crie Carroll. Il ouvre le feu. McMellon tombe à la renverse tout en tirant à son tour. Or, un homme qui tombe en même temps que crépitent les balles donne l'impression qu'il vient d'être touché. Carroll n'arrête donc pas de tirer. Voyant cela, McMellon continue de faire feu. Sortant de la voiture, Boss et Murphy ne tardent pas à les imiter.

Le lendemain, les journaux feront grand cas des 41 balles tirées, mais en réalité, quatre personnes munies de pistolets semi-automatiques peuvent tirer 41 projectiles en moins de 3 secondes.

L'incident au complet n'a pas duré plus de sept secondes. Mais dans ce laps de temps, il y a eu assez de décisions pour remplir toute une vie.

Carroll et McMellon interpellent Diallo. *Un.* Celui-ci s'engouffre dans l'immeuble. *Deux.* Les policiers s'élancent à sa poursuite dans l'escalier. *Trois.* Dans le vestibule, Diallo fouille dans sa poche. *Quatre.* « Il a une arme ! » crie Carroll. La fusillade commence. Bang ! Bang ! Bang ! *Cinq. Six. Sept.* Silence. Boss fonce sur Diallo, cherche l'arme. « Où est le foutu revolver ? » s'écrie-t-il. Éperdu, il s'élance vers l'avenue Westchester. Carroll s'assoit dans l'escalier, près du corps criblé de balles de Diallo et se met à pleurer.

CONCLUSION

Écouter avec ses yeux

A u début de sa carrière, Abbie Conant jouait du trombone à l'Opéra royal de Turin, en Italie. À l'été 1980, elle postula 11 emplois de tromboniste un peu partout en Europe. Seul l'Orchestre philharmonique de Munich se montra intéressé à sa candidature. « Herr Abbie Conant », commençait la lettre qui la conviait à une audition. Cette erreur aurait dû lui mettre la puce à l'oreille.

L'audition se tint au musée Deutsch, à Munich, car le centre culturel qui devait abriter l'orchestre était en construction. Comme l'un des 33 candidats était connu des membres du comité de sélection, on décida, pour des raisons d'équité, de tenir la première ronde d'auditions dans l'anonymat : les musiciens joueraient derrière un écran afin de ne pas révéler leur identité. Cette pratique n'était guère courante à l'époque.

Candidate numéro 16, Abbie Conant joua un concertino de Ferdinand David pour trombone, un classique d'audition en Allemagne. Elle trébucha sur une note (un si) et se dit qu'elle venait de rater sa chance. Mais les membres du comité de sélection, époustouflés par sa performance, n'étaient pas du tout de cet avis. Ils savaient qu'ils avaient affaire à quelqu'un d'exceptionnel. Les auditions sont des cas typiques de balayage superficiel. Les musiciens classiques professionnels sont en effet capables de jauger leurs pairs de façon quasi instantanée – parfois au bout de quelques mesures, parfois même dès la première note.

Après avoir entendu Abbie, le chef de l'Orchestre philharmonique, Sergiu Celibidache, s'était écrié : « C'est cette personne que nous voulons ! » La musicienne se préparait à rentrer chez elle lorsqu'on vint la chercher dans les coulisses. Quelle ne fut pas la surprise des membres du comité de sélection de voir alors que Herr Conant était en fait Frau Conant. « *Was ist'n des ? Sacra di ! Meine Goetter ! Um Gottes willen !* »

C'était une situation pour le moins délicate. Celibidache était un chef traditionaliste, un homme volontaire et impérieux qui avait des idées très arrêtées sur la musique, les musiciens et l'interprétation musicale. Qui plus est, on était en Allemagne, le berceau de la musique classique. Un jour, juste après la Seconde Guerre mondiale, l'Orchestre philharmonique de Vienne avait fait passer des auditions anonymes. Lorsqu'on avait levé le rideau, les membres du comité de sélection, dont faisait partie le président de l'orchestre, Otto Strasser, avaient découvert avec stupéfaction que le meilleur candidat était japonais. C'était une « aberration », écrit Strasser dans ses mémoires. À ses yeux, un Japonais ne pouvait tout simplement pas faire honneur à une pièce composée par un Européen.

De la même vieille école que Strasser, Celibidache estimait qu'une femme ne pouvait être tromboniste. Au sein de l'Orchestre philharmonique de Munich, il n'y avait que deux musiciennes, qui jouaient respectivement du violon et du hautbois, des instruments « féminins ». Le trombone, pour sa part, était masculin. C'était l'instrument des fanfares militaires, le symbole de l'enfer dans les opéras, le vacarme dans les cinquième et neuvième symphonies de Beethoven. « Même de nos jours, souligne Abbie Conant, le tromboniste professionnel typique parle de son "appareil". Pourquoi pas de son outil, tant qu'on y est ? »

Il y eut deux nouvelles rondes d'auditions. Abbie les remporta haut la main et obtint le poste. Mais dès que Celibidache et les autres membres du comité l'avaient vue en chair et en os, leur machine à préjugés s'était mise à l'œuvre. Un an plus tard, en mai 1981, Celibidache convoqua Abbie Conant pour lui annoncer qu'elle était rétrogradée au rang de second trombone et mise à l'essai pendant une autre année. Il ne lui donna aucune raison valable. « Vous connaissez le problème, lui dit Celibidache. Le premier trombone doit être un homme. »

Abbie Conant n'eut d'autre choix que de porter l'affaire devant les tribunaux. Selon l'Orchestre, la plaignante ne possédait pas « la force physique nécessaire pour diriger une section de trombones ». Elle passa donc une série d'examens complets à la clinique pulmonaire de Gautinger : on lui demanda de souffler dans divers appareils spéciaux, on lui préleva des échantillons sanguins afin de mesurer sa capacité d'absorption d'oxygène et on lui fit subir un examen thoracique. Abbie avait la condition physique d'une athlète.

L'Orchestre déclara ensuite qu'on avait nettement perçu « l'essoufflement » de la tromboniste lorsqu'elle avait interprété le fameux solo de trombone dans le *Requiem* de Mozart. Pourtant, le chef invité l'avait félicitée pour sa remarquable exécution. On tint alors une audition spéciale devant un expert qui, à son tour, ne tarit pas d'éloges. Abbie Conant, affirma-t-il, s'était distinguée dans chacun des sept passages les plus difficiles du répertoire pour trombone. Enfin, l'Orchestre soutint que la musicienne n'était pas fiable ni professionnelle, ce qui était faux. La cause traîna en longueur, mais au bout de huit ans Abbie Conant fut réintégrée dans ses fonctions de première tromboniste.

Ce n'était pas fini. Abbie entama un second cycle de batailles juridiques – qui dura cinq autres années –, car l'Orchestre refusait de la rémunérer équitablement. Toutes proportions gardées, son salaire était inférieur à celui de ses collègues masculins. Elle remporta cet autre combat.

Abbie Conant eut gain de cause dans tous ces litiges, car elle disposait d'un argument que l'Orchestre philharmonique de Munich ne pouvait aucunement réfuter. Sergiu Celibidache, l'homme qui clamait l'incompétence d'Abbie, était celui-là même qui, après l'avoir écoutée interpréter le concertino pour trombone de Ferdinand David dans des conditions d'objectivité parfaite, s'était écrié : « C'est cette personne que nous voulons ! » Abbie Conant avait été sauvée par son anonymat[79].

☐ 1. Une révolution dans l'univers de la musique classique

Il n'y a pas si longtemps, l'univers de la musique classique était la chasse gardée des hommes blancs, et ce surtout en Europe. Les femmes, disait-on, ne pouvaient pas jouer aussi bien que leurs confrères masculins – c'était une simple question de physiologie. Elles n'avaient ni la force, ni le tempérament, ni la résistance nécessaires pour interpréter certains morceaux ; leurs lèvres étaient différentes, leurs poumons, moins puissants, leurs mains, plus petites. Cette conviction semblait dénuée de tout préjugé, car, de fait, les musiciens s'en tiraient toujours mieux dans les auditions. On ne se souciait guère du contexte de ces essais, car après tout un expert était un expert. En toutes circonstances, il pouvait mesurer la valeur d'une performance de façon objective et quasi instantanée. Parfois, faute de meilleur endroit, les auditions avaient lieu dans la loge ou la chambre d'hôtel du chef d'orchestre, directeur musical ou maestro. Le musicien jouait 10, 5 ou même 2 minutes. La durée comptait peu. La musique était la musique. Rainer Kuchl, premier violon de l'Orchestre philharmonique de Vienne, a un jour déclaré qu'il n'avait qu'à écouter les premières notes d'un pièce pour savoir si elle était interprétée par un homme ou une femme. Il était convaincu que son oreille exercée captait la douceur et la souplesse du style féminin.

Mais au cours des 30 dernières années, le monde de la musique classique a complètement changé. Le tout a commencé lorsque, aux États-Unis, les musiciens se sont concertés pour améliorer leur sort. Ils ont formé un syndicat et se sont battus pour obtenir des contrats convenables, des régimes d'assurance maladie, des mesures de protection contre les renvois arbitraires, des programmes d'équité en matière d'emploi. Comme ils étaient nombreux à croire que les chefs abusaient de leur pouvoir et faisaient du favoritisme, ils ont lutté pour que les auditions soient des exercices plus rigoureux. La formation de comités de sélection est alors devenue systématique, de sorte que les décisions n'ont plus été uniquement l'affaire des chefs d'orchestre. Dans certains cas, les membres du comité ne se consultaient même pas afin de ne pas s'influencer mutuellement. L'anonymat a été généralisé : les musiciens, identifiés par des numéros, auditionnaient derrière des écrans. Si la personne en train de jouer risquait d'être reconnue – à cause d'un accès de toux, du bruit de ses talons sur le sol, etc. –, on suspendait l'essai, on lui attribuait un nouveau numéro et elle recommençait plus tard.

La mise en place de ces règles a marqué l'avènement de quelque chose d'extraordinaire : l'embauche des femmes au sein des orchestres. En fait, le nombre de musiciennes au sein des principaux orchestres des États-Unis a quintuplé.

Herb Weksleblatt, joueur de tuba au Metropolitan Opera de New York, avait exhorté son employeur de mettre en place un processus d'auditions anonymes au milieu des années 60. « À l'époque où la règle de l'anonymat a enfin été établie, se rappelle-t-il, le Met cherchait à combler quatre postes de violonistes. Ce sont des femmes qui ont remporté les quatre concours, ce qui n'aurait jamais eu lieu avant. Dans toute son histoire, l'orchestre avait engagé tout au plus trois femmes. Après l'annonce de l'embauche des musiciennes, un membre de l'orchestre m'a lancé qu'on se souviendrait de moi comme du salaud qui avait fait entrer les femmes au Met. »

L'archétype même de la première impression – écouter quelqu'un jouer de la musique – était en réalité un processus complètement corrompu. « Certains interprètes ont l'air de bien jouer uniquement parce qu'ils semblent confiants et qu'ils se tiennent bien, rapporte un musicien qui a passé de nombreuses auditions dans sa vie. D'autres ne paient pas de mine, mais leur musique est magnifique. D'autres ont l'air de jouer par à-coups, mais le son qu'ils produisent est très fluide. Il y a souvent dissonance entre ce que l'on voit et ce que l'on entend. L'audition débute dès l'instant où le musicien entre dans la salle. On ne peut s'empêcher de le juger. Même sa façon de tenir son instrument est susceptible d'être critiquée. »

Julie Landsman, cor d'harmonie au Metropolitan Opera de New York, estime qu'elle peut être distraite par un détail aussi insignifiant que la manière dont le musicien pose ses lèvres sur l'embouchure. « Si je pense que sa position est inhabituelle, je peux décider qu'il ne jouera pas bien. Le fait qu'il utilise un cor en cuivre plutôt qu'en argentan me dira aussi d'où il vient, quelle école il a fréquentée, qui lui a enseigné, etc., et ce genre d'information influencera mon opinion. J'ai participé à des auditions où les candidats étaient connus, et je vous assure que j'avais des préjugés. Je commençais à écouter avec les yeux, ce qui agissait sur mon évaluation de la musique. La seule véritable écoute est celle des oreilles et du cœur. »

Sylvia Alimena est corniste au National Symphony Orchestra de Washington, D.C., ce qui aurait été impensable avant l'avènement des auditions anonymes. Au même titre que le trombone, le cor d'harmonie est un instrument « masculin ». Or, Sylvia Alimena est non seulement une femme, elle est une femme minuscule. Elle mesure 1,52 mètre. Pourtant, d'après un de ses éminents collègues, « son souffle peut faire tomber une maison ». Si les membres du comité de sélection l'avaient regardée avant de l'écouter, ils n'auraient probablement pas été capables d'entendre toute cette puissance, car celle-ci aurait été en contradiction avec leur perception visuelle. C'est uniquement en la dissimulant derrière un écran qu'on peut faire un jugement éclair valable de Sylvia Alimena[80].

☐ 2. Un petit miracle

Comment se fait-il que les chefs d'orchestre aient pu se faire berner par leurs propres jugements éclair pendant autant d'années ? Parce que l'être humain ne soupçonne pas toute la puissance de sa compréhension immédiate, de son intuition. Or, pour en prendre la pleine mesure, il doit admettre sa fragilité, il doit reconnaître que les produits de son inconscient sont à la merci d'influences subtiles. On a tort de croire que l'évaluation des compétences d'un musicien est une tâche simple pour un expert. Elle est aussi complexe que l'est l'appréciation des colas, des chaises ou de la confiture. Si Abbie Conant n'avait pas passé une audition anonyme, elle aurait été éliminée avant même de jouer une seule note. Mais derrière un écran, elle devenait soudainement assez qualifiée pour faire partie de l'Orchestre philharmonique de Munich.

Qu'ont fait les experts musicaux lorsqu'ils ont reconnu leurs préjugés ? Ils s'en sont libérés. Trop souvent l'être humain accepte d'emblée ses premières impressions, car il lui semble quasi impossible de maîtriser ce qui surgit de son inconscient. Au contraire, il peut agir sur le contexte de sa compréhension immédiate et, ce faisant, sur son intuition. C'est ainsi qu'il peut éviter de faire des erreurs à la guerre, dans un service des urgences ou dans une voiture de patrouille.

« Lorsque j'évaluais une œuvre d'art, se rappelle Thomas Hoving, je demandais au courtier de la recouvrir d'un bout de tissu et de l'enlever uniquement lorsque j'entrerais dans la pièce. De cette manière, je créais un effet de surprise qui favorisait ma concentration. De même, lorsque nous envisagions de faire l'acquisition d'une œuvre au MET, je demandais à ma secrétaire ou à un autre conservateur de la mettre dans les endroits les plus improbables – dans un placard, par exemple –, toujours pour créer l'effet de surprise et solliciter mon intuition. » Hoving accorde tellement d'importance à la compréhension immédiate qu'il a pris des mesures spéciales pour garantir sa fiabilité. Il ne voit pas l'intuition comme une force magique, mais bien comme une capacité qu'il doit protéger, maîtriser et développer. C'est pourquoi il était en mesure de se prononcer sur le kouros après lui avoir jeté un simple coup d'œil.

Le fait que les orchestres symphoniques recrutent maintenant des musiciennes a d'importantes répercussions. Ce phénomène a d'abord ouvert un monde de possibles à un groupe qui avait été plus ou moins mis à l'index. Ensuite, puisque les auditions anonymes obligent les membres des comités de sélection à se concentrer sur la compétence, ils choisissent de meilleurs musiciens. Du même coup, les orchestres produisent de la meilleure musique. Un tel progrès n'a pas nécessité de repenser la musique classique, de construire de nouvelles salles de concert ou de mettre sur pied des projets multimillionnaires ; il a suffi de porter attention à un infime mais essentiel détail : les deux premières secondes de l'audition.

Lorsque Julie Landsman a auditionné pour le poste de premier cor d'harmonie au Met, on venait tout juste d'adopter la règle des auditions anonymes. À l'époque, il n'y avait pas de femmes dans la section des cuivres, car on *savait* qu'elles ne jouaient pas aussi bien que les hommes. Julie Landsman n'en a pas moins éliminé les autres candidats. « Je savais que j'avais remporté le concours bien avant qu'ils me le disent, affirme-t-elle. C'était grâce à ma dernière performance. J'avais tenu le mi très longtemps, juste pour qu'il ne subsiste aucun doute dans l'esprit des juges. D'ailleurs, ils se sont mis à rire, car j'allais bien au-delà de leurs espérances. » Quand on l'a déclarée gagnante et qu'elle s'est présentée en chair et en os devant les membres du comité de sélection, ceux-ci ont été bouche bée. Pas seulement parce qu'elle était une femme et que peu de femmes jouaient du cor ou du trombone (comme Abbie Conant). Pas seulement à cause de cette note prolongée, qui était une parade plutôt macho. Mais aussi parce qu'ils la connaissaient ! Julie Landsman avait déjà remplacé temporairement un corniste du Met. Mais jusqu'à ce que les juges l'écoutent avec leurs oreilles, ils ne savaient pas à quel point elle jouait bien.

L'anonymat de l'audition de Julie Landsman a permis aux membres du comité de sélection de maîtriser leurs deux premières secondes d'écoute. Pendant ce pur moment d'intuition, un petit miracle s'est produit – ce petit miracle qui permet de voir les choses pour ce qu'elles sont vraiment.

Notes

[1] Margolis a publié les résultats de son analyse dans un article flamboyant paru dans le *Scientific American* : MARGOLIS, Stanley V. « Authenticating Ancient Marble Sculpture », *Scientific American*. Juin 1989, p. 104-110.

[2] TRUE, Marion. « A Kouros at the Getty Museum », *Burlington Magazine,* vol. CXIX, n° 1006, janvier 1987, p. 3-11.

[3] Sauf avis contraire, tous les extraits d'ouvrages de langue anglaise reproduits dans *Intuition* sont des traductions libres. *(N.D.T.)*

[4] L'histoire du kouros a fait l'objet de nombreux comptes rendus dont le meilleur est celui de Hoving : HOVING, Thomas. Chapitre 18, *False Impressions: The Hunt for Big Time Art Fakes,* Londres, Andre Deutsch, 1996.

[5] Il existe de nombreux comptes rendus de spécialistes qui ont vu le kouros lors du colloque d'Athènes :

The J. Paul Getty Museum, Nicholas P. Goulandris Foundation. *The Getty Kouros Colloquium : Athens, 25–27 May 1992*, Athènes, Musée d'art, 1993.

KIMMELMAN, Michael. « Absolutely Real ? Absolutely Fake ? », *New York Times,* 4 août 1991.

TRUE, Marion. « A Kouros at the Getty Museum », *Burlington Magazine,* vol. CXIX, n° 1006, janvier 1987, p. 3-11.

ORTIZ, George. « Connoisseurship and Antiquity », *Small Bronze Sculpture from the Ancient World,* Malibu, J. Paul Getty Museum, 1990, p. 275-278.

BIANCHI, Robert Steven. « Saga of the Getty Kouros », *Archaeology,* mai-juin 1994, p. 99.

6   BECHARA, Antoine, et autres. « Deciding Advantageously Before Knowing the Advantageous Strategy », *Science,* vol. 275, février 1997, p. 1293-1295. En réalité, cette étude aborde toute une gamme de sujets fascinants. Consultez également : DAMASIO, Antonio. *L'erreur de Descartes,* Paris, Odile Jacob, 1995, 368 p.

7   GIGERENZER, Gerd, Peter M. TODD et le ABC Research Group. *Simple Heuristics That Make Us Smart,* New York, Oxford University Press, 1999.

8   WILSON, Timothy. *Strangers to Ourselves: Discovering the Adaptive Unconscious,* Cambridge, Harvard University Press, 2002. p. 6. Timothy Wilson est la personne qui a réfléchi en long et en large sur l'inconscient d'adaptation et qui a écrit le compte rendu le plus accessible sur *l'ordinateur* à l'intérieur de notre cerveau. Je lui suis grandement redevable d'avoir écrit son merveilleux ouvrage. L'auteur traite également de l'expérience sur le jeu de hasard.

9   AMBADY, Nalini et Robert ROSENTHAL. « Half a Minute: Predicting Teacher Evaluations from Thin Slices of Nonverbal Behavior and Physical Attractiveness », *Journal of Personality and Social Psychology,* vol. 64, n° 3, 1993, p. 431-441.

10 La séquence 7-7-14-10-11-11, par exemple, signifie qu'en six secondes le conjoint a éprouvé de la colère, a été neutre, a été sur la défensive, puis a commencé à se plaindre.

11 John Gottman a produit de nombreux articles et ouvrages sur les relations conjugales. Pour un aperçu de sa bibliographie, consultez le site www.gottman.com.

12 CARRÈRE, Sybil et John GOTTMAN. « Predicting Divorce Among Newlyweds from the First Three Minutes of a Marital Conflict Discussion », *Family Process,* vol. 38, n° 3, 1999, p. 293-301.

13 Pour un complément d'information sur Nigel West, visitez le site www.nigelwest.com.

14 EBLING, Rachel et Robert W. LEVENSON. « Who Are the Marital Experts ? », *Journal of Marriage and Family,* vol. 65, février 2003, p. 130-142.

15 GOSLING, Samuel D., Sei Jin KO, et autres. « A Room With a Cue: Personality Judgments Based on Offices and Bedrooms », *Journal of Personality and Social Psychology,* vol. 82, n° 3, 2002, p. 379-398.

[16] RICE, Berkeley. « How Plaintiffs' Lawyers Pick Their Targets », *Medical Economics,* 24 avril 2000. Entrevue menée auprès de Jeffrey Allen et d'Alice Burkin.

[17] LEVINSON, Wendy, et autres. « Physician-Patient Communication: The Relationship with Malpractice Claims Among Primary Care Physicians and Surgeons », *Journal of the American Medical Association,* vol. 277, n° 7, 1997, p. 553-559.

[18] AMBADY, Nalini, et autres. « Surgeons' Tone of Voice: A Clue to Malpractice History », *Surgery,* vol. 132, 2002, p. 5-9.

[19] En français dans le texte. *(N.D.T.)*

[20] Les ornithologues anglophones comme francophones utilisent les deux graphies. L'origine de ce terme de jargon n'est pas certaine, mais selon l'hypothèse la plus couramment admise, *jizz* serait un dérivé de *giss,* acronyme de *General Impression of Size and Shape* (littéralement, impression générale de la taille et de la forme), expression empruntée à l'armée. Pendant la Seconde Guerre mondiale, les pilotes étaient formés pour reconnaître immédiatement les caractéristiques des avions ennemis. Autrement dit, ils devaient, en un coup d'œil, avoir une impression générale de leur taille et de leur forme. *(N.D.T.)*

[21] HOVING, Thomas. *False Impressions: The Hunt for Big Time Art Fakes,* Londres, Andre Deutsch, 1996, p. 19-20.

[22] Célèbre dirigeant d'entreprise américain qui a notamment été à la tête de la société GE. *(N.D.T.)*

[23] SRULL, Thomas K. et Robert S. WYER. « The Role of Category Accessibility in the Interpretation of Information About Persons: Some Determinants and Implications », *Journal of Personality and Social Psychology,* n° 37, 1979, p. 1660-1672.

[24] BARGH, John A., et autres. « Automaticity of Social Behavior: Direct Effects of Trait Construct and Stereotype Activation on Action », *Journal of Personality and Social Psychology,* vol. 71, n° 2, 1996, p. 230-244.

[25] STEELE, Claude et Joshua ARONSON. « Stereotype Threat and Intellectual Test Performance of African Americans », *Journal of Personality and Social Psychology,* vol. 69, n° 5, 1995, p. 797-811.

[26] Le *Graduate Record Examination* est l'examen général d'admission aux études supérieures aux États-Unis. *(N.D.A.)*

[27] DAMASIO, Antonio. *L'erreur de Descartes,* Paris, Odile Jacob, 1995, p. 265.

[28] NISBETT, Richard E. et Timothy D. WILSON. « Telling More Than We Can Know: Verbal Reports on Mental Processes », *Psychological Review,* vol. 84, n° 3, 1977, p. 231-259. Ces deux chercheurs ont admirablement bien décrit le besoin qu'a l'être humain d'expliquer l'inexplicable. Ils concluent leur article comme suit : « Naturellement, il est préférable, d'un point de vue subjectif de contrôle, de croire que nous avons un accès privilégié aux rouages de notre propre esprit. Une personne serait en effet terrifiée à l'idée qu'elle n'est pas plus au fait de ces mécanismes qu'un étranger qui connaîtrait intimement son histoire et les stimuli présents lorsque le processus cognitif s'est produit. »

[29] MAIER, Norman R. F. « Reasoning in Humans: II. The Solution of a Problem and Its Appearance in Consciousness », *Journal of Comparative Psychology,* n° 12, 1931, p. 181-194.

[30] SULLIVAN, Mark. *Our Times: The United States 1900-1925,* New York, Charles Scribner's Sons, 1935, vol. 6, *The Twenties,* p. 16.

Il existe d'autres excellents ouvrages sur Warren Harding, dont les suivants :

RUSSELL, Francis. *The Shadow of Blooming Grove: Warren G. Harding in His Times,* New York, McGraw-Hill, 1968.

DAUGHERTY, Harry M. *The Inside Story of the Harding Tragedy,* New York, Ayer, 1960.

SINCLAIR, Andrew. *The Available Man: The Life Behind the Masks of Warren Gamaliel Harding,* New York, Macmillan, 1965.

[31] GREENWALD, Anthony G., et autres. « Measuring Individual Differences in Implicit Cognition: The Implicit Association Test », *Journal of Personality and Social Psychology,* vol. 74, n° 6, 1998, p. 1464-1480.

[32] En anglais seulement. *(N.D.T.)*

[33] ETCOFF, Nancy. *Survival of the Prettiest: The Science of Beauty,* New York, Random House, 1999, 325 p.

[34] JUDGE, Timothy A. et Daniel M. CABLE. « The Effect of Physical Height on Workplace Success and Income: Preliminary Test of a Theoretical Model », *Journal of Applied Psychology,* vol. 89, n° 3, juin 2004, p. 428-441.

[35] AYRES, Ian. *Pervasive Prejudice ? Unconventional Evidence of Race and Gender Discrimination,* Chicago, University of Chicago Press, 2001.

[36] Il est possible de combattre les préjugés. De nombreux articles en font la preuve. Entre autres :

DASGUPTA, Nilanjana et Anthony G. GREENWALD. « On the Malleability of Automatic Attitudes: Combating Automatic Prejudice with Images of Admired and Disliked Individuals », *Journal of Personality and Social Psychology*, vol. 81, n° 5, 2001, p. 800-814.

BLAIR, Irene V., et autres. « Imagining Stereotypes Away: The Moderation of Implicit Stereotypes Through Mental Imagery », *Journal of Personality and Social Psychology*, vol. 81, n° 5 (2001), p. 828-841.

LOWERY, Brian S. et Curtis D. HARDIN. « Social Influence Effects on Automatic Racial Prejudice », *Journal of Personality and Social Psychology*, vol. 81, n° 5, 2001, p. 842-855.

37 Les militaires de l'armée américaine ont tendance à remplacer les lettres qui servent à désigner leurs différentes formations par des noms (qui commencent bien entendu par la même lettre) afin d'éviter la confusion entre certains sons – *N* et *M,* par exemple. La *Mike Company* fut l'une des célèbres compagnies à l'œuvre pendant la guerre du Viêtnam *(N.D.T.)*.

38 OWENS, William A. *Lifting the Fog of War,* New York, Farrar, Straus, 2000, p. 11. Cet ouvrage présente un bon compte rendu de la philosophie de l'équipe des Bleus à l'égard de la guerre.

39 KLEIN, Gary. *Sources of Power*, Cambridge, Mass., MIT Press, 1998.

40 JOHNSTONE, Keith. *Impro: Improvisation and the Theatre,* New York, Theatre Arts Books, 1979.

41 DODSON, Chad S., et autres. « The Verbal Overshadowing Effect: Why Descriptions Impair Face Recognition », *Memory & Cognition,* vol. 25, n° 2, 1997, p. 129-139.

SCHOOLER, Jonathan W., et autres. « Thoughts Beyond Words: When Language Overshadows Insight », *Journal of Experimental Psychology,* vol. 122, n° 2, 1993, p. 166-183.

42 KLEIN, Gary. *Sources of Power,* Cambridge, Mass., MIT Press, 1998, chapitre 4 : « The Power of Intuition ».

43 Aux États-Unis, la plupart des gens doivent prendre en charge leurs soins de santé en contractant une assurance maladie privée. Mais il existe également deux régimes de soins de santé, l'un public, l'autre semi-public (*Medicare* et *Medicaid),* destinés à différentes catégories de bénéficiaires. Ces patients doivent cependant recevoir des soins dans des hôpitaux désignés, dont Cook County. *(N.D.T.)*

44 Terme utilisé au Québec pour désigner les SDF. *(N.D.T.)*

[45] REILLY, Brendan M., et autres. « Triage of Patients with Chest Pain in the Emergency Department: A Comparative Study of Physicians' Decisions », *American Journal of Medicine,* n° 112, 2002, p. 95-103.

REILLY, Brendan M., et autres. « Impact of a Clinical Decision Rule on Hospital Triage of Patients with Suspected Acute Cardiac Ischemia in the Emergency Department », *Journal of the American Medical Association,* n° 288, 2002, p. 342-350.

[46] GOLDMAN, Lee, et autres. « A Computer-Derived Protocol to Aid in the Diagnosis of Emergency Room Patients with Acute Chest Pain », *New England Journal of Medicine,* vol. 307, n° 10, 1982, p. 588-596.

GOLDMAN, Lee, et autres. « Prediction of the Need for Intensive Care in Patients Who Come to Emergency Departments with Acute Chest Pain », *New England Journal of Medicine,* vol. 334, n° 23, 1996, p. 1498-1504.

[47] SCHULMAN, Kevin, et autres. « Effect of Race and Sex on Physicians' Recommendations for Cardiac Catheterization », *New England Journal of Medicine,* vol. 340, n° 8, 1999, p. 618-626.

[48] OSKAMP, Stuart. « Overconfidence in Case Study Judgments », *Journal of Consulting Psychology,* vol. 29, n° 3, 1965, p. 261-265.

[49] Célèbre reporter et présentateur de nouvelles aux États-Unis. Il anime *ABC World News Tonight* depuis 1983, un record de longévité dans le domaine. Réputé pour ses entrevues de personnalités mondiales et ses reportages de qualité, il a gagné de nombreux prix. *(N.D.T.)*

[50] Chanteur américain de musique Motown. *(N.D.T.)*

[51] On a abondamment écrit sur l'évolution de l'industrie de la musique. Un article m'a été particulièrement utile : HOLSON, Laura M. « With By-The-Numbers Radio, Requests Are a Dying Breed », *New York Times,* édition du 11 juillet 2002.

[52] MORRIS, Dick. *Behind the Oval Office: Getting Reelected Against All Odds,* Los Angeles, Renaissance Books, 1999.

[53] OLIVER, Thomas. *The Real Coke, the Real Story,* New York, Random House, 1986.

[54] Pour en savoir plus sur Cheskin, consultez les deux documents suivants :

HINE, Thomas. *The Total Package: The Secret History and Hidden Meanings of Boxes, Bottles, Cans, and Other Persuasive Containers,* New York, Little, Brown, 1995.

CHESKIN, Louis et L. B. WARD « Indirect Approach to Market Reactions », *Harvard Business Review,* septembre 1948.

55 Établie depuis 1923 aux États-Unis, Herman Miller inc. est une société de fabrication de meubles de bureau réputée et innovatrice. *(N.D.T.)*

56 L'Edsel a été lancée par Ford en 1957 à grands renforts de publicité. Comme elle n'a pas réussi à remplir ses promesses commerciales, sa production a été abandonnée trois ans plus tard. L'une des caractéristiques les plus controversées du premier modèle était sans doute son énorme pare-choc grillagé orné au milieu d'une pièce rappelant un collier de cheval ou… un siège de toilette. Les modèles de 1959 et 1960 ont été remaniés, mais en vain : la voiture n'a jamais été populaire. *(N.D.T.)*

57 L'une des premières séries satiriques qui sont maintenant la marque de commerce des comédies de situation américaines, *All in the Family,* tranchait nettement avec le genre d'émissions d'évasion diffusées à la télévision à l'époque. La famille dont il était question était celle d'Archie Bunker. Personnage opiniâtre et intolérant, Archie incarnait les pires stéréotypes sociaux et se heurtait constamment aux opinions plus libérales de son entourage, ce qui donnait lieu à de vigoureux échanges désopilants. *(N.D.T.)*

58 Dans *The Mary Tyler Moore Show,* les personnages féminins n'étaient aucunement effacés, ce qui cadrait avec la montée du mouvement de libération des femmes de l'époque. *(N.D.T.)*

59 SMITH, Sally Bedell. *Up the Tube: Prime-Time TV in the Silverman Years,* New York, Viking, 1981.

60 Pour en savoir plus sur les techniques de G. Civille et J. Heylmun, consultez :

CIVILLE, Gail Vance et Brenda G. LYON. *Aroma and Flavor Lexicon for Sensory Evaluation,* West Conshohocken, Pennsylvanie, American Society for Testing and Materials, 1996.

MEILGAARD, Morten, et autres. *Sensory Evaluation Techniques,* Boca Raton, Floride, CRC Press, 1999, 3ᵉ édition.

61 Magazine américain de protection des consommateurs équivalent à *Protégez-vous* au Québec et à *60 millions de consommateurs* ou *Que choisir* en France. *(N.D.T.)*

62 WILSON, Timothy et Jonathan SCHOOLER. « Thinking Too Much : Introspection Can Reduce the Quality of Preferences and Decisions », *Journal of Personality and Social Psychology,* vol. 60, nᵒ 2, 1991, p. 181-192.

WILSON, Timothy et Jonathan SCHOOLER. « Strawberry Jams and Preserves », *Consumer Reports,* août 1985, p. 487-489.

[63] Chaîne de télévision qui diffuse des produits musicaux (vidéoclips, concerts, entrevues, etc.). *(N.D.T.)*

[64] TOMKINS, Silvan S. *Affect, Imagery, Consciousness,* New York, Springer International, 1962.

[65] Émission où un jury de célébrités devait déterminer qui, parmi trois concurrents, était le véritable auteur des événements racontés en introduction. L'enjeu était un prix en argent. Ce concept a été repris dans d'autres pays. *(N.D.T.)*

[66] Chercheur américain, colauréat du prix Nobel de médecine en 1976 pour ses découvertes sur de nouveaux mécanismes de dissémination de maladies infectieuses. *(N.D.T.)*

[67] Il existe plusieurs ouvrages sur l'interprétation des expressions faciales, dont les suivants, qui m'ont beaucoup inspiré :

EKMAN, Paul. *Telling Lies: Clues to Deceit in the Marketplace, Politics, and Marriage,* New York, Norton, 1995.

STRACK, Fritz. « Inhibiting and Facilitating Conditions of the Human Smile: A Nonobtrusive Test of the Facial Feedback Hypothesis », *Journal of Personality and Social Psychology,* vol. 54, n° 5, 1988, p. 768-777.

EKMAN, Paul et Wallace V. FRIESEN. *Facial Action Coding System, parts 1 and 2,* San Francisco, Human Interaction Laboratory, Department of Psychiatry, University of California, 1978.

[68] Témoin-clé dans le procès d'O. J. Simpson, Kaelin occupait une position incertaine chez Simpson – à la fois invité de la maison et intendant. *(N.D.T.)*

[69] L'un des plus célèbres espions du XXᵉ siècle, Harold Philby, diplomate britannique, est passé à l'Est en 1963. Pendant les années 50, on l'avait soupçonné (à juste titre) d'avoir prévenu ses deux collègues du service du renseignement, Guy Burgess et Donald Maclean, de leur arrestation imminente. Agents doubles avérés, ces deux hommes s'étaient évanouis dans la nature de façon très opportune. Il était clair qu'une troisième personne était en cause. On n'a cependant jamais pu prouver que Philby était ce « troisième homme ». *(N.D.T.)*

[70] KLIN, Ami, et autres. « Defining and Quantifying the Social Phenotype in Autism », *American Journal of Psychiatry,* n° 159, 2002 p. 895-908.

[71] SCHULTZ, Robert T., et autres. « Abnormal Ventral Temporal Cortical Activity During Face Discrimination Among Individuals with Autism and Asperger's Syndrome », *Archives of General Psychiatry,* n° 57, avril 2000.

[72] KLINGER, David. *Into the Kill Zone: A Cop's Eye View of Deadly Force*, San Francisco, Jossey-Bass, 2004.

[73] GROSSMAN, David. *On Killing: The Psychological Cost of Learning to Kill in War and Society*, New York, Little, Brown and Co., 1995.

Dave Grossman a également produit une merveilleuse série de vidéos : *The Bulletproof Mind: Prevailing in Violent Encounters… and After.*

[74] Célèbre avocat américain spécialisé dans les affaires civiles et criminelles. Il a défendu de nombreuses vedettes, notamment O. J. Simpson. *(N.D.T.)*

[75] De nombreuses études ont exploré la corrélation entre la discrimination raciale et les armes à feu. En voici quelques-unes :

PAYNE, B. Keith, et autres. « Best-Laid Plans: Effects of Goals on Accessibility Bias and Cognitive Control in Race-Based Misperceptions of Weapons », *Journal of Experimental Social Psychology,* n° 38, 2002, p. 384-396.

LAMBERT, Alan J., et autres. « Stereotypes as Dominant Responses: On the "Social Facilitation" of Prejudice in Anticipated Public Contexts », *Journal of Personality and Social Psychology,* vol. 84, n° 2, 2003, p. 277-295.

PAYNE, Keith. « Prejudice and Perception: The Role of Automatic and Controlled Processes in Misperceiving a Weapon », *Journal of Personality and Social Psychology,* vol. 81, n° 2, 2001, p. 181-192.

GREENWALD, Anthony. « Targets of Discrimination: Effects of Race on Responses to Weapons Holders », *Journal of Experimental Social Psychology,* n° 39, 2003, p. 399-405.

CORRELL, Joshua. « The Police Officer's Dilemma: Using Ethnicity to Disambiguate Potentially Hostile Individuals », *Journal of Personality and Social Psychology,* vol. 83, 2002, p. 1314-1329. Cette étude est un jeu vidéo dans lequel les Blancs et les Noirs sont présentés dans des positions ambiguës. Le joueur doit décider s'il fait feu ou non. Vous pouvez l'essayer en vous rendant à l'adresse suivante :

http://psych.colorado.edu/ %7ejcorrell/tpod.html.

Je vous y encourage – ça fait réfléchir.

[76] DE BECKER, Gavin. *La peur qui vous sauve,* Paris, JC Lattès, 1998.

[77] Pour en savoir davantage sur la comparaison des patrouilles en équipe et en solo, consultez les articles suivants :

WILSON, Carlene. *Research on One- and Two-Person Patrols: Distinguishing Fact from Fiction,* Australie, Australasian Centre for Policing Research, 1991.

DECKER, Scott H. et Allen E. WAGNER. « The Impact of Patrol Staffing on Police-Citizen Injuries and Dispositions », *Journal of Criminal Justice* vol. 10, 1982, p. 375-382.

[78] ETCOFF, Nancy L. et Paul EKMAN, et autres. « Lie Detection and Language Comprehension », *Nature,* n° 405, 11 mai 2000.

[79] On trouvera un compte rendu complet de cette histoire sur le site d'Abbie Conant et de son mari, William Osborne, à l'adresse www.osborne-conant.org/ladies.htm.

[80] Les articles ci-dessous m'ont été particulièrement utiles pour comprendre les changements dans l'univers de la musique.

CHADWICK, Evelyn. « Of Music and Men », *The Strad,* décembre 1997, p. 1324-1329.

GOLDIN, Claudia et Cecilia ROUSE. « Orchestrating Impartiality: The Impact of "Blind" Auditions on Female Musicians », *American Economic Review,* vol. 90, n° 4, septembre 2000, p. 715-741.

HOLLAND, Bernard. « The Fair, New World of Orchestra Auditions », *New York Times,* 11 janvier 1981.